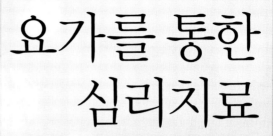

요가를 통한
심리치료

몸, 마음, 영혼의 온전한 건강

Swami Ajaya 저
조옥경 · 왕인순 · 김아신 · 박미라 · 양희연 공역

Healing the Whole Person
Applications of Yoga Psychotherapy

학지사

역자 서문

지금까지 생활체육으로 대중들에게 널리 알려진 요가는 최근 들어 명상과 이완의 형태로 현대인의 스트레스 및 각종 심리적 장애를 완화시키는 데 기여하고 있다. 존 카밧진(Jon Kabat-Zinn) 박사가 개발해 세계적으로 보급되고 있는 스트레스 완화를 위한 의료명상(MBSR) 8주 프로그램에 하타요가가 공식수련으로 포함되어 있을 뿐 아니라 MBSR에 포함된 여러 기법 중 가장 인기를 끌고 있다. 미국 정신과 의사인 스테판 코프(Stephen Cope)는 아사나(asana)로 불리는 다양한 요가자세들은 신체 운동 효과를 가질 뿐 아니라 우울감, 좌절감, 비탄, 불안, 화, 분노 등 부정적인 감정의 축적으로 막혀있는 신체 에너지를 활성화시킴으로써 기분을 조절하는 효과도 있다고 보고하였다. 토론토 대학의 진델 시갈(Zindel Segal) 박사는 우울증 치료를 위한 전형적인 인지치료에 요가를 결합시키면 우울증 재발을 상당히 줄일 수 있다고 말한다. 이 책의 서문을 쓴 마이클 버틀러(Michael P. Butler) 박사도 변증법적 행동치료, 수용전념치료라는 전형적인 서구 심리치료에 무집착(vairagya)이라는 요가원리가 어떻게 활용되고 있는지 구체적인 예를 들어 설명하고 있다. 요가의 긍정적인 효과는 근골격계와 심혈관계 기능에 주로 집중되어 왔지만 최근에는 정신건강 및 심리치료 영역

3

에도 확대 적용되고 있다.

인도에서 수천 년 동안 진화, 발전을 거듭해온 요가는 해탈을 추구하는 브라만 중심의 소수 엘리트들이 누려왔던 인도 특유의 영적 수행 문화에 속한다. 이런 영적 문화가 지난 100여 년 동안 서구의 합리주의, 경험주의와 만나 그 효과를 과학적으로 입증하는 쪽으로 흐름이 바뀌었다. 1930년대와 1940년대에는 하타요가 자세를 훈련할 때 일어나는 신진대사 활동, 자율신경계의 변화에 초점을 맞추었으나 그 후에는 건강전문가들이 요가에 관심을 가지면서 체육교육과 스포츠의 일환으로 대중들에게 요가를 확산시켰다. 요가가 심신의 건강과 관련된 치료 및 치유 모델로서 본격적으로 임상에 적용된 것은 지난 십여 년 동안의 일이며, 2000년대에 들어서는 명상의 치료적 적용과 함께 그 추세가 더 강화되고 있다. 요가와 서구 심리학의 만남은 1934년 제럴딘 코스터(Geraldine Coster)의 고전적인 저서 『요가와 서구 심리학 (Yoga and Western Psychology)』에서 시작되었다. 요가에 대한 심리학의 관심은 요가가 서구 사회에 소개된 초기에 시작되었지만, 이런 관심이 본격화되어 전문가와 일반 대중의 관심을 끌게 된 것은 비교적 최근의 일이다. 다르마 싱 칼사(Dharma Singh Khalsa) 박사는 『의료로서의 명상 (Meditation as Medicine)』(2001)에서 의료적 개입으로서의 요가를 본격적으로 소개하고 있으며, 심프킨스와 심프킨스(Annellen Simpkins & Alexander Simpkins)는 『심리치료에서의 명상과 요가(Meditation and Yoga in Psychotherapy)』(2011)라는 저서를 출판하기까지 하였다. 그 밖에도 불안, 우울, 수면장애, 정서적 트라우마 등 심리적 장애에 요가를 적용하는 이론 및 실습서도 해마다 꾸준히 출판되고 있다. 이러한 상황은 심리치료에서 요가의 활용이 얼마나 빠르게 확산되고 있는지를 보여 주는 것이다.

요가와 심리학 또는 심리치료와의 만남은 현재 우리나라에서도 활발히 진행되고 있다. 심리학 관련 권위 있는 저널에 요가의 심리치료적 효과가 드물지만 지속적으로 발표되고 있으며, 2014년 한국요가학회는 '요가와 심리학의 만남'이라는 주제로 학술대회를 개최한 바 있다. 또한 이 책의 역자들이 소속된 서울불교대학원대학교에서는 지난 십여 년 동안 요가의 심리치료적 효과에 대한 석·박사 학위논문들이 꾸준히 생산되고 있는가 하면, 요가자세, 호흡, 이완, 명상을 심리치료와 결합하여 심신건강을 증진하는 요가심신치료 프로그램이 개발되어 이를 근거로 한 임상적 경험도 축적되고 있다. 현재 우리나라 요가는 주로 신체를 단련하고 활력을 높이는 신체중심의 요가와 철학과 수행중심의 요가로 양극화되어, 그 중간지대에 있는 심리치료로서의 요가의 성장은 우리나라 요가의 다양화와 전문화를 통한 발전이라는 점에서 긍정적인 영향을 주고 있다.

그런 점에서 이 책의 출판은 의미가 크다. 특히 요가와 심리치료를 어떻게 결합시킬 수 있는지 그 예를 구체적이고 상세하게 제시하고 있는 이 책은 일원론 패러다임을 근간으로 회기를 진행하면서 느낌, 정서, 생각, 의지를 초월한 삿-칫-아난다(Sat-Chit-Ananda: 존재-의식-지복)로서의 내담자 개개인의 참자아로 안내한다. 따라서 이 책은 주로 하타요가에 익숙한 우리나라 요가교사나 요가 관련 전문가에게 요가 본래의 목적과 가치를 환기시키는 안내서가 될 것이다. 또한 내담자-치료사 간에 상호작용이 구체적으로 일어나는 치료현장을 보여줌으로써 일원론적 패러다임을 가진 심리치료 과정이 기존의 심리치료와 어떻게 다른지 생생하게 보여 주고 있는데, 이 같은 예는 주로 마음수준에 머물고 있는 현재 심리치료의 한계를 넘어 영성 지향의 새로운 심리치료 패러다임의 가능성을 보여 주는 것이기도 하다.

이 책은 히말라야연구소에서 발행된 『Healing the Whole Person』(2008)을 완역한 것이다. 질병이나 장애를 치료할 때 내담자나 환자의 심신은 물론 생활방식, 식습관, 사회적 환경 등을 포함한 총체적인 접근의 필요성을 강조하는 전일론(holism)은 몸-정서-마음-영혼을 전체적으로 치유하고 성장시키는 요가의 기본 원리 및 방향과 잘 부합된다. 본문에도 언급하였듯이 '사물의 온전함이나 완전함'을 의미하는 그리스어 '홀로스(holos)'에서 파생된 '전일적(holistic)'이라는 단어는 '신성한(holy)'의 단어와 어원이 같다. 따라서 전일적 치유는 영적인 치유를 포함한다. 실제로 요가식 심리치료는 일원론적 영적 각성이라는 거대한 우산 아래 한 개인의 신체 상태, 호흡패턴, 식사습관, 사고방식, 가치나 태도 등이 제각각 적절한 위치를 점유할 뿐 아니라 서로 조화를 이루면서 우리를 신성한 영역으로 초대한다. 전일성에 입각한 치료사의 태도는 내담자들에게도 영향을 미쳐 그들로 하여금 자신들의 신체적·심리적인 기능 그리고 삶의 가치나 목적들이 서로 긴밀하게 상호작용함을 깨닫게 한다. 이런 자각은 온전하면서도 신성한 전체라는 느낌을 불러일으키며, 이런 느낌은 종종 모든 것은 우주를 지배하는 근원적 원동력의 현현이라는 일원론적 자각을 일깨운다. 이 책의 저자 스와미 아자야(Swami Ajaya)는 일원론에 중심을 둔 전일적 접근이 무엇인지를 보여 주는 사례들을 풍부하게 제시하면서 궁극적으로 우리가 누구인지를 알게 한다.

버틀러 박사도 서문에서 언급하였듯이, 스와미 아자야는 서구 임상심리학자이자 스와미 라마(Swami Rama)의 지도 아래 수년간 요가를 진지하게 수행한 요가수행자로서 수십 년에 걸친 개인적인 수행체험과 임상경험을 근거로 요가와 심리치료라는 독립된 분야를 훌륭하게 통합하고 있다. 스와미 아자야는 일찍이 『요가와 심리치료(*Yoga and Psychotherapy*)』(1976)(스와미 라마와 공저), 『동서양 심리치료(*Psychotherapy East and West*)』(1983)를 저술하여 요가와 심리치료를 본격적으로 시도했던 이 분야의 개척자이기도 하다. 그의 풍성한 임상경험에서 도출된 사례들은 흥미를 불러일으킬 뿐 아니라, 치료현장에 녹아든 일원론 철학과 그에 따른 체험의 깊이는 치료사를 넘어 영적 스승으로서의 면모를 보이는 것이기도 하다. 단순한 이론서가 아니라 저자의 삶, 임상경험, 수행이 녹아든 이 책은 읽는 것만으로도 깊은 감동을 주는 동시에 저절로 치유가 일어나게 도움으로써 몇 번이고 다시 읽고 싶은 충동을 일으킨다. 이런 희귀한 저서를 번역할 수 있었던 것은 행운이 아닐 수 없다.

이 책은 몇 사람이 공동작업한 산물이다. 요가와 심리치료의 만남을 화두로 우리나라에서 십여 년 간 연구하고, 실습하며, 현장에 적용한 경험이 있는 이 분야의 박사들 중심으로 1년여에 걸친 텍스트 해독을 거쳐 번역을 진행했다. 이 과정에서 요가철학을 기반으로 요가의 원리와 기법들을 심리치료라는 임상현장에서 탁월하게 적용하고 있는 저자의 뜻과 숨은 의미가 가능하면 고스란히 전달되도록 노력했다. 서문 번역은 조옥경, 1장과 2장은 왕인순, 3장은 김아신, 4장은 박미라, 5장은 양희연이 담당하였다. 역자들 간에 전문용어 번역의 통일성을 기하고 최종적으로는 대표 역자인 조옥경의 감수를 거쳤다. 이 책이 전달하려는 심오하고 숭고한 메시지는 공동번역이 갖는 부족함을 충분히 보충하고도 남을 것이다. 이런 소중한 자료를 통해 많은 사람들이 신선한 영감을 얻게 되기를, 그리하여 요가심리치료라는 새로운 분야가 만개하기를 소망한다.

2015년 11월
대표 역자 조옥경

서 문

마이클 버틀러(Michael P. Butler) 박사[1]

요가는 미국 대중 사이에서 어느 때보다 많은 인기를 끌고 있다. 수천만 명에 달하는 사람들이 정기적으로 어떤 형태로든 요가를 수련하고 있으며, 온갖 상점에서 책, 비디오, 요가매트 같은 요가 관련 상품들을 볼 수 있다. 요가는 사실상 주류가 되고 있어서 건강보험에서부터 자동차, 패스트푸드에 이르기까지 매우 다양한 상품들을 일반 대중에게 판매하기 위해 요가를 이용하기도 한다.

요가는 의료 및 정신건강 전문가들에게도 점점 더 인기를 끌어 수많은 실증 연구들의 주제가 되기도 한다. 예를 들어, 아사나(asana: 요가자세)[2] 수련은 이완을 강화하고 기분을 향상시키는 것으로 밝혀졌으며 정신건강 개선과도 관련이 있다. 요가에서 가장 중요한 수련의 하나인 명상은 매우 다양한 신체적·심리적 장애들에 효과가 있는 것으로 밝혀졌는데, 관상동맥 질환, 만성통증, 불안, 우울, 심지어는 몇 가지 피

---

1) 명상, 요가심리학, 인도철학을 오랫동안 공부한 국제 히말라야 요가과학 및 철학 연구소
(Himalayan International Institute of Yoga Science and Philosophy) 멤버다. 그는 성 마틴 대학교의 임상심리학자이자 심리학 교수로서 명상, 요가, 불교철학을 통합한 치료법을 개발하고 임상적으로 적용하고 있다.
2) '앉다.'를 의미하는 산스크리트어 'as'에서 파생된 단어로서 앉은 자세를 의미하지만, 일반적으로는 요가자세를 총칭하는 의미로 쓰이고 있다.

부장애도 여기에 포함된다.

요가식 영성의 요소들 또한 과학적으로 지지받는 몇 가지 서구 심리
치료에 포함된다. 예를 들어, 마샤 리네한(Linehan)의 변증법적 행동치
료(Dialectical Behavior Therapy: DBT)[3]와 스티븐 헤이즈(Steven Hayes)와
그의 동료들의 수용전념치료(Acceptance and Commitment Therapy:
ACT)[4]는 모두 바이라기야(vairagya: 무집착), 즉 비갈망(non-attraction)과
비혐오(non-aversion)가 동시에 존재하는 특징을 띤 태도라는 요가적
개념과 거의 유사한 개념들을 이용하고 있다. ACT 또한 내담자로 하여
금 바람직하지 않지만 피할 수 없는 내적ㆍ외적 경험에 저항하지 않도
록 가르칠 때 그 노력의 일환으로 명상을 공식적으로 결합시킨다(피할
수도 없고, 피해서도 안 되는 경험에 대한 저항으로 생긴 긴장은 그런 경험들
에 대한 부정적 정서반응을 심하게 강화한다고 밝혀졌다). 불안장애를 위한
대부분의 가장 표준적인 치료 또한 무집착을 이용하여 불안반응을 최
소화하면서 원치 않는 생각과 감각이 왔다 가게 허용할 수 있게끔 내담
자를 돕는다. 최근 한 연구는 '명상경험은 명상을 하지 않았다면 괴로
웠을 원치 않는 생각들에 직면해서 고요하게 있을 수 있고 부정적인 정
서경험으로부터 자유로울 수 있는 능력과 관련이 있음'을 입증하였다.

서구 요가수련자와 정신건강 전문가들이 보이는 엄청난 관심의 증
가에도 불구하고, 요가가 주입된 심리치료에 관한 이론적 기초와 방법

---

3) 심리사회적 처치로서 특별히 경계선 성격장애를 가진 사람들을 치료하기 위해 고안되었
다. 이들을 돕기 위해 마음챙김, 감정조절, 대인관계 효율성, 고통에 대한 내성을 기르도
록 훈련한다.
4) 1980년대 후반에 개발된 수용전념치료는 수용과 마음챙김을 전념 및 행동변화 전략과
결합시켜 심리적 유연성을 높이도록 고안된 심리치료 개입법이다.

들에 관한 좋은 자료들이 거의 없는 실정이다. 『요가를 통한 심리치료 (*Healing the Whole Person: Yoga Psychotherapy*)』는 일반인이나 전문가 모두에게 중요한 자료다. 훈련된 심리학자이면서 고대 인도 요가수행 자 계열에서 요기로 임명된, 존경받는 저자 스와미 아자야 박사는 독 자를 교육하고 영감을 불어넣을 요가심리치료를 꼼꼼하면서도 일반적 인 방식으로 소개하고 있다. 내담자와 작업할 때 요가를 결합시키길 바라 는 정신건강 전문가들은 이 책이 실용적이면서도 즉각적으로 유용 할 뿐 아니라 이론적으로도 깨우침을 주는 책이라는 점에서 기뻐할 것 이다. 일반 대중 하타요가 수련자에게도 이 책은 도움이 되는데, 왜냐 하면 이 책은 대부분의 주류 하타요가 지도자들이 소홀히 다루는 분야 인 마음과 관련되어 있어 요가에 빛을 밝혀 주기 때문이다. 스와미 아 자야 책은 마음 그리고 성장과 변화에 있어 심리적인 기초를 이해하려 는 탐구에서 우리에게 많은 것들을 제공하는, 실로 특별한 목소리를 내고 있다.

일원론과 요가심리학

요가심리치료는 현시된 우주와 현시를 넘어서 존재하는 모든 것들 을 설명하는 일원론적 인도철학 학파에 속하는 베단타(Vedanta)에 근 거를 두고 있다. 베단타는 다른 모든 것과 마찬가지로 개인은 본질적으 로 순수의식이며 우리의 의식/자각은 유일하게 변하지 않는 것이라고 말한다. 우리의 몸은 자라고 성장해서 마침내 몸을 구성하는 요소들로 돌아간다. 요가심리학뿐만 아니라 도움을 제공하는 직업들과 관련된 실용적 수준에서 일원론적 철학이 제시하는 바에 따르면, 개인은 변화 무쌍한 자각 내용보다는 자각 자체와 동일시하는 법을 배워야 한다. 게리 에머리(Gary Emery)의 근본 인지치료(Radical Cognitive Therapy: RCT)[5]가 '벌레의 눈 관점(worm's-eye view)'보다는 '새의 눈 관점(bird's-eye view)'으로 부른 것을 어떻게 취할지를 배워야 한다. 고요하고 균형 잡힌 주시자로 머물면서 자각의 내용(경험)으로부터 배울 수 있다면 고통을 최소화할 수 있을 뿐 아니라, 사랑과 기쁨 같은 더 긍정적인 경험을 위한 에너지를 해방시킬 수 있다고 말한다.

베단타와 요가심리학은 또한 인간은 미리 조정된 내적·외적 습관들 및 그 밖의 영속 가능한 패턴의 집합체에 불과한 것이 아니라, 실제로는 유한하면서도 변하는 것들을 높은 수준에서 경험하는 자(higher-order experiencer)라고 말해 준다. 스와미 아자야가 설명하고 있듯이, 성격은 우리(우리의 자각과 그 고유 에너지)가 흘러가는 환경일 뿐이다.

전통적인 대부분의 서구 심리치료와는 달리, 요가심리치료는 성격 수준(즉 사고, 정서, 행동 등 수준)에서 일어나는 수단뿐 아니라 훨씬 더 깊은 수준에서 일어나는 변화를 위한 수단을 제공한다. 그것은 우리가 평화롭고, 행복하며, 우리 자신의 주시자와 세계를 수용하도록 가르치는데, 성격수준에서도 우리가 스스로를 향상시키려고 애쓸 때조차도 그렇다.

무집착을 적용함으로써 요가심리학은 또한 개인적인 선택을 되찾는 데 도움을 주는데, 이로써 개인을 해방시켜 가장 최근에 일어난 정서

---

5) 기존의 인치치료가 이론을 중시하고, 문제해결중심이며, 지식, 구조 및 통제된 태도, 병리적 관점을 취하는 것과는 달리, 근본 인지치료는 이론적 상대론, 명료화, 이해, 자발적이고 유기적인 태도, 발달적 관점을 취한다.

적 영향력뿐 아니라 개인적 목표와 가치를 반영하는 더욱 혁신적이면서도 의도적인 방식으로 삶을 살도록 만든다. ACT, DBT와 마찬가지로 요가심리치료는 지금의 현실과 조화를 이루는 일은 결코 변화나 성장에 역행하는 일이 아니라 실제로는 변화가 일어나는 기초임을 보여 준다. 처음에는 내적·외적 환경에 저항하는 방향으로 흘러갔던, 통제 불가능했던 에너지가 가치에 바탕을 둔 목표지향적인 행동 쪽으로 더 통제할 수 있게끔 전환되어 더 행복하고 건강한 삶을 살게 된다. 요가심리치료는 정서적 안정을 위해서뿐 아니라 행위와 변화를 위한 내적 자원을 해방시키기 위한 균형을 가르친다. 고대 인도 격언에 따르면, 신성을 향한 비상, 더 나은 정신건강을 위해서는 무집착과 사다나(sadhana: 영적 훈련)[6](변화를 지향하는 훈련/행동)가 필요하다.

요가심리치료가 아닌 것

서구에는 진정한 요가의 참된 성질에 대한 혼란이 크며, 이러한 혼란은 요가에 기반을 둔 심리치료에까지 확장되고 있다. 요가심리치료가 아닌 것을 몇 가지 명확하게 논의하는 것이 유용할 것이다. 첫째, 요가심리치료는 운동이 아니다. 요가수련자와 지도자들 상당수를 포함한 많은 미국인들은 요가는 유한한 수의 스트레칭과 호흡훈련에 불과하다고 오랫동안 잘못 믿어 왔다. 그렇지 않다. 하타요가는 더 큰 요가

---

6) '무언가를 성취하기 위한 수단'을 의미하는 산스크리트어로서 보통 자아(ego)를 초월하기 위한 영적 훈련을 말한다.

전통의 소중한 부분이지만 비교적 최근에 추가된 요가로서 그 범위가 제한되어 있다. 하타요가는 서구에서 지금까지 가장 인기 있는 요가 형태이지만 그것을 유일한 요가 형태로 보아서는 안 된다.

치료사들과 요가심리치료의 잠재 내담자들은 하타요가를 부속 훈련이나 보조 훈련으로 치료에 포함시킬 수 있지만, 하타요가는 요가심리치료에서 더 핵심적인 요소가 아님을 이해해야 한다. 요가심리치료는 더 심리학적이면서 영적인 원리와 기법을 적용함으로써, 마음을 더 직접적으로 다루는 것을 목표로 삼고 있기 때문에, 매주 하타요가 수업에서 얻을 수 있는 것보다 더 큰 자기 인식과 더 많은 수단을 더 빨리 제공한다. 이 점에서 요가심리치료는 문제를 직접 다루지 않고 문제중심으로 훈련하는 수단을 제공하지 않으며, 실제로는 솔직하면서도 직접적인 자기 성찰(self-reflection)과 성장을 위한 수단을 제공한다. 모든 형태의 심리치료와 마찬가지로, 요가심리치료에서는 내담자의 대담한 용기가 필요하며, 내담자는 자신의 문제를 기꺼이 직접 직면하려 할 뿐 아니라 진정한 변화를 생활방식과 행동으로 옮기기 위해 열심히 작업해야 한다.

둘째, 전통적인 요가나 요가심리치료는 뉴에이지가 아니다. 요가의 이론과 방법은 수천 년에 걸친 과정을 통해 훈련되고, 다듬어지고, 실험적으로 검증되었으므로, 최근 몇 십 년 동안 싹튼 무수히 많은 뉴에이지 치료와 혼동해서는 안 된다. 요가심리치료는 요가의 권위 있는 체계적 훈련을 채택하고 있는데, 이들은 정신건강과 관련되어 있으면서 아스트랄 여행, 채널링 또는 점성술 같은 유행을 포함하고 있지 않기 때문이다.

셋째, 요가심리치료는 관념적이면서 겉만 화려하고 비현실적인 방식으로 '영적'이지 않다. 요가심리치료 원리와 방법은 권위 있는 요가와 마찬가지로 (적어도 처음에는) 문제시되는 특정 태도와 행동을 대상으로 개인을 실질적이고 구체적이며 실용적인 방식으로 개선시키는 데 목표를 두어야 한다. 요가철학에 따르면, 우리는 본질적으로 이미 완전하므로 진정으로 행복하고 자유로우며 사랑스러워지기 위해서는 낮은 차원의 마음이 갖는 눈가리개를 제거할 필요가 있다. 요가심리치료는 파탄잘리(Patanjali)[7]가 언급한 문제시 되는 일부 마음의 변형들을 구체적이고, 실용적이며, 효과적인 방식으로 다룬다.

넷째, 요가심리치료는 종교나 도그마가 아니다. 종종 불량한 정신건강과 관련된 종교성과는 달리, 영성은 사회적으로 규정되고 강제된 일련의 신념에 맹목적으로나 경직된 태도로 집착할 것을 요구하지 않는다. 세계의 위대한 모든 종교에서 요가적 영성의 태도와 방법을 훈련하고 있을 뿐 아니라, 어떤 한 가지 종교집단이나 사회집단 또는 조직과 동일시하고 있지 않은 수백만 명의 사람들이 요가를 훈련하고 있다. 이 요가적 영성의 태도와 방법은 건강하면서 실용적인 행동들로서 우리 자신의 경험과 관련짓도록 도울 뿐이며, 어떤 특정 이데올로기를 버리거나 취하도록 요구하지 않는다. 나아가 요가와 요가심리치료는 모두 금욕적이거나 가혹하지 않다. 오히려 이런 접근은 사람들에게는 고유의 속도로 성장할 권리가 있으며, 더 '영적'이거나 더 '절제되지' 않았다고 스스로를 징벌해서는 안 된다는 점을 인식하고 있다.

마지막으로 서구 심리치료 대부분의 형태와는 달리, 요가심리치료

---

7) 약 400CE 무렵 오래된 요가 전통을 195~196개 정도의 경구로 편집한 요가수트라를 저술한 산스크리트 권위자로 알려져 있다.

는 문제시되는 '중상'을 피하거나 최소화하는 데 머무는 수단이 아니다. 요가에 따르면 고통은 우리를 자기 만족으로부터 삶의 목적인 배움과 통찰로 전환시켜 주는 스승이다. 그러므로 인간 삶에서 일어나는 문제들을 불편하지만 성장을 향한 수단으로 다룰 필요가 있으며, 이는 전 생애에 걸쳐 발달하기 위한 기회를 의미한다. 요가심리치료는 내담자가 삶의 여정에서 만나는 장애로부터 배우도록 도우며, 장애가 있더라도 균형 잡힌 상태를 유지하도록 가르친다.

요가심리치료 원리

상상을 초월하는 다양하면서도 서로 연관된 철학 및 영적 수련과 관련지어 요가라는 단어가 사용된다. 많은 것들은 정신적인 건강과 직접 관련이 있다. 이어지는 글에서 스와미 아자야는 일부 이런 수련들과 배후에 놓인 이론들, 그리고 서구 심리학적 패러다임 및 기법과의 유사점을 소개하고 이에 대해 자세히 논의할 것이다. 다음은 요가심리치료에 적용되고 있으며, 스와미 아자야가 논의한 특정 치료개입을 위한 맥락을 제공하는 일반 원리들을 일부 상세하게 설명한 내용이다.

앞서 논의한 바와 같이 요가심리치료는 실용적일 뿐 아니라 내담자를 치료장면으로 오도록 만든 특정 주제와 문제들을 다룬다. 치료 후반에 특정 문제의 해결에서 미래 웰빙을 위한 전략 설계로 내담자가 이동함에 따라 더 일반적인 철학을 토론하고 지적인 담론을 논하는 시기가 올 것이다. 그러나 치료는 처음에는 현실적이면서 내담자의 고통을 줄이는 데 도움을 주어야 한다. 실증적으로 입증된 서구 심리치료와 마찬가지로 모든 진정한 영성 형태는 단순한 주지화와 이론적인 공론보다는 구체적이면서도 실질적인 변화를 강조한다.

요가심리치료는 실용성이라는 원리를 따르는데, 처음에는 고통을 유발한 특정한 내적·외적 조건을 목표로 삼지만 고통을 감소시키고 제거하는 수단에만 머물지 않는다. 요가심리치료는 또한 진취적인 정신건강 전문가들 사이에서 점점 더 유행하고 있는 '긍정심리학'의 한 형태이기도 하다. 거의 모든 서구 심리치료 패러다임은 우울, 공황발작, 정신병, 결혼생활 갈등 같은 부정적 경험들을 줄이기 위해서만 고안되었다는 점에서 서로 유사하다. 반대로 요가심리치료는 특정 증상의 집합들에서 비롯되는 고통을 줄일 수 있을 뿐 아니라 사랑, 창조성, 대인관계 연결 같은 긍정 경험을 직접적으로 높여 주는 수단들을 제공한다. 요가심리치료는 서구 긍정심리학의 유일하거나 우세한 형태가 아니라 분명 가장 오래되었으면서 실험적으로 가장 정교한 것이다. 요가는 수천 년 동안 기쁨을 증가시킬 뿐 아니라 고통을 줄이는 데 이바지해 왔다.

요가심리치료는 개인의 모든 측면과 그들 간의 관계 패턴을 고려하고 다룬다는 점에서 '전일적(holistic)'이다. 이런 전일적 접근에는 서구 심리학이 다루는 인지, 정서, 생리, 행동, 대인관계 영역이 포함될 뿐 아니라, 식습관, 수면, 호흡, 영성 같은 여러 영역을 인정하고 추가한다. 요가심리치료는 인간은 자신이 겪은 온갖 경험으로부터 영향을 받는다는 점을 인식하고 있으며, 고통과 '질병(dis-ease)'에 기여하는 온갖 습관들을 찾아내서 개선시킨다.

요가의 실용성과 비교조주의(non-dogmatism)라는 노선을 따르는 요가심리치료는 실험적일 뿐 아니라 그 적용에 있어 경험적이다. 내담자에게 '영적' 개념과 요가방법들을 단지 사유하거나 맹목적으로 수용하도록 요구하지 않고, 자신에게 제시된 태도와 방법들을 실험해 보도록 내담자를 격려한다. 요가심리치료사들은 고통받는 내담자에게 새로운 관점을 강요하기보다는 그 사람을 도와 특정한 이론과 수단들이 갖는 타당성과 효능을 검증하도록 한다. 여기에서 목표는 두 가지다. 첫째, 그런 접근은 개인을 향한 깊은 존중과 그/그녀가 결정할 권리를 전달하는 데 도움을 준다. 둘째, 변화에 대해 실험적인 접근을 취하는 일은 치료사–내담자 팀으로 하여금 어떤 방법이 내담자에게 효과적이며 어떤 환경에서 그런지를 과학적으로 결정하도록 한다. 요가심리학 이론은 흡인력이 있으며 내담자에게 영감을 주는 데 이용되지만, 이런 방법들을 검증한 후 유용한지 여부를 알아내지 못하면 결국 소용이 없다. 요가심리치료는 즉각적이면서 느낄 수 있을 뿐만 아니라 장기적 안목에서도 실용적이다. 대부분의 서구심리학 형태와는 달리, 요가심리학은 개인에게 일생에 걸친 성장과 발달에 이용할 수 있는 수단과 태도를 제공하는 데 관심이 있다. 이런 의미로 요가심리치료는 '영적'이다. 요가심리치료는 비교적 건강한 현재 상태를 만들거나 유지하는 수단에 불과하지 않고 일생에 걸쳐 균형, 학습, 실재(상대적 실재와 절대적 실재)에 대해 감수성이 점점 더 커질 수 있는 수단을 제공한다. 개인을 살려 예전의 기본 기능수준으로 되돌려 주는 여타 유형의 심리치료와 비교할 때, 그런 심리치료들이 물고기만을 제공하는 데 비해 요가심리치료는 물고기 잡는 법을 가르친다. 내담자를 도와 그들이 현재 겪고 있는 정서적 난관에서 빠져나오게 만드는 데 그치지 않는다. 요가심리치료는 신성으로 향하는 지속적인 비상에 필요한 기술들을 제공한다.

스와미 아자야가 자세히 논의하고 있듯이, 요가심리치료는 개인이 심리영적인 각 발달단계를 특징짓는 양극성(사랑과 증오, 성공과 실패 같이 서로 보완하는 한 쌍의 힘들)을 이해하고, 거기에서 잘 빠져나와 초월하는 데 필요한 수단을 가르친다. 육체적 안전과 안도감, 자부심, 충동통제나 대인관계 연결 중 어떤 이슈와 관련되어 애쓰는지에 상관없이 요가심리치료는 현재 및 미래 학습과 문제해결을 돕는 실용적인 전략을 제공한다. 자신의 최고 잠재력에 도달하려면 인간은 인간 삶을 (그리고 죽음을) 규정하는 여러 양극성들과 조화를 이루어야 한다. 요가는 그 길을 보여 준다.

서구 심리학과 심리치료 형태 대부분은 영성을 도외시했으며 그것을 종종 실용적으로 적용할 수 없는 특별한 틈새 영역으로 생각하였다. 이는 터무니없이 부정확한 태도로서, 진보적인 정신건강 전문가들이 영적으로 행동변화를 접근하는 일이 갖고 있는 이점들을 계속 입증해 감에 따라 사태는 분명 변할 것이다.

요가심리치료에서 주목할 만한 또 다른 특징은 모든 문화에 속한 사람들에게 적합하다는 점이다. 인류문명의 역사를 되돌아 볼 때 서로 다른 문화와 종교 맥락에서 요가적 영성 방법이 도입되었다. 힌두교인, 불교인, 자이나교인, 시크족, 수피 무슬림, 기독교 신비주의자, 카발라 유대교인 및 여러 비분파 요가 수행자들은 모두 요가식 영성이 정신건강에 미치는 중요한 이점들을 발견하였다. ACT와 DBT 같은 현대 심리치료에서 사용되는 방법들은 다양한 인종, 국가, 종교를 가진 내담자들을 도와 그런 방법이 갖는 세계적인 호소력과 효능을 보여 주고 있다. 단일한 심리치료 접근이 그렇게 많은 수의 사람들에게 적합한 경우는 드물기 때문에 요가심리치료를 더욱더 특별한 현상으로 만든다.

태도와 기법

정신건강과 직접 관련된 다양한 요가적 태도와 기법들이 있다. 무집착, 명상, 자기 수용(서구 심리학의 자신감과 혼동하지 말라), 마음챙김(행위 속의 명상), 프라나야마(pranayama: 호흡조절), 비베카(viveka: 분별력)**8)**는 더 효과적이면서도 널리 적용되는 일부 방법들로서, 다음에서 자세히 살펴볼 것이다.

무집착

요가가 가장 중요하게 기여한 점은 아마도 무집착이라는 고대 개념일 것이다. 특정 기법보다는 일반적인 태도에 해당하는(유용성이 제한된) 무집착은 그 자체로 효과적인 수단이면서 다른 여러 수단들이 근거를 두고 있는 기초다.

비갈망, 비혐오 상태(헤이즈는 '수용'으로 불렀다)를 체계적으로 계발함으로써 내적 자극(사고/인지, 생리적 감각, 정서)이든 외적 자극(환경적 조건, 불안을 유발하는 대상과 상황)이든 모든 유형의 자극에 직면해서 정서적으로 균형 있고 만족한 상태를 유지하도록 내담자를 가르친다. 이런 상태는 특정 공포나 예민함을 극복하는 일일 뿐 아니라 일생 동안

---

8) 특정 주제나 사건에 대한 가치와 질을 결정하는 활동을 의미하는 산스크리트어로서 보통 분별력으로 번역된다.

지속되는 만족과 회복탄력성을 위한 열쇠가 된다. 온전히 계발된 무집착은 진정한 자유와 맞먹으며, 정서적으로 휩쓸리지 않고 인생여정에서 부딪히는 장애들로부터 배우도록 한다.

정신역동 심리학의 몇몇 서구 학파에 따르면, 사람들은 대부분 외적 대상(사람, 장소, 대상이나 개념)과 그것들의 내적 표상에 대해 세 가지 중 한 가지 방식으로 대응한다. 그쪽으로 끌려가거나(갈망함), 거기로부터 도망가거나(혐오), 거기에 저항한다(갈망과 혐오). 요가심리치료는 주체-객체 패러다임에서 그런 관계가 갖는 정당성을 인정하지만, 대상들과 '관계 맺는' 네 번째 중요한 방식을 위한 수단을 제공한다. 무집착을 통해 대상들과 평화롭게 공존하면서 내적 및 외적 대상과 함께 '그저 존재하는' 수단을 제공함으로써 거기에 최소한의 에너지만 쏟게 만든다. 대상을 향해 가거나, 대상에서 멀어지거나, 대상에 저항하는 것은 여러 맥락에서 적절하지만, 어떤 대상들과는 평화롭게 '존재하는' 것을 배우는 일 또한 웰빙에 필수적인 요소다.

무집착을 지속적으로 훈련하는 일은 종종 잘못 이해되고 있는데, 현실에 대해 둔감해지는 엉뚱한 노력이 아님을 이해할 필요가 있다. 사실 무집착은 충분히 개방되고 삶을 있는 그대로 수용하게 만드는(다른 방법과 함께 사용하면서 그것을 개선시키려는 노력을 하는 순간에도) 한 가지 방법을 표현한 것이다. 그것은 개인으로 하여금 장애물이 존재해도 균형 잡힌 상태를 유지하면서 삶을 충분히 경험하도록 하며, 궁극적으로는 가장 순수한 실재란 순수하면서도 완전한 의식임을 인식하도록 준비시킨다.

무집착(서구에서는 여러 명칭으로 알려져 있다)의 임상적 적용에는 불안장애를 위한 서로 관련된 광범위한 치료가 포함된다. 예를 들어, 공황장애를 위해 이용되는 과학적으로 지지받는 가장 표준적인 치료에는 원치 않는 생각과 신체적 감각들을 비극적으로 만들거나 피하려고 필사적으로 노력하지 않으면서 있는 그대로 받아들이도록 가르치는 것이 포함된다. 강박신경장애(obsessive-compulsive disorder: OCD)를 위한 과학적으로 밝혀진 치료 또한 매우 실용적이면서 체계적인 방식으로 무집착을 동원한다. OCD를 치료할 때 불안전문가들은 두려워하는 자극에 내담자를 점차 강도를 높여가며 노출시키면서, 그들이 원치 않는 생각과 감각을 수용하는 훈련을 하도록 돕는다. 이는 내담자가 수용의 정신으로 불안을 일으키는 단서 및 그 결과로 일어나는 감각을 경험하게 함으로써 그들에 대한 인내심/면역력을 개발할 수 있게 하는데, 이 시점이 되면 자극이 더이상 고통을 유발하지 않게 된다. 무집착은 진정한 평화와 행복을 발견하기 위해서 모든 사람이 결국 배워야 하는 강력한 수단이다.

명 상

명상은 모든 요가기법 중 가장 중요하다. 명상은 의료 및 정신건강의 장단기 혜택을 폭넓게 제공할 뿐 아니라, 점점 더 커지는 자기 자각, 자기 조절 그리고 궁극적으로는 완전한 깨달음(모든 존재가 하나임에 대한 온전한 자각)에 도달하는 일생을 명상수련자에게 제공한다. 위대한 요가성자인 히말라야 스리 스와미 라마(Sri Swami Rama)[9]의 말씀에 의

---

9) 1925-1996. 인도 요가수행자로 서구 과학자들이 요가의 생리학적 효과를 위해 세계 최초

하면, "[명상은] 주의를 기울이고 우리 자신에 있는 여러 수준의 양식을 이해하는 단순한 기법이다." 이 기법은 단순하지만 마음수준에서 학습과 성장을 촉진시키고, 개별적인 마음의 제약을 넘어 절대의식으로 데려가는 힘을 갖고 있다.

정신건강과 관련해서 명상은 무수히 다른 조건들, 예를 들어 스트레스, 불안장애, 우울 같은 것들로부터 고통받고 있는 사람들에게 중요한 고통을 완화시킬 뿐 아니라 다양한 종류의 긍정적이면서 새로운 경험을 만들어 낸다. 요가심리치료에서 내담자는 네 가지 주된 이유로 명상을 하도록 안내받는다. 첫째, 명상은 몸과 마음을 모두 고요하게 하며, 몇 가지 과학적 연구에 따르면 어떤 다른 휴식보다 더 많은 이완감을 제공한다. 둘째, 앞서 언급했듯이 명상은 자기 자각을 증진시킴으로써 심리적 문제들을 다루는 방법과 관련해서 우리가 더욱 지식을 갖춘 상태에서 결정을 내리도록 한다. 셋째, 명상은 환경에서 작동하고 있는 비상사태에 대한 자각을 높여 삶의 상황에서 효과적으로 잘 빠져나오도록 우리를 돕는 데 이바지한다.

요가심리치료에 적용된 명상의 네 번째 중요한 혜택은 무집착과 직접 관련이 있다. 조용히 앉아서 천천히 고르게 호흡하고 단 하나의 지점에 집중하려 노력함으로써 내담자는 그렇지 않았다면 부정적인 정서 상태를 촉발했을 생각들을 수용하고 내려놓도록 배운다. 이 장을 쓴 필자의 최근 상관관계 연구는 명상경험이 많을수록 끼어드는 원치 않

로 연구했다. 그는 1960년대에 미국 메닝거 클리닉에서 요가를 통해 인체의 불수의 활동, 예를 들어 심작 박동, 혈압, 체온 등을 의식적으로 통제할 수 있음을 보여 줌으로써 의학계를 놀라게 했다.

는 생각에 대한 정서적 고통의 정도가 감소함을 발견하였다. 몇 달, 몇 년을 수련한 피험자들은 명상경험이 적은 사람들 보다 슬픔, 걱정, 죄책감, 못마땅함이 (생각에서) 줄었다. 나아가 그들은 자신들의 생각 내용을 맹목적으로 믿는 경향성이 적었으며, 생각들을 더 빨리 내려놓을 수 있었다.

자기 수용

대부분의 서구 심리학자들은 자존감을 자신에 대한 명제적 '이상'과 인식된 자기 또는 실제 자기 간의 지각된 거리로 정의하고 있다. 말하자면, 이상적인 자기와 가깝다고 믿을 때 사람들의 자부심은 더 커진다. 이와 마찬가지로 실제 자기와 이상적인 자기 간의 차이가 크다고 느끼면 사람들은 낮은 자존감으로 고통받을 것이다.

거의 대부분의 요가수행자는 낮은 자존감보다는 높은 자존감을 갖는 것이 더 낫다는 데 동의하겠지만, 자존감 자체는 성질상 조건적이라는 점에서 결점이 있으며 문제가 있는 개념이라고 생각한다. 요가심리치료에서 무조건적인 자기 수용을 계속 수련하는 일은 대부분의 서구 심리치료에 내재하는 자존감이라는 조건적인 개념을 바꾸어 놓는다.

요가심리치료에서 내담자들은 스스로를 변화시키고 개선시키기 위해 노력할 때조차도 '중개자(middle man, 규칙과 조건)'를 제거하고 스스로를 온전하게 받아들이도록(지각된 자신들의 온갖 단점들이 포함된다) 가르침을 받는다. 요가에 따르면 우리는 (어떤 이유에서든) 스스로를 매질하면서 매우 불건강한 혐오의 습관을 발달시키거나 유지하는 일을 피할 수 있도록, 지각된 자기나 성격이라는 후속 버전들을 각각 수용하고 양육하도록 배워야만 한다. 스스로를 매질하는 일은 결코 좋지 않다. 우리가 자기비하 행위에 반복적으로 사로잡히면 끔찍한 습관이 형성되어, 처음 자기 학대적인 행위를 촉발했던 특질과 행동을 제거하거나 초월한 후에도 계속 남게 된다. 과거에 이미 행했던 것 또는 현재 우리 스스로 지각할 수 있는 결점에도 불구하고, 언제라도 우리 자신을 무조건적으로 수용하도록 훈련함으로써(이것은 훈련이다!) 우리는 스스로를 해치는 일을 그만둘 뿐 아니라 스스로를 해방시켜 자기와 타인(우리 자신에게서 수용할 수 없는 특징들 때문에 판단하고 비하했을 수 있는 사람들)을 사랑하게 된다.

마음챙김

서구 정신건강 전문가들은 마음챙김을 다양한 방식으로 정의한다. 이는 종종 무집착이나 수용과 똑같은 방식으로 정의되고 있으며, 의미 있는 과학적 지지를 받고 있다(이 또한 무집착의 힘을 입증하고 있는 셈이다!). 이제 더 전통적인 요가식 정의를 내려 보자. 고대 요가전통에 따르면 마음챙김은 무집착에 매우 근접한 개념으로서 그 자체를 훈련하는 것만으로 존중받고 있다. 요가수행자들은 마음챙김을 당면한 현실에 주의를 기울이도록 의식적인 노력을 기울이는 것으로 이해하고 있다(무집착과 함께 훈련하거나 별도로 훈련하는 일은 마음챙김 훈련을 통해 인식되는 실재를 수용하는 데 필요한 균형감을 제공한다).

앞서 정의한 마음챙김은 요가심리치료의 강력한 요소로서 내담자에게 결정과 행동에 근거를 마련하는 새로운 자료를 풍부하게 제공한다. 내담자에게 내적·외적 조건을 직접적으로 주시하거나 지각하게 함으로써 마음챙김할 때 보다 오류가 커질 수 있는 비직접적인 방식인 정교한 인지적 추정에 의존하는 일을 줄이도록 가르친다. 내적(사고, 정서, 생리적 감각)이든 외적(감각적 경험, 개시된 행동)이든 우리 경험을 지속적으로 자각하도록 노력함으로써, 우리는 여러 경험 사이에 존재하는 복잡한 관계를 직접 의식하게 된다. 이런 새로운 자각은 우리로 하여금 불건강한 패턴을 감지하고 차단하기 시작하여 더 새롭고 건강한 패턴을 시작할 수 있도록 한다. 그것은 우리의 내적 상태를 효과적으로 다룸으로써 행동과 관련해서 더 큰 자유의지를 회복하도록 한다.

앞에서 주목하였듯이 마음챙김은 무집착과 함께 수행할 때 가장 좋으며, 어떤 연구에 따르면 이것이 없으면 그 힘을 잃는다. 예전에는 알지 못했던 우리의 내적 조건들을 있는 그대로 충분히 받아들이려 하지 않으면 그런 조건들을 지각하거나 이해할 가능성이 없다.

분별력

현대 인지행동치료와 마찬가지로 요가심리치료는 자각의 장에 나타나는 생각들의 정확성을 검토하는 수단도 제공한다. 우선은 예상 가능하고 조건화된 생각과 믿음이 균형과 수용의 정신으로 의식에 들어오는 것을 환영해야 하지만, 그다음에는 적절한지 그 타당성을 검토해야만 한다. 많은 사람들은 논리적 분석 없이 맹목적으로 받아들인 부정확한 부정적 생각의 결과로 쓸데없이 고통을 받는다.

요가심리치료는 붓디(buddhi)[10], 즉 분별하는 마음의 기능을 정교하게 만들도록 내담자를 도와 정신건강과 직접적으로 관련된 아비디아(avidya: 무지)[11](무지와 착각)를 점점 더 뚫고 나아갈 수 있도록 한다. 예를 들어, 모두가 자신을 싫어한다고 오해하는 사람은, 그런 믿음을 지지하거나 반대하는 증거뿐만 아니라 부정확한 결론을 지지하는 추론상 근거 없는 비약을 고려함으로써 이런 결론을 이성적으로 검토하도록 도움을 받는다. 전통적인 인지행동치료에서와 마찬가지로 그런 분석적 기술을 내담자에게 가르침으로써 치료회기 밖에서도 그 기술을 사용할 뿐 아니라 회기 내에서도 소크라테스식 방식으로 훈련하도록 한다. 수많은 내담자들은 부정확하고 섣불리 검토한 결론이 가져오는 착각으로부터 단순히 해방됨으로써 도움을 받을 수 있다. 위대한 요가 수행자이면서 철학자인 스리 상카라차리아(Sri Shankaracharya)[12] 말씀에 따르면 "우리의 착각이 계속되는 한 밧줄이 뱀으로 보인다. 착각이 끝나면 뱀은 더 이상 존재하지 않는다."

인지행동주의라는 선형적이고 이성적인 분석과 요가 및 요가심리치료의 분별력 간의 근본적인 차이점 한 가지는 분별력의 무한한 유용성과 궁극적인 결과와 관련되어 있다. 요가에 따르면 무지는 일시적이고 조건적인 고통(우울이나 공황발작 같은 시간적으로 제한된 증상 발현도 마찬가지다)의 원인을 훨씬 넘어서 있다. 그것은 보편적인 의미에서의 모

---

10) 존재의 실상인 브라만에 끌리는 마음의 측면으로서 이를 통해 지혜가 가능하다.

11) 우파니샤드 같은 힌두경전에 나오는 무지나 착각을 의미하는 산스크리트어다.

12) 아디 상카라(Adi Shankara). 8세기경 힌두교를 개혁한 인물로 불이론을 주장하는 베단타의 창시자로서 힌두철학과 신학자들 사이에서 가장 존경받는 인물에 속한다.

든 고통의 원인이며, 본질적으로는 순수하면서 무한한 의식인 인간으로 하여금 자신들이 유한하고, 고립되어 있으며, 변하기 쉬운 존재로 믿게끔 만든다. 분별력을 계속 수련함으로써 우리는 얼마 안 가서 모든 잘못된 동일시로부터 해방되어 우리 스스로를 모든 변화와 조건을 넘어선 무한의 삿칫아난다(satchitananda)[13](존재-의식-지복)로 알게 될 것이다. 요가심리치료에서 가르치는 분별력은 실용적이며, 부정확한 믿음으로 인해 생긴 현재의 고통을 끝내도록 내담자를 도울 뿐 아니라 영적 진화와 삶의 궁극적 목적인 깨달음이 있는 삶을 향하도록 내담자를 준비시킨다.

호흡조절

대부분의 서구 심리학이 소홀히했던 가장 중요한 인간 기능의 하나는 호흡이다. 그 결과 서구 심리치료사들은 일반적 웰빙의 개선과 특정 심리적·생리적 증상으로 인한 고통의 경감을 위해 호흡조절이 갖고 있는 힘을 포착하는 데 실패하고 말았다. 이에 비해 요가심리학은 광범위하고도 강력한 호흡훈련과 그것들이 가리키는 매우 광범위한 종류의 조건들을 인식하고 있다. 개인에게 꼭 맞는 호흡조절의 지속적인 수련을 통해 신경계 활동을 조절함으로써 더 고요하고 건강한 몸과 마음이 되는 일이 가능하다.

---

13) '존재-의식-지복'을 의미하는 산스크리트어로서 궁극의 실상을 주관적으로 경험하는 상태를 기술하는 용어다.

호흡은 몸과 마음 상태 모두와 관련이 있다는 사실은 자명하다. 우리는 일상의 사건 중에 마음챙김하면서 주의를 기울이고 성찰하는 가운데 호흡을 보기만 하면 된다. 경악하거나 놀랐을 때는 공기를 마시려고 숨을 헐떡거린다. 불안 상태에서는 짧고, 얕으며, 빠른 호흡패턴이 수반된다. 우울은 느리고, 둔중하며, 들숨과 날숨 간의 긴 휴식으로 끊어지는 호흡과 관련되어 있다. 고요와 만족이라는 주관적인 느낌이 특징인 마음과 몸 상태는 부드럽고, 이완되면서 덜컥이거나 중간에 끊어지지 않는 호흡과 관련이 있다.

정신건강과 관련된 문제를 다루기 위해 요가심리치료는 경험상 골칫거리이면서 고통을 가하는 측면들을 표적으로 삼는 호흡훈련을 내담자에게 제공한다. 예를 들어, 공황장애로 고통받고 있는 내담자에게는 일대일 횡격막 호흡을 처방하는데(들숨과 날숨 길이가 같고 덜컥임이나 중간에 중단함으로써 끊어지지 않는, 코를 통한 이완된 호흡), 이는 자율신경계를 진정시키고 종종 공황의 경험을 촉발하거나 유지하는 과호흡을 예방한다. 반면에 우울한 내담자는 코를 통해 빠르면서 강력한 날숨을 쉬고 난 후에 느리고 자연스러우며 이완된 들숨이 있는(역시 코를 통해 호흡한다) 호흡수련인 카팔라바티(kapalabhati: 정뇌호흡)[14]를 하도록 요구할 수 있다. 카팔라바티는 하루 종일 더 건강하게 호흡하도록 호흡계를 정화하고 몸으로부터 독소를 배출하는 데 도움을 줄 뿐 아니라 에너지(우울 상태에서는 사라진다)를 높인다고 오랫동안 알려져 왔다. 불면증 환자에게 매우 필요한 수면을 취하게끔 하고 수많은 여타의 심리생리

---

14) 신체를 정화하는 요가 시스템의 중요한 요소로서 두뇌 속의 거의 모든 기관을 정화하는 호흡법의 일종이기도 하다.

적 문제들을 돕는 그 밖의 호흡조절도 존재한다. 요가와 요가심리치료의 호흡조절은 신경계에 직접 작용하는 강력한 기법들이기 때문에 지식을 갖춘 사람이 가르쳐야 하며, 조심성 있게 훈련해야 하고, 새로운 불균형이 만들어지지 않도록 과도하게 훈련해서는 안 된다.

스와미 아자야는 또한 많이들 말하고는 있지만 거의 이해받지 못하고 있는 흥미진진한 차크라 체계 및 이것이 심리영적 진화와 갖는 관계들을 소개하고 있다. 탄트라와 하타요가 체계 경전에 서술된 정묘체(거친체에 스며들고 있는 에너지 장)의 차크라는 진정한 영적 전통 수련자와 뉴에이지 공동체 일원들 사이에서 매우 인기 있는 주제다. 불행하게도 이 주제에 접근하는 열정은 진정한 지식에 대한 열정에 못 미친다. 미국의 모든 도시에서 뉴에이지 예술을 실행하는 사람들 및 권위 있는 요가의 구전 전통과는 동떨어진 문외한들이 겉만 번지르르한 주제에 대해 저술하고 강연함으로써 차크라에 대한 엄청난 혼란과 잘못된 정보를 생산하였다. 이 책은 그 주제에 관해서 이용할 수 있는 대부분의 자료와 완전히 대비될 것이다. 스와미 아자야는 비판적인 사고의 마음을 지닌 훈련된 과학자일 뿐 아니라, 가장 오래되었으면서 명망 있는 요가수행자들 계열에 속하는 존경받는 수행자로서 사람들 대부분이 결코 접근할 수 없는 문서로 된 지식과 구전지식을 내밀하게 알고 있다. 더 나아가서 그는 진정한 요가를 오랫동안 수행한 수행자이고 차크라 체계에 대한 개인적인 경험도 많다.

이 책에서 스와미 아자야는 인간 신체의 차크라를 체계적으로 기술하고 있으며, 이들을 특정한 융식(Jungian)의 원형, 양극성 및 이들과 관련되어 있는 임상적 주제들과 관련시키고 있다. 인간 삶에서 가장 기본적이면서 원초적인 문제에서부터 가장 깊으면서도 가장 미세한 문제에 이르기까지 정신건강과 영적 발달을 이해하기 위한 명확한 틀을 이런 식으로 독자에게 제공하고 있다. 서로 다른 심리영적 발달수준에서 분투하고 있는 사람들의 욕구를 충족시킬 수 있도록 다양한 서구 심리학 학파들이 어떻게 생성되었는가에 대한 이해 또한 제공하고 있다. 가장 중요한 사항으로 스와미 아자야는 영적 진화 과정에서 흔히 직면하는 문제들을 다루려는 사람들에게 도움을 줄 수 있는 일부 수단들과 태도들을 소개하며 논의하고 있다.

유명한 요가수행자이자 임상심리학자인 스와미 아자야는 현대 심리학에서 중요한 목소리를 내는 사람이자 요가심리치료에서 진정한 권위를 갖춘 소수에 속한다. 당신 손에 쥐어진 특별한 책을 통해 즐거움을 경험하고 정보를 얻을 수 있기를 소망한다. 요가심리학을 이렇듯 신중하면서 믿을 수 있게 다루어 대중에게 직접 제공한 경우는 드물다.

차 례

1
의식의 생태학

일원론적 심리학에서는 의식만이 스스로 존재하며 다른 것들은 존재하는 것처럼 보일 뿐이라고 상정한다. 모든 스트레스는 근원적 실재(underlying reality)에 대한 무지와 아울러 이름과 형상으로 구성된 세계와의 동일시에서 온다. 요가학(yoga science)은 개인의 의식이 이름과 형상으로 구성된 세계에 걸려들게 된 방식을 연구하고 설명하며, 이런 함정에서 벗어날 방법을 제공한다. 요가는 생태과학으로서 개개인이 처해 있는 환경의 모든 측면을 이해함으로써 자신의 덫으로부터 자유로워지도록 한다.

　현대 심리학은 인간존재를 그의 성격 및 생각과 동일시하며, 호흡하는 공기와 집과 직장을 포함해서 외부적으로 둘러싸고 있는 것들을 환경이라고 본다. 그러나 요가심리학에서 의식은 개인의 본질이며, 그 밖의 모든 것들은 의식이 자리 잡고 있는 환경으로 간주된다. 인간은 피부 바깥에 존재하는 외적 환경뿐 아니라 신체, 정서, 사고, 욕망, 생리적 욕구를 포함한 내적 환경을 갖고 있다. 환경보호론자들이 오염된 호수를 본래의 깨끗하고 균형 잡힌 상태로 복구하는 것에 관심을 갖고 있는 것처럼, 요가치료사들은 혼란스러운 경험 상태에서 균형 잡히고 고요한 의식 상태로 개인을 안내하는 것에 관심을 갖는다.

일원론적 모델은 두 가지 기본 원리에 근거하고 있다. 그리고 요가 치료에서 사용하는 방대한 치료적 개입은 그러한 원리를 적용한 결과다. 이러한 원리를 명료하게 이해할 때 요가치료 중에 드러난 다양한 초점들의 배후에 존재하는 근원적 단일성을 인식할 수 있게 된다. 첫 번째 원리는 '자기 실현이 정화의 한 과정'이라는 것이다. 즉 모든 스트레스와 고통에서 벗어나기 위해서는 자신의 참본성인 순수의식을 가리고 있는 불순물과 방해물을 제거해야만 한다. 정화원리는 요가학의 모든 기법에 관통되고 있으며, 인간존재의 각 측면을 작업할 때 적용된다. 인간은 본래 순수한 무한 의식이기 때문에 성장 과정이란 무한 의식 이외의 다른 신념들과 가정들을 모두 버리는 것이며, 인간이 현재도 그러하고 항상 그랬음을 인식하는 것이다. 담배연기가 공기의 오염물로 간주되는 것처럼, 인간을 겹겹이 싸고 있는 비실재적인 성질들은 오염물로 간주된다. 담배연기를 없애면 오염되지 않은 깨끗한 공기가 되는 것처럼, 자신을 제한하는 개념을 제거하면 순수의식이 드러난다. 요가치료는 모든 단계에서 인간의 참본성인 순수의식을 방해하는 다양한 불순물을 제거하는 것이다.

그러한 불순물은 존재의 모든 측면에서 다양한 형태로 발견된다. 평범한 사람들에게 순수의식의 도구들은 불순물에 의해 방해받는다. 요가학의 첫 번째 단계는 오염물로부터 이런 도구들을 해방시켜서 현상계에서 참자아(Self)를 표현할 수 있는 적절한 수단으로 기능할 수 있도록 구성되어 있다. 몸이 흡수할 수 없는 독소들 때문에 오염되듯이, 마음도 실재를 반영하지 않는 생각들 때문에 오염된다. 그러한 생각들과 동일시함으로써 참자아에 대한 자각은 모호해진다. 그러나 명상수련을 통해 그러한 오염물이 제거될 때 인간은 참본성을 경험한다.

두 번째 치료 원리는 전일주의(holism)다. 요가학에서 정화 과정은 인간존재의 각 측면에 적용된다. 의식 스스로 알고 있는 생태학적 상황에는 인간의 생활환경, 몸과 몸의 기능, 호흡하는 공기와 먹는 음식, 관계를 맺는 태도와 관계들, 정서 상태와 자아(ego) 상태 그리고 습관, 욕구, 생각이 포함되어 있다. 요가심리학은 조대한 것이든 정묘한 것이든 형상을 지닌 이 세계의 모든 변하는 것을 고려하는데, 이것들이 참본성을 자각하는 인간의 능력에 영향을 미치기 때문이다. 또한 요가심리학은 인간을 그 같은 형상으로 묶고 있는 복잡한 매듭들을 단계적으로 풀어내고자 한다. 만일 의식에 행사하는 내적·외적 환경의 지배력에서 벗어나고자 한다면, 환경의 다양한 측면의 상호 관계를 포함하여 전체적인 생태학적 상황을 고려해야 한다. 요가심리학은 인간존재의 한 측면 또는 몇 가지 측면에만 집중하지 않는다. 환경의 모든 측면에서 의식 자체가 해방되도록 돕는다. 그러므로 요가는 진정으로 전일 과학(holistic science)이다.

전일 모델

분석적, 원자적 그리고 환원론적 이론과 방법이 현대 심리학과 현대 심리치료에서 우위를 점하고 있지만, 유기체의 전일적이고 목적의식적인 기능을 강조하는 중요한 심리학파들이 존재해 왔다. 대개 독일의 철학 전통에서 나온 그런 학파들 중 20세기 전반부에 부상한 두 개의 학파는 게슈탈트 심리학(gestalt psychology)과 유기체 심리학(organismic psychology)이다. 최근에 전일적 관점은 현대 의학과 현대 심리치료에

발판을 구축하기 시작했다. 이렇게 부상하는 분야의 이론가들은 전일적 치료의 기본 원리에 대한 규명을 시도하고 있다.

전통적인 서양의 치료에서는 마음, 몸 그리고 영을 세 가지 별개의 영역으로 분리시켰다. 인간존재의 각각의 측면을 독립적으로 다루는 전문가들이 있고, 이 전문가들 사이에는 상호작용이 거의 없다. 그 결과 한 사람을 치료하는 여러 전문가들이 상반되는 작업을 하는 것은 흔한 일이다. 그러나 요가 모델에서는 의학적·심리학적·영적 요구를 함께 다룬다. 요가치료사는 인간존재를 전일적으로 이해하며, 한 인간의 다양한 측면이 서로 어떻게 기능하는지에 대해 이해하려고 한다. 요가치료의 기본 견해는 몸-마음-영의 통합이다. 신체적 기능과 정신적 기능, 궁극적 가치와 목적의 관계는 서로를 반영하며 조화를 이루고 있다. 요가치료사는 이런 상호 관계를 인식하고 내담자가 그것들을 잘 자각하도록 안내한다. 요가치료사는 각각의 수준에서 효과적인 기법들을 사용한다.

오늘날 우리 사회에서 대다수 의사들이 주도하는 의학 모델에서 전문가는 증상이 드러나는 신체 기관을 치료한다. 의사는 환자에게 그 기관의 증상을 없애는 억제제를 줄 수도 있다. 그러나 근본적인 혼란을 치료하지 않았기 때문에 그 증상은 계속 커질 것이고, 곧 다른 경로를 통해서 드러날 것이다. 더 나아가 약을 먹으면 유기체 내에 불균형이 만들어져서 유기체는 이질적인 성분에 적응하거나 그 성분을 밀어내는 방식으로 반응하게 된다. 그로 인해 유기체의 다른 기관에 또 다른 불균형이 나타날 수도 있다. 정신적·정서적·신체적 혼란들은 대개 성가시거나 사소한 부작용 정도로 간주되지만, 이것들이 원래의 증상보다 유기체를 더 교란시키는 것으로 드러나는 경우가 매우 많다. 그러므로 억제적 치료법은 다른 기관에 심각한 증상을 초래할 수 있는데, 의사와 환자 모두 이 증상이 초기 치료의 결과임을 인식하지 못한다. 그래서 환자는 현재 증상이 드러난 기관을 치료할 또 다른 전문가를 찾아가서 새로운 증상을 억제하는 또 다른 약을 처방받는다. 이것은 한 부분을 진정시키기 위해 다른 부분에 혼란을 야기하고, 실제로는 원래의 불균형을 유기체 내부에 더 깊게 고착시키는 결과를 초래한다.

예를 들어, 습진은 피부에 매우 효과적으로 보이는 증상억제용 연고로 치료될 수 있다. 치료는 성공한 것으로 보이고, 피부발진은 깨끗해진다. 그러나 얼마 후에 환자는 천식 상태로 악화돼서 호흡기 질환을 다루는 전문가를 찾아갈 수도 있다. 환자는 현재의 호흡기 질환이 이전의 피부 상태와 연관되어 있다는 생각을 전혀 못하고, 불행하게도 의사 또한 두 가지 조건 간에 상호 연관성이 있다는 가능성을 인식하지 못할 것이다. 그러나 두 가지 조건에 대한 세심한 연구에서 천식이나 습진이 억제제로 다루어졌을 때 다른 조건들이 종종 발생한다는 것을 보여 주고 있다. 습진을 억제하는 치료의 효과는 유기체 내부에 더 깊은 질병을 유발하여 천식 상태를 초래한다. 천식치료에 의해 보다 정묘한 수준까지 질병이 더 깊어져서 정신적 혼란을 일으킨다면 상황은 한층 더 악화된다. 증상 억제용 스테로이드로 천식 상태를 치료한다면, 늘 그렇듯이 신체의 자연적인 적응 기능은 더 악화되어 부신의 퇴화를 초래하고 이런 조건을 벗어나서 정신장애가 나타날 수 있다. 상황은 이미 언급했던 것보다 더 복잡해질 수도 있다. 익숙하지 않지만 가족들을 광범위하게 작업해 온 사람들은 가족 구성원 중 한 명을 치료함으로써 또 다른 구성원이 갖고 있는 관련 증상들을 드러나게 만든다는 것을 발견했다. 그러므로 가족을 유기체로 보고 증상과 증상 억제가 다른 구성원들에게 미치는 효과를 자각하기 위한 완전한 전일 모델이 필요하다.

　요가치료사는 인간이 기능하는 다양한 측면의 상호 연관성을 민감하게 자각하도록 스스로를 훈련하고, 내담자가 같은 방식으로 자신에게 민감해지도록 돕는다. 요가학의 수련은 개인이 모든 기능적인 측면과 더 조화로워져서 자신의 모든 생태학적 측면에 대한 통제력을 점진적으로 획득하도록 안내한다. 그 과정은 개인의 기능적인 각 영역에서 바이오피드백[1]을 배우는 것과 유사하다. 그러나 기계에 의존해서 내적인 생태학적 변화에 관한 피드백을 증폭시키고 피드백을 주는 대신, 요가수련자는 기계의 도움 없이 내적 과정에 민감해지는 방법을 배운다. 그래서 그의 자각 안에 내면의 변화가 좀 더 명료하게 새겨진다. 예를 들어, 하타요가를 배우는 과정에서 몸의 긴장과 불편감에 점차 민감해지고, 그러한 증상을 완화하거나 제거하기 위해 자기 조절(self-regulation) 과정을 배운다. 또한 호흡패턴, 식습관, 사고패턴, 습관, 타인과 관계 맺는 방식이 몸의 긴장이나 이완에 어떻게 영향을 미치는지를 자각하고, 몸의 상태가 그러한 경험의 다른 측면에 어떻게 영향을 미치는지 자각한다.

　내담자에게 필요한 훈련을 제공하기 위해서 요가치료사는 자신의 전문성을 보완할 다른 전문가와 함께 일할 수도 있다. 몸, 식습관, 호흡, 습관패턴, 정서, 마음 상태, 가치, 의지, 무의식적인 과정, 욕구, 다양한 치료에서 개별적으로 다뤄 온 원형적 과정 및 초월적 존재와의 관계에 대한 자기 자각과 자기 조절을 훈련하는 것은 최적의 기능을 위해서는 종합적 접근으로 통합되어야 한다. 만약 어떤 영역이 무시된다면

---

1) 기계를 사용해서 자율신경계가 관장하는 생리적 반응들을 스스로 확인하고 훈련함으로써 통증을 완화하고 스트레스를 조절하는 치료법이다.

그 치료는 불완전한 것이다. 더 나아가 치료가 효과적이려면 어떤 기능적 차원에서 이루어졌던 개입이 다른 측면들에 영향을 미치는 방식을 자각해야만 한다. 예를 들면, 식습관의 변화가 호흡패턴과 정신적 상태에 어떻게 영향을 미치는지 자각해야 한다. 각각의 차원에서 사용되는 기법들은 서로를 보완할 뿐 아니라 하나의 단위로서 상승작용을 일으킨다.

요가치료사는 치료양식을 한 개 또는 몇 개로 제한하지 않는다. 요가치료사는 광범위한 치료양식을 사용한다. 내담자를 개별적으로 만날 수도 있고 커플이나 가족과 함께 만날 수도 있다. 내담자가 신체적·정서적·대인관계적·영적인 다양한 차원을 작업할 수 있도록 치료적 환경을 제공할 수 있다. 아슈람이나 거주 환경은 수련생이 자기 자각을 확장시키는 작업을 할 수 있는 환경치료(milieu therapy)의 한 형태다. 이런 종류의 환경은 식이요법, 하타요가 자세, 호흡, 명상, 홀로 있기, 자기 탐구, 자아초월을 포함한 요가치료의 각 측면들을 규칙적으로 수련할 기회를 제공한다. 대인관계에서의 투사와 전이를 다룰 기회도 제공한다. 그런 환경에서 불가피하게 올라오는 갈등과 어려움을 수련생들이 다룰 수 있도록 수련 교사들은 자주 상담한다.

유물론적 경향성이 있는 치료사는 신체적 유기체와 행동을 주로 다루지만, 내적인 심리 과정이 중요하게 생각될 경우에는 기계론적 라인[2]을 따라 그것들을 다룬다. 일부 치료사와 의사들은 최근에 그러한 범위를 확장해서 예전에는 무시했던 기능 영역에 주의를 기울인다. 그러나 현대의 치료적 접근법은 인간의 다양한 측면을 통합적 방식으로

---

2) 인체 내 신경조직, 근육조직, 근막 등의 결합 조직, 반사점, 경락 등을 의미한다.

다루지 않고 있다. 소위 전인적이라 일컬어지는 치료법들도 단지 몇 개의 측면들에만 초점을 맞추고 있다. 인간의 고통을 제거하는 데 있어 진정으로 포괄적 접근이 가능한 것은 일원론적 모델뿐이다.

　대부분의 의학적 치료와 심리치료에서 삶의 영적 차원은 무시된다. 몸-마음의 상호 관계를 자각하고 신체장애가 실제로는 심신 상관적이라는 것을 어느 정도 자각하고 있다는 의미에서 자신이 전일적 경향성을 갖고 있다고 여기는 많은 치료사들도 전일적 치료에 있어서 삶의 영적 차원이 차지하는 위치를 이해하지 못한다. 실제로 '전일적(holistic)'이라는 단어의 어원을 추적해 보면, 그것은 다른 무엇보다도 더 영적인 의미를 갖고 있으며, '신성한(holy)'이라는 단어와 어원이 같다는 것을 알 수 있다. 전일적이라는 단어는 그리스어 '홀로스(holos)'에서 나왔다. 홀로스는 사물의 온전함(entirety) 또는 완전함(completeness)을 의미하는 것으로, 신약 성서에도 나와 있다. 전일성(wholeness)과 건강이라는 상태는 종종 구원과 일치한다. 즉 전일성을 이루었거나 치유된 사람은 구원받았다는 것이다.[1] 전일적이라는 개념은 사도 바울의 말씀에서 발견된다. '평화의 하느님께서 여러분을 온전하게 축성하시고, 영과 혼, 몸을 결점 없이 전일하고 완전하게 (문자적으로는 '당신의 전일성'을) 보존하게 하소서.'[2]

　환원주의 및 인본주의 패러다임과 대비되는 이원론적 패러다임은 몸과 마음이 웰빙 상태에 영향을 미치는 부분이라는 것을 인식하고 있을 뿐 아니라 인간의 삶에서 영적 차원의 중요성을 인식하고 있다. 그러나 웰빙 상태는 전일적 상태에는 크게 미치지 못한다. 이원론의 모델에 따르면 전일한 상태는 결코 성취할 수 없는 이상이다. 이런 관점에서 볼 때는 인간존재의 모든 측면이 완전하게 통합된 기능 상태에 도달할 수 없다. 인간존재는 항상 불완전한 상태로 있어야 한다. 아직 통합되지 않은 것들이 항상 있다. 이원론적 관점에서는 이러한 개념이 불가피하다. 이것이 바로 이원론의 토대다. 만약 완전한 통합에 도달할 수 있다면 그 개념은 이원론적인 것이 아니라 일원론적인 것이 된다. 이원론이라는 단어 자체가 기본적으로 분리를 내포하며, 따라서 완전히 전일적이지 않은 지향점을 내포하고 있다.

그러나 일원론적 모델은 단일성만이 존재한다는 가정에 근거해 있다. 인간존재의 모든 기능과 모든 측면은 그러한 단일성에 의해서 안내되고 통합된다. 일원론적 패러다임에서 단일성은 개인 내면에 이미 존재하고 있어서, 단지 드러나고 인식되기만 하면 된다. 반면 다른 패러다임에서 단일성은 존재하지도 않고 존재할 수도 없다. 다른 패러다임을 가진 치료사들의 태도는 개인의 다양한 측면들이 상호 연관된 방식으로 기능한다는 것을 어느 정도 이해함으로써 전일론적 태도와 유사할 수는 있다. 그러나 비이원적 패러다임만이 완전히 전일적이다.

요가치료의 차원들

요가는 광대한 과학이다. 요가의 치료적 적용을 이 책에서 다 망라할 수는 없다. 요가치료 각각의 측면을 깊이 있게 기술하려면 최소한 백과사전이 될 것이다. 이 책에서는 단지 요가치료의 주요한 측면들 중 일부 예들을 제시하고 있다. 인간존재의 보다 물질적인 측면에서 시작해서 영적인 측면으로 나아가면서, 요가치료에서 인간존재의 다양한 측면을 다루는 방법을 제시할 것이다. 적절한 시점에 실제로 진행했던 치료회기에 대한 설명도 할 것이다.

각각의 심리치료 회기 내용은 주로 내담자에게서 나왔다. 치료사는 내담자의 즉각적인 요구와 이슈들에 반응하기 때문이다. 치료사는 때때로 내담자의 요구에 따라 교훈적으로 가르칠 수는 있지만, 항상 교훈적인 가르침을 주면서 반응하지는 않는다. 내담자의 증상이나 이슈가 적절하게 떠올랐을 때 치료사는 신체작업(body work), 호흡법, 식습관, 바이오피드백 또는 명상에 초점을 맞춘다. 그러나 이 분야의 훈련과 수련에서 항상 심리치료에 일차적인 초점을 두는 것은 아니다. 항상 그런 것은 아니지만 요가치료사와 작업하는 내담자는 요가 수업시간에 하타요가와 올바른 호흡, 명상 그리고 그 밖의 요가기법들을 배우고 요가치료 회기 외에도 매일 수련을 한다. 요가치료사는 이런 영역에서 내담자가 장애들을 극복하고 자기 수련을 개선하도록 때때로 도움을 줄 수도 있다. 치료사는 종종 전일적 지향성을 지닌 의사, 요가교사, 그 밖의 전문가들과 함께 작업한다. 심리치료 자체는 항상 내담자의 심리적·영적 관심사에 초점을 맞춘다. 따라서 요가심리치료사는 자아강도의 강화, 성(性)과 일 및 식습관 관련 관심사를 효율적으로 다루기, 습관패턴의 변화, 대인관계의 향상, 내적 갈등의 해결, 자기 수용의 증진, 제한된 동일시를 넘어서기, 삶의 목적에 대한 이해, 초월적인 것에 대한 자각의 개발을 강조한다.

2
신체와
행동기법

식습관

요가치료 과정에서 내담자는 적절한 시점에서 식습관을 바꾸기 시작할 수도 있다. 식습관을 이 장의 맨 처음에서 논의하는 것은 그것이 요가 모델에 기초한 심리치료에서 중심적인 위치를 차지하고 있기 때문은 아니다. 그보다는 인간의 기능적 측면을 작업하는 데 있어서 식습관이 요가치료의 기초인 정화를 위한 접근법을 가장 알기 쉽게 설명하기 때문이다.

내담자가 신체적 · 정서적 · 정신적 편안함과 쾌적함을 경험하려면 몸이 오염물질과 중독물질에서 벗어나야 한다. 감기나 독감이 걸리면 몸 안의 독소가 자신의 모든 기능에 영향을 미칠 수 있다는 것을 예민하게 자각하게 된다. 이때 쉽게 불편감을 느끼며 집중하기가 어렵고 정신적 · 정서적 동요를 경험하게 된다. 이와 유사하지만 좀 더 미세한 측면에서 보면, 화학적 중독 성분을 흡입하거나 인체 내의 화학적 균형을 어지럽히는 흥분제나 취하게 하는 약물을 섭취하면 정신적 · 정서적 평정 상태는 혼란 상태가 될 것이다. 과잉행동 아동에게서 이러한 흥분제와 중독 성분이 미치는 영향을 가장 쉽게 볼 수 있다. 순수한 자연식 식이요법을 하면 많은 아동들이 정상적으로 행동한다.

요가학에서는 음식을 세 가지 범주[1]로 분류한다. 안절부절못하고 동요하게 만드는 음식들[라자스(rajas) 성질이 있는 음식], 무기력하고 둔하게 만드는 음식[타마스(tamas) 성질이 있는 음식], 평화롭고 즐겁고 이완되어 있으면서도 활력 있는 상태로 안내하는 음식들[사트바(sattva) 성질이 있는 음식]이 그것이다. 체내에 독소를 남기고 혼란을 일으키는 음식을 천천히 없애고 더 순수한 자연식 식사를 하도록 내담자를 격려할 수 있다. 더 나아가서 식습관과 영양의 효과를 더 많이 인지하고 있는 전문가나 생화학적 체질에 결핍된 성분들을 평가하고 바로잡도록 안내할 수 있는 전문가와 작업하도록 권할 수도 있다. 이런 작업은 성격, 기분, 인지 기능에 깊은 영향을 미친다.

다음은 요가치료에 참여했던 젊은 남성의 이야기인데 식습관이 정서상태에 영향을 미칠 수 있는 방식과 인간관계를 맺는 방식을 설명해 주고 있다. 그리고 식습관에 대해서 토론하고 식습관을 바꾸는 것이 심리치료에서 의미 있는 요소가 될 수 있음을 보여 주고 있다.

어제는 배부르게 먹었어요. 한 시간쯤 지나니까 둔해지고 우울하고 하루 종일 의기소침했어요. 일하는 데 에너지도 없고요. 일을 끝내고 집으로 오면서 비명을 질렀어요. "뭐가 잘못된 거야!" 뭔가 뒤죽박죽 엉망이 된 것 같았어요. 오늘은 주스만 먹었어요. 그게 상

---

1) 요가에서는 모든 생명체 내에서 상호작용하고 있는 세 가지 주요 성질을 라자스, 타마스, 사트바로 설명한다. 라자스는 활동과 동요를, 타마스는 무거움과 둔함을, 사트바는 가벼움과 조화를 의미한다. 인간의 심리정신적 상태도 이러한 세 가지 성질이 드러나고 있다고 본다.

당히 도움이 되더라고요. 일은 환상적으로 진행돼서 함께 일하는 사람들과 더 친밀해졌어요.

많은 관계들이 엉망이라고 느껴요. 어제는 어떤 소녀와 이야기를 했는데 힘이 없고 짜증이 났어요. 내가 한결 같았으면 좋겠어요. 누군가에게 무뚝뚝한 사람이 되고 싶지는 않거든요. 오늘은 그녀가 일하는 곳으로 가 보고 싶어서 갔어요. 매우 친밀하고 활력 있고 아주 좋은 시간을 가졌다고 느꼈어요. 오늘 한 것처럼 평상시에도 느낄 수 있다면 인간관계가 더 나아질 거라는 생각이 들어요. 나 자신에 대해 깊이 생각하고 싶지는 않아요. 타인에 대해 생각하려고 해요.

다른 음식으로 나를 테스트해 보려고 해요. 내일 가벼운 수프를 먹고 어떻게 느끼는지 볼 거예요. 오랫동안 밀가루를 멀리했거든요. 밀가루가 알레르기의 원인이 된다고 들었기 때문에 그걸 먹으면 어떻게 되는지 보려고 먹어 보았어요. 일주일 동안 식습관을 관찰해 봤는데 게걸스럽게 먹더라고요. 그래서 비참함을 느꼈어요. 이번에는 무엇이 일어나는지 관찰했어요. 지난주 간에 대해 얘기한 후로는 그 부위에 더 주의를 기울이기 시작했어요. 음식을 먹은 후 그쪽으로 가끔 날카로운 통증이 내려가는 걸 알아차렸어요.

치료사들은 식습관의 불균형이 내담자의 정서와 행동에 극적으로 영향을 미칠 수 있다는 점을 상당히 무시하고 있다. 요가치료사는 음식이 신체적 기능, 성격, 에너지 수준, 사고 과정, 관계에 영향을 미치는 방식을 내담자가 좀 더 자각하도록 돕는다.[1]

몸과 마음의 상호작용

요가에서 신체작업은 중요한 부분을 차지한다. 요가심리학은 신체 언어를 철저하게 연구해 왔는데, 요가심리학은 동물과 인간에게서 볼 수 있는 모든 자세, 몸짓, 움직임을 분석하고 있다. 요가치료사는 내담 자의 내적 상태에 대한 단서로 이러한 특징들을 관찰한다. 많은 사람들 이 '요가'라는 단어를 단순한 신체작업으로 오해한다. 정반대로 비슷 하게, 많은 사람들이 요가를 신체 자각을 초월하는 의식 상태에 도달 하는 수단으로 생각한다. 요가는 존재의 신체적 차원에 집착하지 않으 며 존재의 신체적 차원을 무시하지도 않는다. 요가는 신체적 존재와의 동일시에서 벗어날 수 있도록 신체적 차원에서 그 기능을 최적화하고, 신체적 차원이 존재의 보다 정묘한 차원과 조화를 이루도록 한다. 요가 치료사는 적절한 식이요법과 자세기법, 행동기법을 통해서 내담자가 신체 상태와 행동을 변용하도록 돕지만, 존재의 신체적 수준에만 기반 을 둔 철학과 세계관을 구축하지는 않는다. 요가에서는 신체적 · 행동 적 방법들이 보다 정묘한 수준의 기능과 통합되는 방식으로, 그리고 그 수준들을 존중하는 방식으로 신체적 · 행동적 방법들을 사용하고 있다.

몸의 긴장은 정서적 · 정신적 긴장과 깊은 연관이 있다. 만성적으로 긴장된 근육을 늘이고 이완하는 것을 배우면 어린 시절 이후 경험해 본 적이 없는 안도감과 편안함을 경험한다. 개인은 자신의 성격적인 방어 패턴을 발전시키는데, 이 패턴은 자세, 움직임 그리고 신체 특정 부위 의 만성적 긴장으로 표현된다. 사람들은 구부정한 어깨나 경직된 가습, 안으로 잡아당겨진 복부 등의 자세를 취하게 될 수 있다. 이 주제를 깊게 연구한 빌헬름 라이히(Wihelm Reich)[2]는 자신을 방어하기 위한 시도로 몸의 특정 부분을 만성적으로 긴장시키는 방식을 언급하기 위해 '성격무장(character armor)'이라는 단어를 사용하였다.

개인의 성격구조는 근육무장과 기능적으로 동일하다고 라이히는 주장했다. 즉 근육무장은 신체적 형태를 띤 성격구조다. 근육무장을 허물어뜨리면 신경증적 성격구조도 같은 정도로 변화시킬 수 있다. 성격의 경직성이 몸 안에 잠겨 있기 때문에 근육무장을 느슨하게 하는 것이 정신분석과 같은 털어놓기 치료(talking-out therapy)를 통해 신경증적 성격특성을 변화시키려 노력하는 것보다 효과적이다.[2]

하타요가 수련은 생체에너지학(bioenergetics)[3], 카이로프랙틱(chiro-practic)[4], 롤핑(rolfing)[5], 마사지[6] 같은 다양한 정신신체 훈련(psycho-physical disciplines)과 유사한 효과가 있다. 성격무장은 지속적인 하타요가 자세 수련을 통해서 점차적으로 허물어진다. 기질적 근육긴장을

---

2) 1897-1957. 프로이트의 제자로 언어를 매개로 한 정신분석기법보다는 만성적인 근육긴장을 풀어 주는 것이 치료에 더 효과적이라는 문제인식을 갖고, 근육긴장과 성격, 질병과의 연관성을 정립한 신체심리치료 선구자로서 신체기법과 호흡 및 분석 기법을 사용하였다.
3) 생체에너지학은 그라운딩과 호흡, 신체 움직임 등을 사용해서 신체 에너지를 자유롭게 흐르게 하고 이를 통해 심리적 이슈를 해결하는 대표적인 신체심리치료 방법 중 하나다.
4) 척추 관절과 신경조직의 긴장을 이완하고 통증을 완화시키는 수기치료법이다.
5) 근육을 싸고 있는 근막이라는 결합조직에 압력을 가함으로써 결합조직을 늘이고 신체 기능을 강화하는 수기치료법이다.
6) 심신치료적 개입법의 하나로 심신의 이완을 증진시키고 근육긴장을 풀어 주는 데 효과적이다.

수반하는 정서적 막힘(emotional blocks)도 무너진다. 늘 긴장하고 있는 근육을 늘이고 이완함으로써 긴장이 완화되는 것을 존재의 모든 측면에서 경험한다. 내면에 있는 편안함을 새롭게 자각하게 되면서 내려놓기와 신뢰를 배운다. 하타요가 수련을 통해 모든 차원에서 자기 자신과 더 많이 접촉하게 된다. 한 자세를 유지하는 동안 신체경험에 좀 더 많은 주의를 기울임에 따라 신체 긴장과 그것의 불편함에 점차적으로 민감해진다. 신체적 이완을 경험하고 이러한 이완이 수반하는 정서적 · 정신적 상태를 경험한다.

다음은 요가치료 회기에서 발췌한 것으로, 30대 중반 여성이 요가 자세를 수련하고 요가치료의 맥락에서 자신의 경험에 대해 토론한 결과 몸과 마음의 통합을 자각한 과정을 설명해 주고 있다.

지난 몇 달간 매우 뻣뻣하다는 걸 느꼈어요. 그런데 어제 요가교실에 가서 내가 뭘 해 왔는지를 알게 되면서 매우 놀랐어요. 스스로를 억제해 왔다는 걸 알게 됐거든요. 슬건이 매우 긴장했다는 걸 그때 느꼈어요. 볼 수 있는 몸 앞부분은 많이 의식하면서도 허벅지부터 무릎 뒷부분까지 몸 뒷부분은 내게 무의식적인 부분인 거예요. 그것을 의식하지 않았고 누구나 그것을 의식하지는 않는다고 생각해요. 그 부위는 순환도 잘 안 되고 있더라고요.

이 긴장이 걷어차기를 원하는 것과 연관성이 있는 게 아닐까 생각하고 있어요. 요즘 제 안에서 억눌린 분노감을 느껴 왔거든요. 축구는 내가 좋아하는 유일한 스포츠예요. 아주 어렸을 때 싸움을 하면 발로 많이 걷어차곤 했어요. 언니가 나를 제압했지만 나는 언니 머리를 잡아당기고 발로 걷어차곤 했어요.

또 다른 여성은 이렇게 이야기했다.

> 십대 시절 나는 균형 잡힌 어깨와 엉덩이를 갖고 있었어요. 성인
> 이 되어서 어깨는 매우 좁아졌고 엉덩이는 더 넓어졌어요. 마치 나
> 의 여성성인 젖가슴을 부끄러워하는 것처럼 어깨는 많이 경직되었
> 어요. 요가수련을 할 때 어깨를 더 많이 열었어요. 당신과 함께 작업
> 하고 요가수련을 하고부터는 몸이 변했어요. 좀 더 여성적인 체형
> 을 갖게 되었어요.

하타요가 수련을 통해 내적 과정에 대한 민감성이 매우 향상되고 평
온함을 경험함으로써 삶의 다른 측면에서 보다 큰 웰빙을 느끼는 변화
가 촉진된다. 기름기 있는 음식의 섭취가 신체적 · 인지적 · 정서적 상
태에 미치는 부작용을 예민하게 자각하게 되고 그 결과로 식습관을 변
화시키게 된다. 타인과의 업무 갈등에서 오는 신체적 · 정서적 불만족
을 금방 알 수도 있다. 이러한 자각은 관계를 변화시키는 첫걸음이 될
수 있고, 따라서 요가를 통해서 개발되었던 웰빙을 유지할 수 있다.

요가학에 따르면 심리 상태는 자세로 표현된다. 현대 심리학자들은
한 사람의 자세가 자신의 내적 감정과 자신 및 타인에 대한 태도에 관
해 많은 것을 말하고 있음을 알고 있다. 그러나 심리학자들은 목적 의
식적으로 특정 자세를 취함으로써 특정한 심리 상태를 유발할 수 있다
는 것에 대해서 일반적으로 자각하고 있지는 않다. 요가수련에서 각각
의 자세는 그 자세를 유지하는 사람의 내면에서 특정한 정신적 · 정서
적 상태를 일으킨다. 어떤 자세는 수용성을 증진시키는 반면, 어떤 자
세는 초연한 태도를 불러일으킨다. 또 다른 자세는 인내, 안정, 강건

함, 평정심, 겸손, 균형, 용기와 같은 다양한 자질들을 개발하도록 돕는다.

요가자세를 진지하게 수련하고 그것의 기원과 상징을 탐구해보면, 요가자세가 실제로 존재의 원형적 모델을 실행하고 있음을 발견한다. 요가치료사가 처방한 특정 자세를 유지하면서 수련자는 특정 원형을 표현한다. 하타요가에서는 성취자세[7], 번영자세[8], 스승자세[9], 영웅자세[10] 등을 가르친다. 이러한 자세들 중에서 하나를 취함으로써 요가수련자 내면에 그 자세에 상응하는 태도와 경험양식을 불러일으킨다. 한 자세를 반복해서 수련하는 것은 존재의 다른 측면의 표현양식을 좀 더 자각하고, 그러한 표현양식을 통합하도록 안내한다.

신체 자세와 함께 요가치료에서는 신체 부위를 의식적으로 이완하듯이 특정 근육이나 신체 부위에 집중하는 이완 연습도 사용한다. 보다 정묘하고 완전한 이완 상태를 점진적으로 유도하는 일련의 방법들이 있다. 행동 지향적인 현대 치료학파들은 요가이완 기법 중에서 보다 기초적인 요가이완 방법을 많이 적용했지만, 현대 심리학은 더 깊은 차원의 이완을 유도하는 기법을 알지 못한다.

현대 사회에서 요가이완 연습은 불안과 정신신체적 불편감을 감소시키고 억압된 정서를 풀어 준다는 점에서 효과적이다. 그러한 기법들은 급성 불안과 만성 불안에 대한 부교감신경계의 반응을 증진시킨다. 이런 이완법을 사용함으로써 외부 환경이나 내면에서 올라오는 생각

---

7) 싣다사나(siddhasana)
8) 스바스티카사나(swastikasana)
9) 구루아사나(guruasana)
10) 비라사나(virasana)

에도 불구하고 고요하면서도 각성된 상태를 유지할 수 있는 능력을 갖게 된다. 정서적 흥분은 신경계의 반응을 필요로 하는데, 만약 신경계가 균형 상태를 유지하도록 연습한다면 정서가 동요되는 상태는 일어나지 않을 것이다. 따라서 개인은 덜 반응하게 되고 정서적 반응 후에는 평정심의 상태를 보다 빨리 회복하도록 배울 수 있다.

때때로 서양식 요가로 불리는 바이오피드백 훈련은 이완훈련의 유용한 보조 역할을 한다. 어떤 심리학자들은 바이오피드백이 이완을 단순하게 가르치기 위한 정교한 방법으로 구성되어 있다고 한다. 바이오피드백 피험자의 내적 자율 기능을 증폭시키기 위해 전자기기를 사용함으로써 그 즉시 자율 기능을 자각하게 한다. 내장학습(visceral learning)[11]으로 알려진 이런 종류의 훈련으로 몸의 긴장과 이완을 인식하고, 이완 상태에 도달하기 위해 '수동적 의지'를 사용하는 것을 배우게 된다. 요가를 통해 내적 상태에 점점 민감해지는 것을 배우면 증폭 장치의 도움 없이도 그것을 조절할 수 있게 된다. 내적 과정에 상대적으로 무감각할 때 전자기기를 사용하는 것이 도움되기는 하지만, 요가의 다양한 측면을 지속적으로 수련해서 내적 과정을 점점 더 민감하게 자각함에 따라 그런 기계가 식별하거나 측정할 수 있는 것을 넘어서게 된다. 어떤 이완중재법을 사용하든 똑같은 기본적인 호흡패턴이 드러난다. 이완된 호흡패턴이란 다른 호흡 상태보다 더 천천히 더 깊고 더 부드럽게, 더 많이 복부 호흡을 하는 패턴이다. 그러므로 호흡은 유기체의 이동식 바이오피드백 장치, 즉 쉽게 이용할 수 있는 자율신경계 활동의 지표라고 볼 수 있다. 먼 옛날 요가수행자들은 그러한 활동

---

11) 자율신경계가 관장하는 내장기관의 기능을 조절하기 위한 행동기법을 의미한다.

을 모니터링하고 조절하기 위해 호흡 및 그 밖의 다른 많은 시스템을 사용하는 법을 알고 있었다.

내담자는 별도의 수업이나 개인훈련 회기에서 이완을 배울 수 있지만, 때때로 이는 치료회기에서도 유용하다. 이완된 호흡패턴을 수련하기 위해 짧은 시간 고요하게 앉아 있거나 누운 자세에서 이완하는 것은 내담자가 자신의 내면에 중심을 잡고 내면에 잠재되어 있는 이슈나 정서를 더 많이 자각하도록 도와줄 수 있다. 때때로 치료사는 이완기법을 통해서 내담자를 안내하고 정서적 이슈와 연관된 신체의 긴장 부위를 내담자가 발견하도록 돕는다. 부드러우면서도 항상 높은 톤으로 말하는 한 젊은 여성은 다른 이들이 자신을 수용하지 않는다고 불평했는데, 요가치료사는 그녀에게 이완수련을 안내했다. 목 부위에 상당한 긴장이 드러났고, 목 부위의 이완을 위해서 시간을 조금 더 늘렸다. 긴장이 풀리자 이 젊은 여성은 눈물을 쏟아냈고, 그러고 나서 그녀가 느끼는 자부심의 결여에 대해 이야기를 나누었다. 그리고 다른 이들이 그녀를 보살피는 것을 방해하는 상황을 그녀 스스로 어떻게 만들어 내고 있는지에 대해 토론했다. 따라서 이완연습은 그녀가 자신의 정서를 좀 더 선명하게 경험하도록 도왔으며, 수용받지 못한 존재로 자신을 경험하는 것은 자기 자신에게도 책임이 있다는 것을 인식하고 열린 마음으로 그것을 다루도록 촉진시켰다.

호 흡

호흡은 현대 치료에서 가장 무시되고 있는 기능들 중 하나다. 만성적인 폐기종과 같은 심각한 호흡장애를 치료하는 흡입치료사들(inhalation therapists)이 있다. 그러나 호흡치료는 그 자체로는 불완전하다. 즉 호흡치료에서는 관심을 갖고 선택한 부분 이외의 다른 많은 부분을 다루지 않기 때문이다. 몇몇 심리치료사는 호흡 자각의 기초를 이완훈련에서 가르치고 있고, 생체에너지학, 재탄생(rebirthing)[12], 롤핑을 훈련받은 심리치료사들은 내담자가 자신의 호흡패턴을 자각하고 호흡패턴을 바꾸도록 가르친다. 대부분의 심리치료 접근법은 호흡에 거의 주목하지 않는다. 호흡이 삶의 모든 영역에 영향을 미치는 방식을 거의 자각하지 못하는 것이다. 호흡은 인체 기능의 모든 측면을 연계시키는 매개체다. 즉 호흡, 자세, 사고는 상호 연관되어 서로 영향을 미친다. 요가심리학에서 호흡은 정서적·정신적 상태의 모든 것을 조절하는 도구이자 행동하는 방식이기도 하다.

대부분의 사람은 호흡하는 과정을 당연시한다. 호흡은 특별한 주의를 줄 필요가 없는 자연스러운 과정이라고 가정하지만, 그렇지 않다. 들숨이 빈약하거나 자연스러운 호흡 리듬이 깨진 방식으로 호흡하는 아이들이 있다. 이 아이들은 성장하면서 트라우마를 경험하고, 타인을 모방하고, 잘못된 충고를 따르고, 그로 인해 잘못된 호흡습관을 익힌다. 이런 것들이 호흡패턴의 만성적인 왜곡을 가져와서 결국 다른 기능의 불균형을 초래한다. 대부분의 성인은 불규칙적으로 호흡하거나, 호흡을 할 때 사용하는 근육들을 만성적으로 긴장시킨다. 아이들은 깜짝 놀라면 어깨를 끌어올리고 가슴을 푹 꺼지게 하는 습관을 익힐 수 있

---

12) 특정한 호흡법을 통해 몸이 기억하고 있는 출생과정에서의 충격을 재경험하는 신체심리치료 방법이다.

다. 자주 놀라게 된다면 호흡 과정의 왜곡과 함께 만성적인 자세를 취하게 된다. 군인은 좀 더 남자답게 보이기 위해 가슴을 튀어나오게 하고 위장을 안으로 끌어당기도록 배우기도 한다. 마찬가지로 십대 소녀들은 좀 더 매력적으로 보이기 위해 위장을 안으로 끌어당긴 상태를 유지하도록 배운다. 어떤 경우이든 자연스러운 호흡 과정에 하나의 습관이 부가되고, 이에 따라 자연스러운 호흡 과정이 변화된다. 또 반대로 이러한 호흡 과정이 신체 건강 및 성격을 포함한 많은 차원에 영향을 미치게 된다.

스와미 비베카난다(Swami Vivekananda)[13]는 "호흡은 몸이라는 기계의 회전조절용 바퀴(flywheel)다. 거대한 기계의 경우 회전조절용 바퀴가 먼저 움직이고, 그 기계의 가장 세밀하고 가장 섬세한 메커니즘이 작동할 때까지 회전조절용 바퀴의 움직임은 더욱더 섬세한 부위로 전달된다. 호흡은 신체 내의 모든 곳으로 동력을 공급하고 조절하는 회전조절용 바퀴다."라고 말했다.[3] 회전조절용 바퀴의 움직임이 조절되지 않으면 기계 전체의 움직임은 혼란을 겪게 된다. 신체 리듬은 정서적·정신적 삶에 차례로 영향을 미치는데, 호흡은 신체보다 더 많은 영향을 미친다. 요가학에서 호흡은 몸과 마음의 주된 연결고리다.

정서가 호흡 과정에 영향을 미친다는 것은 오랫동안 받아들여져 왔다. 흔히 사람들은 헐떡거림, 한숨, 흐느낌, 소리 내서 웃기, 하품 같은 호흡패턴을 관찰하면서 다른 이들의 정서 상태를 확인한다. 마찬가지로 호흡패턴이 정서에 영향을 미친다는 것도 분명해져서 이러한 지식

---

13) 1863-1902. 라마크리슈나의 제자로서 인도의 사회개혁운동을 실천한 정신적 지도자다. 1893년 시카고에서 열린 세계종교회의에서 종교 간 화합과 세계 평화를 강조한 연설로 국제사회의 주목을 받았다.

을 탐색하기 위한 연구들이 증가하고 있는데, 이런 지식은 요가학에서
는 항상 필수적이었다. 과학자들은 아주 경미한 호흡 변화도 자율신경
계의 대부분에 변화를 야기하고, 그러한 생리적 반응은 정서의 기본
요소가 되고 있음을 증명해 오고 있다.

호흡은 오른쪽 미주신경[14]에 영향을 미치고 그 결과로 자율신경계
가 조절되는데, 이러한 시스템은 아드레날린과 갑상선 호르몬, 인체
내 그 밖의 호르몬의 분비를 조절한다. 이러한 호르몬 분비는 정서 상
태를 만들어 내는 데 중요한 역할을 한다. 호흡패턴을 의식적으로 변화
시키고 자율신경계의 변화에 영향을 미치도록 배움으로써 자율신경계
의 각성을 변화시키고 그 결과로 정서 차원을 조절할 수 있다. 소수의
현대 심리학과 물리치료에서는 이 개념을 활용하고 있다. 예를 들어,
생체에너지 치료(bioenergetic therapy) 창안에 공헌한 알렉산더 로웬
(Alexander Lowen)[15]은 "호흡은 느낌을 만들어 낸다. 사람들은 느끼는
것을 두려워한다… 부적절한 호흡은 불안, 흥분, 긴장을 일으킨다…
정상적으로 호흡할 수 없는 것이 정서적 건강을 회복하는 데 주된 장애
물로 작용한다."[4]라고 하였다. 존경받는 물리치료사 마그다 프로스카
우어(Magda Proskauer)는 "호흡은 의식과 무의식의 가교 역할을 한다.
우리의 호흡패턴은 우리의 내적 상황을 드러낸다."[5]고 말하였다.

호흡에 세심한 주의를 기울이기 시작하면 호흡과 정서의 관련성이
분명해진다. 감정이 올라올 때 호흡이 불규칙해진다는 것을 누구나 쉽

---

14) 숨뇌에서 나오는 열 번째 뇌신경으로 성대, 심장, 내장기관 등에 분포되어 있으며, 부교
   감신경과 감각, 운동신경 역할을 하고 있다.
15) 1910-2008. 빌헬름 라이히의 신체심리치료 작업을 토대로 존 피에라코스(John Pierrakos)
   와 함께 생체에너지 치료를 개발한 의사다.

게 알 수 있다. 화, 우울, 두려움 같은 정서는 불규칙한 호흡이라는 특징적인 패턴을 지니고 있다. 화가 날 때는 들숨 후에 호흡을 멈추는 경향이 있다. 반면 우울할 때는 한숨을 깊게 쉬고 날숨 후에 호흡을 길게 멈추는 특징이 있다. 사람들은 요가를 통해 의식적으로 자신의 호흡을 변화시켜서 정서 상태를 변화시키는 것을 배운다.

다양한 요가호흡법이 있는데, 각각의 호흡법을 통해 특별하고도 명확한 결과를 얻게 된다. 혈중 산소량의 증가, 혈압의 상승과 저하, 이완 촉진과 같은 광범위한 효과와 더불어 호흡기법들이 발전해 왔다. 변성의식 상태를 유도하는 호흡법도 있다. 요가치료사들은 호흡조절의 효과를 실험했고, 호흡조절을 통해 개인의 정서 상태가 놀랍게 개선되는 것을 발견했다. 예를 들어, 부드럽고 고른 횡격막 호흡을 통해서 고요하면서도 각성된 상태에 도달할 수 있다. 일상적인 활동에서 자신의 정서 상태를 인식한 내담자는 천천히 깊고 고르게 호흡하는 것을 배울 수 있다. 이렇게 함으로써 강한 정서를 조절하는 게 얼마나 쉬운지 놀라게 될 것이다. 종종 화가 나거나 당황했을 때 천천히 고르게 호흡하면 단지 일 분이나 이 분 만에 고요한 상태가 된다고 내담자들은 종종 보고한다. 이 기법은 정서를 억압하지 않으면서도 자신의 정서 상태와 동일시하기보다는 자신의 정서적인 부분을 주시(witness)하고 조절하는 능력으로 이끈다.

많은 요가호흡법은 깊은 이완을 불러일으킨다. 요가치료사는 요가수련 초보자들에게 맨 처음 횡격막 호흡을 가르친다. 횡격막 호흡은 신체적·정신적으로 이완하도록 가르치고, 자각하지 못했던 감정들을 인식하도록 도와주는 데 있어 주요한 요소다. 다음은 이 주제에 초점을 맞추어 진행한 치료회기 발췌문의 일부다.

내담자: 이번 주에는 힘들었어요. 호흡하는 방법에 주의를 기울이라고 하셨는데 참 어렵더라고요. 엄청 울기도 했어요. 엄마와 연관되어 있다는 생각이 들었어요. 엄마 자궁 안에 있을 때 엄마의 장기가 내 목을 꽉 조여서 숨 막히게 하는 로프 같다는 환상을 종종 갖곤 했어요. 엄마는 임신을 원하지 않았어요. 성장하면서 목은 경직되고 호흡은 너무 불규칙하게 돼 버렸어요. 지금은 호흡이 나아졌지만 가끔 질식할 것처럼 숨이 막히는 걸 느껴요. 숨을 들이쉴 수가 없어요. 어떤 때는 숨을 붙잡고 있는 걸 느끼곤 해요.

치료사: 호흡하는 방식을 변화시키려고 시도해 본 적 있나요?

내담자: 나는 어떤 방법도 갖고 있지 않아요. 그걸 어떻게 변화시킬 수 있을지 모르겠어요.

이때 치료사가 집에서 수련할 수 있는 호흡법을 가르쳤다. 이 연습은 복부 근육의 이완과 횡격막 호흡을 포함한다. 치료회기에서 몇 분 동안 수련하고 나서 내담자가 말했다.

내담자: 이완 상태가 두려워요. 소녀 시절에 매우 납작한 위와 날씬한 허리를 갖고 있어서 종종 칭찬받았던 게 기억나요. 나는 이 안에다가 모든 걸 억누르고 있었어요.

치료사: 위가 긴장했겠네요?

내담자: 정말 그랬어요. 위는 매우 단단했어요. 이완되는 것에 대한 두려움이 항상 있었어요. 항상 불안했죠. 지금도 나는 다른 사람 마음에 들고 싶어요. 다른 사람 마음에 들기를 갈망하게 돼요.

치료사: 만약 당신이 다른 사람 마음에 들려고 하지 않으면 어떻게 될 거 같아요?

내담자: 좀 더 이완될 거예요. 항상 인정받기를 기대하지 않고, 그저 내려놓고 나 자신이 될 수 있을 거예요. 약간의 불안한 자기 의식을 놓아버릴 거예요. 매력적인 여성은 납작한 위를 갖고 있어야 한다고 마음속에 이미지를 그려 왔거든요. 그런데 이완해도 괜찮아, 위가 튀어나와도 괜찮다는 걸 배우기 시작했어요. 위가 이완될 때 밖으로 튀어나오는 건 자연스러운 거잖아요? 다른 방식에 너무나 익숙해져서 이완이 자연스럽게 느껴지지 않아요.

치료사: 아이들이 호흡하는 거 본 적 있어요? 위가 밖으로 튀어나오나요?

내담자: 느슨해지죠. 그게 자연스러운 거라는 생각이 드네요. 애들은 위가 있는 부위에서 맥동을 느끼죠.

치료사: 거울 앞에서 호흡을 관찰하는 게 도움이 될 거 같아요. 내가 느끼기에 당신이 위장을 안으로 움켜쥐고 있으면 감정을 속으로 억누르고 그 감정을 억제하는 거예요.

내담자 : 복부를 이완하면 더 육감적이라는 걸 알아요. 발레리나와 벨리
(belly) 댄서의 차이 같은 거겠죠. 확실히 벨리 댄서는 더 육감적으
로 보이고 더 사람 같이 보여요.

치료사 : 발레에서는 위장을 안으로 움켜쥐도록 가르쳤나요?

내담자 : 네, 정말 그래요. 밖으로 튀어나오면 선생님이 와서 안으로 밀
어버려요. 나는 그게 참 좋았어요. 내 위가 가장 납작했거든요.

　이 회기 후반에 치료사와 내담자는 내담자와 어머니의 관계를 탐색
했고, 그러고 나서 횡격막을 긴장시키고 호흡을 억제함으로써 내면에
축적해 왔던 강한 분노를 탐색했다.
　알렉산더 로웬은 호흡의 불규칙성은 정서장애와 연관이 있다고 언
급하면서, "대부분의 사람은 빈약한 호흡을 하고 있다. 이들의 호흡은
얕고 어떤 스트레스 상황에서는 호흡을 멈추는 경향이 있다. 차를 운전
하고 편지를 타이핑하고 인터뷰를 기다리는 것과 같은 단순한 스트레
스 상황에서조차 사람들은 호흡을 제한하는 경향이 있다. 그 결과로 긴
장이 증가한다."고 설명했다.[6] 더 완전하게 호흡하기 위해서는 날숨에
폐를 적절하게 비워야 한다. 대부분의 사람, 특히 신경증이 있는 사람
들은 숨을 완전히 내쉬지 못한다. 로웬은 "신경증이 있는 사람은 숨을
완전히 내쉬는 게 어렵다는 것을 발견한다. 마치 보안 조치처럼 공기를
보유한 상태로 숨을 멈춘다. 날숨은 수동적인 과정으로, 내려놓음과
같은 것이다. 완전한 날숨은 항복이자 내맡김이다."라고 보았다.[7]
　요가에서는 얕은 호흡을 교정하고 들숨과 날숨을 충분히 하고 호흡

능력을 증대시키는 방법을 가르치기 위해서 완전호흡(complete breath)으로 불리는 기법을 사용한다. 이 수련을 통해서 수련자는 호흡할 때 사용하는 근육들을 자각하는 것을 배운다. 완전히 숨을 내쉰 후에 횡격막 아래 부분에서부터 천천히 느긋하게 숨을 들이쉬면서 가슴을 점차 팽창시키고, 마지막으로 폐를 공기로 완전히 채우기 위해 어깨를 끌어올린다. 그러고 나서 역순으로 차례차례 숨을 내쉰다. 천천히 호흡하는 이런 완전 호흡을 하루 중 필요에 따라 몇 분 동안 반복할 수 있다.

앞서 언급했듯이 불규칙한 호흡은 특정 정서장애, 정신신체장애와 연관되어 있다. 예를 들면, 우울이나 천식이 있는 사람은 주로 왼쪽 코로 호흡하고, 불안하거나 안절부절못하는 사람은 주로 오른쪽 코로 호흡한다. 대체로 단순한 자세나 호흡기법들은 그러한 불균형을 쉽게 바로잡는다. 임상연구자들은 외래환자의 6~10%가 만성적인 과다호흡증후군(hyperventilation)으로 고통받고 있다는 결론을 내렸다.[8] 이 환자들이 이야기하는 증상에는 현기증, 두통, 가슴통증, 불안, 공황발작, 극도의 피로 그리고 다양한 신체적 · 정서적 증상의 호소가 포함된다. 일반적으로 의사는 그런 증상 호소의 신체적 원인을 발견할 수가 없다. 왜냐하면 그 원인이 혈중 산소와 이산화탄소 비율의 불균형에 있으며, 의사들은 이런 불균형을 검사하지 않기 때문이다. 그런 환자들은 의학적 치료를 받지 못한 채 이 의사 저 의사를 찾아가고 건강염려증이라는 판정을 받게 된다. 결과적으로 그들은 건강염려증이나 히스테리성 장애로 간주되기 때문에 정신과 의사에게 보내진다. 그러나 이 증상들은 횡격막 호흡과 들숨, 날숨의 비율을 변화시키는 방법을 배움으로써 쉽고 빠르게 없앨 수 있다. 몇 번의 훈련회기만으로도 만성적인 질병이 쉽게 고쳐질 수 있다.[9]

사람들의 호흡방식에는 많은 미세한 차이들이 있다. 어떤 사람은 기질적으로 천천히 깊게 숨을 들이쉬고 빨리 내쉰다. 또 어떤 사람은 빨리 숨을 들이쉬고 천천히 내쉰다. 어떤 사람은 입을 통해서 숨을 들이쉬거나 내쉬지만, 어떤 사람은 호흡주기 중 특정 지점에서 숨을 잠깐 멈춘다. 개인의 호흡패턴은 개개인의 필체만큼 고유하다. 호흡은 사람마다 그리고 같은 사람이라도 시간마다 다양한 요인에 따라 달라질 수 있다. 이 요인들은 다음과 같은데 ① 들숨 대 날숨의 비율, ② 공기의 흐름이 고른지, 고르지 않은지, ③ 들숨이나 날숨 끝에서의 멈춤 정도, ④ 폐의 확장과 수축에 사용되는 근육들, ⑤ 공기가 우세하게 드나드는 콧구멍, ⑥ 호흡의 깊이, ⑦ 호흡 수, ⑧ 날숨의 세기 그리고 ⑨ 콧구멍을 통한 공기 흐름의 패턴이다. 몇 세기에 걸쳐서 요가학은 체계적인 자기 관찰을 실행해 왔기 때문에 호흡의 미세한 변화와 이런 변화가 존재의 모든 측면에 미치는 영향을 심층적으로 연구해 왔다.

치료회기에서 내담자의 감정이 자극될 때 호흡이 얕아지고 자주 숨을 멈출 수 있다. 호흡의 과학을 훈련하지 않은 치료사는 그러한 변화를 관찰하지 못하는 것 같은데, 요가치료사의 눈에는 그러한 변화가 보인다. 식습관과 신체작업처럼 호흡법도 요가심리치료 회기 밖에서 배울 수 있으나 호흡이 치료회기의 초점이 될 때가 있다. 요가치료사는 내담자의 호흡이 얕은지, 횡격막이 긴장되어 있는지, 가슴으로 호흡하는지, 잠깐씩 호흡을 멈추고 있는지를 알아차린다. 치료사가 내담자의 호흡의 불규칙성을 자각하면 내담자가 그것을 자각하도록 주의를 환기시킬 수 있다. 그러고 나서 치료사와 내담자는 내담자의 호흡과 정서적·정신적 상태의 상호 연관성을 탐색할 수 있다. 그다음에 치료사는 그러한 불규칙성을 바로잡는 데 도움이 되는 호흡법을 내담자에게 가

르칠 수 있다.[10]

습 관

행동변화는 요가치료를 통한 자기 변용 과정에서 중요한 요소다. 요가심리학은 습관이 개인의 특징적 행동을 유지하는 데 중요한 역할을 하고 있음을 오래전부터 인식해 왔다. 인간의 성격은 습관패턴들로 구성되어 있으며, 그런 패턴에 변화가 없다면 성격은 변용될 수 없다. 강하고 뿌리 깊은 대부분의 습관은 무의식적이다. 습관패턴을 자각하지 못하기 때문에 중단시키기도 어렵다. 행동습관을 바꾸도록 내담자를 돕는 것은 요가치료의 중요한 부분이다.

대부분의 사람은 의지력을 사용해서 습관을 바꾸려고 한다. 습관을 겉으로 드러내지 않으려고 시도함으로써 내면에서 전쟁을 만들어 낸다. 예를 들어, 커피를 끊으려 한다면 그는 자기 자신을 부정할 것이다. 그리고 충족감을 주는 이전의 행동을 반복하기를 원하는 부분과 자신이 해롭다고 믿는 행동을 계속 하는 것을 원하지 않는 부분 사이에서 투쟁하게 될 것이다. 전형적으로 양쪽에서 불확실한 이득을 얻으려는 줄다리기를 하고 있다. 보통 이런 방식으로 습관을 바꾸려고 시도할 때 지속적 변화는 일어나지 않는다.

파탄잘리는 습관이 형성되는 방식과 이 습관들을 영속적으로 변화시키는 방법에 대한 이론을 요가수트라에서 제시했다. 자기 변용에 대한 요가의 접근은 겉으로 드러난, 장애물을 만들어 내는 바람직하지 않은 습관에 집중하지 않는다. 그 대신 보다 바람직한 습관을 형성하는 것에 주의를 돌린다. 즉 바람직하지 않은 습관과 함께할 수 없는 상반된 새로운 행동을 반복한다. 상반된 새로운 습관을 실천하는 것은 예전의 습관패턴이 지속되는 것을 허용하지 않는다. 이러한 이해는 바람직하지 않은 습관들을 없애기 위한 열쇠다.

새로운 습관을 익히는 초기 단계에서는, 예전에는 어떤 측면에서 보상이라고 여겼지만 지금은 원하지 않는 행동을 하려는 욕구가 강렬해질 수도 있다. 그러나 새로운 습관에서 충족감을 발견함에 따라, 오래된 습관을 통해 얻었던 쾌락은 희미해지고 그것에 대한 애착도 서서히 사라진다. 예를 들어, 매일 저녁마다 술을 마시는 습관이 있었던 사람이 밤에 명상을 시작하게 되면, 익숙했던 쾌락을 포기하고 새로운 습관을 형성하는 데 있어 처음에는 갈등을 경험할 것이다. 명상하는 동안 평상시의 음주 습관을 계속하려는 강한 욕망을 일시적으로 느낄 수도 있다. 그러나 인내하면서 성실하게 계속 명상을 하면 이러한 실천은 새로운 만족을 불러일으키고, 쾌락을 찾는 수단이었던 음주에 대한 애착은 줄어들거나 사라질 것이다. 요가수트라는 새로운 습관패턴을 확립하기 위한 실천의 필요조건들을 명료하게 언급한다. 요가수트라는 새로운 실천에 완전히 전념해야 하며 상당한 기간 동안 지속적으로 실천해야 한다고 말한다.

이와 같은 접근이 성공하려면 상당한 충족감을 제공하는 새로운 실천을 찾는 것이 중요하다. 그것을 통해 오래된 습관을 없애는 것이 좀 더 용이해진다. 예를 들어, 커피 한 잔을 먹고 싶을 때마다 다른 뜨거운 음료로 대체할 수 있다. 그리고 정말로 만족스러워하는 새로운 음료를 찾게 되면 커피에 대한 욕망은 줄어들어서 결국 거의 사라지게 될 것이다. 지속적인 실천의 결과로 새롭고도 유익한 습관이 형성되고 바람직하지 못한 습관은 없어진다.

고대의 이런 방법은 요가의 모든 측면에서 수련이라는 개념의 기초가 되는데, 현대에 상응하는 것은 행동치료사들이 사용하고 있는 상보적 억제(reciprocal inhibition) 기법이다. 현대의 행동치료에서는 불안감을 유발하는 상황에 내담자를 처하게 해서 이완을 연습하도록 가르쳤다. 이완이라는 새로운 반응은 긴장이라는 경험과 양립될 수 없기 때문에 내담자는 불안한 스트레스 상황에 반응하는 것을 멈춘다. 이런 점에서 요가치료와 현대 행동치료의 접근은 유사하다. 그러나 요가심리학은 이런 원리의 적용을 더 광범위한 습관의 영역으로 확장한다. 요가심리학에서는 모든 종류의 행동을 변화시키기 위해 이런 접근법을 사용할 뿐 아니라 사고 습관을 바꾸기 위해서 행동에 초점을 두는 것도 뛰어넘는다. 과거 수년 동안 행동심리학자들은 자신들의 접근법을 인지 습관의 변화 작업으로 확장해왔다.

양립할 수 없는 새로운 습관을 함양함으로써 내담자는 원치 않는 습관적 행동, 태도, 정서 및 사고 패턴을 변화시킬 수 있다. 그러므로 요가치료사는 내담자의 바람직하지 못한 습관을 대체할 특정한 수련법들을 제공할 수 있다. 치료회기들 사이에 요가치료사가 내담자에게 처방을 하거나 과제를 주는 것은 드문 일이 아니다. 요가치료사가 제공하는 처방은 대개 내담자가 변화하기를 원하는 특정 행동을 위한 구체적인 것들이다. 치료사는 내담자에게 일기를 쓰도록 권해서 새로운 행동을 수련하는 정도와 수련의 결과를 모니터링할 수도 있다. 그런 다음 내담자와 치료사는 발생한 것들을 검토하고 어떤 어려움에도 대처하기 위해 수련을 변경할 수 있다.

요가치료의 한 측면에서는 습관패턴이 변하도록 돕는 것에 초점을 두는 반면, 다른 측면에서는 조건형성 과정을 초월하도록 가르친다. 현대 심리학은 습관의 유지와 발달에 있어 보상과 처벌이 중요한 역할을 한다고 상세하게 제시해 왔다. 일반적으로 사람들은 보상을 받고 처벌은 피하는 습관을 따른다. 명상수련은 보다 완전하게 현재 순간을 경험하고 보상과 처벌에 대한 기대를 내려놓는 데 도움이 된다. 또한 요가치료 회기에서 탐닉과 혐오를 포기하도록 배움으로써 처벌과 보상 효과에서 벗어나게 된다. 행동의 결과에 사로잡혀 있기보다는 현재 순간에 행동하기 시작한다. 바가바드기타(Bhagavad Gita)[16]에서는 다음과 같이 조언한다. "행위하기를 열망하되 과보를 구하지 말라. 과보를 위해 행위하지 말라… 과보를 위해 행위하는 자는 얼마나 가련한가."[11] 요가심리학의 수련생은 행위 자체에 주의를 기울이고, 배려와 주의를 갖고 행동하도록 배운다. 그 결과로 수련생은 보다 성공적으로 행동한다. 미래의 결과를 위한 수단으로 현재 상황을 바라보는 대신, 좀 더 자각하고 의식적으로 되기 위해 각각의 환경을 활용한다. 성공과 실패라는 양극성을 초월하도록 배운다. 이런 존재방식을 함양한 내담자의 예가 있다.

> 예전에 나는 일어난 일이 좋은 것인지 나쁜 것인지에 따라 행복이나 슬픔을 느껴 왔어요. 요즘은 외부적으로 일어난 것을 괜찮다고 허용하면서 그것이 무엇이든 문제될 게 없다는, 다른 태도로 일하고 있어요. 단지 좋은 느낌을 유지하고 있고 이런 느낌은 실패나

---

16) 기원전 4세기경 인도 서사시대의 대표적인 서사시로 알려진 〈마하바라타〉의 일부인 바가바드기타는 고대 인도의 쿠루족과 판두 다섯 형제 사이의 전쟁 이야기를 통해 다양한 정신적 가르침과 삶의 원칙을 보여 주고 있다.

성공에 영향을 받지 않아요. 요즘은 실패에 대한 두려움이 전혀 없어서 예전에는 결코 말할 수 없었던 모든 것을 그 순간에 이야기했어요. 나는 최선을 다해서 일했고, 상사가 제일 관심 갖고 있는 사안을 염두에 두고는 있지만 그가 내게 무엇을 말하려고 하는지에 대해서는 걱정하지 않았어요. 상사가 부회장이고 나를 평가한다는 것을 자각하기보다는, 우리가 공통적으로 갖고 있는 것에 대해 더 많이 자각했어요.

양극성 초월하기

고통의 바탕은 인간존재 내면에서 경험하고 있는 갈등에 의한 분열이라는 점에 많은 이론가들이 동의하고 있다. 융(Jung)은 신경증적 고통은 내면의 양극성(inner polarity)의 결과라고 말했다. 융은 신경증을 내면의 분열, 즉 존재가 자신과 교전 중인 상태라고 주장하였다. 분열을 강조하는 것들은 모두 환자를 악화시키고, 이러한 분열을 완화시키는 것들은 환자를 치유하는 경향이 있다. 자신이 상반된 두 인격으로 구성되어 있다는 의심이나 인식은 자기 자신과 전쟁을 하도록 밀어붙인다. 갈등은 감각적 인간과 영적 인간 또는 자아와 그림자 사이의 갈등일 수 있다. 파우스트가 "아, 슬프도다. 두 영혼이 내 가슴에 거주하고 있구나."[12]라고 말했을 때 그가 의미하는 것은 이와 같은 갈등이다. 기본적인 또는 전형적인 인격 내의 분열을 개념화하는 방식은 각 이론마다 다르다. 정신분석은 원본능과 초자아 간의 갈등에 초점을 두는 반면, 게슈탈트 치료는 상전과 하인 사이의 갈등에 관심을 갖는다. 교류분석[17]은 부모

자아, 성인 자아, 어린이 자아 상태를 다루고, 정신통합[18])은 하위 성격들 간의 갈등 해결을 돕는다. 또 다른 이론가들은 언어적·비언어적 의사소통 간의 갈등에 관심을 갖고 있다.

요가심리학에 기초한 심리치료는 나와 타자 사이의 분리뿐 아니라, 한 인격 안에서 발생할 수 있는 분리를 치유하는 데도 관심이 있다. 일원론적 패러다임에 기초한 심리치료만이 안팎에서 일어나고 있는 모든 분열을 치유할 수 있다. 그 밖의 다른 치료사들은 그 이론이 전제하는 가정들로 인해서 치유될 수 없는 근본적인 분열을 가정하지만, 일원론적 모델은 진실로 통일된 의식으로 안내한다. 요가치료에서 사용되는 다양한 수단은 이러한 목표를 향한 것이다.

라자요가(raja yoga)나 아슈탕가요가(ashtanga yoga)로 알려진 요가 체계[19]) 내에서 처음 두 단계는 열 개의 원리로 구성되어 있다. 첫 번째 단계를 구성하고 있는 다섯 개의 원리는 사람들과의 관계를 다룬다. 이 원리는 해치지 않기, 거짓말하지 않기, 훔치지 않기, 절제하기, 탐내지 않기다. 다음 다섯 가지 원리는 내면의 정화에 관한 것으로 청결, 만족, 금욕, 자기 탐구, 헌신이다.[13] 만일 이 열 가지 원리 중에서 한 가지를 실천하기 위해 전념한다면 조만간 그것이 이원론적 의식에서 벗어나 단일성에 기초한 의식으로 안내한다는 것을 깨닫게 될 것이다. 요가치

---

17) 정신과 의사 에릭 번(Eric Berne)이 창안한 이론으로 성격의 구조와 기능, 타인과의 다양한 상호작용에 관한 분석 등을 제시하고 있다.

18) 정신과 의사 로베르토 아사지올리(Roberto Assagioli)가 창안한 인간 정신에 관한 이론으로 정신통합의 4단계를 제시하고 있다.

19) 파탄잘리가 집대성한 요가수트라에서 제시하고 있는 수련 체계는 많은 요가들 중에서 최고라는 의미에서 라자요가(raja yoga: 왕의 요가)로, 여덟 가지 수련 체계를 갖고 있다는 의미에서 아슈탕가요가(ashtanga yoga: 팔지 요가)로 불린다. 여덟 가지 수련 체계(단계)는 금계, 권계, 요가자세, 호흡, 감각철수, 집중, 명상, 삼매다.

료의 많은 측면은 이러한 원리를 먼저 이해하도록 하고, 그 결과로서 행동이 변화하도록 안내한다. 이러한 열 가지 원리는 반대 방향의 변화도 가져오는데, 즉 먼저 행동을 수정하고 이를 통해 자신의 이해를 변화시킨다. 이원성과 갈등(거짓말, 훔치기 등)을 경험하게 하는 오래된 행동패턴들은 조화와 단일성이라는 새로운 행동으로 체계적으로 대체된다. 이 원리에 대한 학습과 작업이 요가치료 과정의 중요한 부분이 될수도 있다.

이 과정의 작업 방식을 이해하기 위해 거짓말하지 않기라는 수련을 생각해 보자. 이 원리는 현대 심리치료와 유사점이 많다. 주요 이론가들은 자신과 타인에 대해 정직하지 못한 것이 신경증과 정신분열적 기능의 뿌리임을 제시했다. 예를 들면, 헬무스 카이저(Hellmuth Kaiser)[20]는 이중성이 '신경증적 혼란 상태의 필요충분 조건'[14]이라는 이론을 발전시켰다. 최근 버지니아 사티어(Virginia Satir)[21]는 "내가 알고 있는, 문제가 있는 가정은 모두 의사소통할 때 이중 메시지를 사용한다."[15]고 주장했다. 카이저와 사티어 모두 혼란을 일으키는 의사소통에는 언어적(의식적) 표현과 비언어적(무의식적) 표현 사이에 차이가 있는 반면, 건강한 의사소통에서는 언어적 · 비언어적 표현이 통일되어 있고 표현하는 모든 것이 그 사람임을 보여 준다. 건강한 의사소통의 특징을 사티어는 '레벨링(leveling)'이라고 칭했다.

> 메시지는 단순하고 솔직하다.

---

20) 1920년대 베를린 정신분석연구소에서 훈련받은 치료사로서 『*Effective Psychotherapy*』의 저자다.
21) 1916-1988. 가족의 역동성을 연구하고 가족치료 접근법을 창안한 심리치료사다.

···그것은 그때 그 순간에 개인의 진실을 대표한다.

···자세는 전일성을 이루면서 움직임은 자유롭다. 이런 반응은 죽은 방식이 아니며, 생동감 있는 방식으로 살 수 있도록 하는 유일한 것이다.[16]

리차드 밴들러(Richard Bandler)와 존 그린더(John Grinder)[22]는 『매직의 구조(*The Structure of Magic*)』[17]에서 정신장애가 있는 기능은 의사소통과 자기 자신에게 세상을 묘사하는 방식 모두에서 삭제와 왜곡을 포함하고 있음을 지적했다. 밴들러와 그린더는 사티어와 펄스(Perls)[23] 등의 치료를 분석한 후에 다음과 같은 결론을 내렸는데, 즉 치료사는 환자의 의사소통에 있어서 삭제와 왜곡을 교정하기 위해 기능함으로써 환자의 내적 경험 세계를 변화시킨다는 것이다. 대부분의 현대 치료에서 자기 정직(self-honesty)과 의사소통에서의 정직함을 개발하는 것은 치료 과정의 핵심이다. 요가에서도 자기 변용의 과정에서 정직함은 제일 중요하다.

거짓말하지 않기 원리를 작업함에 있어 요가수련자는 매일 자신의 사고와 의사소통에서의 왜곡, 속임, 부정직함을 자각할 수 있도록 격려받는다. 자기 발견 기술을 더욱 발전시키기 위해 수련생에게 일기를 쓰고 매일 자기 자신이나 타인에게 부정직했던 경험을 기록하도록 요구할 수도 있다. 또한 거짓말하지 않기 원리를 얼마나 실천했는지 숙고

---

22) 미국 산타크루즈 캘리포니아 대학교에서 심리학을 전공하던 밴들러와 언어학 교수인 그린더는 1970년대 중반에 신경언어프로그래밍(Neuro Linguistic Programming: NLP)을 개발하였다.

23) 1893-1970. 게슈탈트 심리치료를 창안한 정신과 의사다.

하고 다음 날의 상호작용을 예상해 보도록 독려할 수도 있다. 이러한 수련을 함으로써 먼저 좀 더 명백한 자신의 속임수에 대해 자각하게 된다. 이 문제에 민감해질수록 자신의 생각과 의사소통에 있던 교묘한 왜곡이 점점 더 표면으로 드러나서 수정된다.

정직함을 수련하는 것은 대립적이거나 공격적인 행동을 유도하기 위한 것이 아니다. 왜냐하면 해치지 않기라는 다른 원리가 균형을 잡아 주기 때문이다. 거짓말하지 않기는 이익을 얻기 위해 다른 이를 속이는 방식과 자기기만을 자각하도록 돕는다. 거짓말하지 않기 수련은 또한 자기기만의 원인이 되는 근원적 불안감과 거절당한 내면의 느낌을 직면하도록 안내한다. 그리고 나서 그 감정들을 덮어 버리기보다는 보다 직접적으로 그 감정들을 직면해서 다루기 시작할 수 있다. 거짓말하지 않기 수련은 또한 자기 자신의 서로 다른 측면들 간의 대립 및 자신과 타인 간의 대립을 만들어 내는 자신의 속임수를 통해 상충하는 양극성이 어떻게 만들어지는지 깨닫는 데도 도움이 된다. 지속적인 수련과 함께 통합감(sense of integrity)이 계속 증진되는 것을 경험한다. 즉 대립과 갈등의 감각느낌[24](felt sense)은 점차 사라진다. 이런 방식으로 거짓말하지 않기와 나머지 아홉 개의 원리들은 개인이 분리감에서 벗어나 존재의 바탕인 단일성을 인식하도록 이끈다.

다음 발췌문은 삼 개월 동안 진행된 요가치료 회기에서 거짓말하지 않기 원리를 작업한 한 내담자의 예를 제시한 것이다.

---

24) 신체 감각을 통해서 감지되는 느낌을 의미한다.

첫 번째 회기

내담자 : 여행을 막 떠나려고 하는 남자친구를 점심 때 만났어요. 내 마음이 어떤지 그에게 말하지는 않았어요. 내가 역할놀이를 하고 있을 때는 그걸 깨닫지 못했어요. 그러나 그게 진짜 피상적인 만남이었다는 걸 자각하긴 했어요. 그에게 의존하고 있다는 사실을 부정했어요. 그가 잠시 떠나 있는 건 문제가 안 된다고 나 자신에게 말했어요. 그를 그리워할 거라는 사실을 완전히 부인하면서요. 그리고 슬픔을 느껴서는 안 된다고 스스로에게 말했어요. 이런 부정이 과식하게끔 만든다고 생각해요. 감정을 덮어 버리고 나를 위장의 불편감에 맡겨 버렸어요. 그 불편감을 다루기 위해서 음식을 이용해요.

치료사 : 당신은 대신 무엇을 할 수 있었을까요?

내담자 : "당신이 여행하는 동안 이 외로움을 어떻게 대해야 할지 모르겠어."라고 인정하면서 내가 어떻게 느끼고 있는지, 그러니까 그를 그리워할 거라는 것을 말해야죠. 근데 나는 진짜 거만했어요. "걱정하지 마, 내가 나를 돌볼 거야." 나는 아무렇지 않은 척했어요. 스스로를 무감각하게 만들었어요. 과식은 모든 것을 무감각하게 하고 위장의 느낌을 억압하죠. 일단 감정을 부정하기 시작하면 실재하지 않는 세상을 만들어요. 그를 그리워하지 않을 거고 외롭지도 않다고 확신했어요. 그렇게 하는 건 그가 돌아왔을 때도 똑같이 내게 영향을 미쳤어요. 그가 여행하는 시간 내내 그를 그리워했다는 걸 부정했는데, 그가 돌아왔을 때 내가 어떻게 좋은 감정을 느낄 수 있겠

어요? 내가 부인했던, 정직하지 못한 감정들만 있는데요.

두 번째 회기

내담자: 이번 주말에 정직함에 대해 글을 좀 써 보기로 했어요. 식사 중간에 뭔가 먹고 싶더라도 친구에게 말하지 않을 거라는 걸 자각하게 되었어요. 사과 두 개를 갖고 있다면 한 개만 갖고 있다고 거짓말을 했을 거예요. 콜라 세 개를 갖고 있다면 두 개를 갖고 있다고 말했을 거예요. 다른 이들이 듣기 원하는 것을 말함으로써 상황을 통제하려고 했다는 걸 발견했어요. 완전히 정직하다는 것은 나 이외의 어떤 것을 통제하려는 것으로부터 나를 자유롭게 해 준다는 것도 알았어요. 그건 자신의 감정을 스스로 책임지게 만들어요. 어떤 것에 대해 진짜 이유를 대지 않고 변명을 하게 되면, 나는 내 말에 사람들이 어떻게 반응할지를 가지고 놀기 시작하고 그 순간 눈덩이처럼 불어나죠. 부정직함이 내 인생의 다른 영역에 어떻게 영향을 미쳤는지 알게 되었고, 그게 좋게 느껴지진 않았어요. 내가 거기에 있다는 걸 완전히 인정하지 않은 채, 현재의 나보다 조금 더 낫게 보이고 싶어 했다는 걸 알았어요.

치료사: 이 점에 대해 글쓰기를 한 후에 당신 행동이 바뀌었나요?

내담자: 내가 정직하지 않은 것을 말할 때 더 많이 자각했어요. 음식에 대해 정직하지 않은 걸 멈췄고, 음식 섭취를 조절할 수 있다는 거를 발견했어요. 이번 주에 아침이나 점심을 많이 먹는다면 내가 먹은

것을 정확하게 다룰 수 있고, 저녁에 먹어야 할 것을 계산하고, 그것에 대해 좋게 느낄 수 있어요.

정직하지 못한 것이 내 인생의 여러 부분에 어떻게 영향을 미쳤는지 놀랐어요. 예를 들어, 약속에 왜 늦었는지 진짜 이유를 대지 않는 거예요. 확실한 예가 오늘 아침에 있었어요. 나는 약속시간에 늦어버렸어요. 차가 출발하려는데 문제가 생겼거든요. 근데 차가 즉시 출발했더라도 늦게 출발했겠죠. 차에 문제가 생겼을 때 머릿속을 지나간 첫 번째 일은 왜 늦었는지 그에게 이유를 말하는 거예요. 내가 바꾸기를 원하는 그런 종류의 행동을 즉시 인식했기 때문에 정말 재미있었어요. 기분이 안 좋아졌어요. 그래서 거기에 도착했을 때 말했어요. "오늘 아침에 엄청 의욕이 없었어. 천천히 움직이는 바람에 늦었어." 내가 여전히 느리게 반응하는 걸 자각했고, 우리는 결국 웃었어요. 그것은 별개의 상황이었지만, 별개의 작은 사건들이 많이 쌓여 스스로에 대해 안 좋은 기분을 느끼게 해요. 그리고 글을 쓰면서 이런 걸 스스로 발견한 거예요. 경험한 것을 글로 써보자고 결정했기 때문에 나 자신을 위한 시간을 확보해 놓았어요. 적을 수 없을 때에도 나는 뭘 쓸지에 대해 생각하곤 했어요.

치료사 : 얼마나 정직했는지 정직하지 않았는지를 자각하기 위해 매일 밤 십 분씩 시간을 내서 하루 동안 있었던 일을 검토하는 게 유익했나요?

내담자 : 물론이죠. 매일 밤 십 분씩 쓰기로 결정한 건 좋았어요. 그렇게 한 게 그런 이슈들을 피하도록 해 줬어요.

세 번째 회기

내담자: 누군가에게 정직하지 못할 때 마음이 얼마나 꺼림칙한지 더 많이 자각하고 있어요. 사무실에서 배달할 물건이 있었어요. 오전 중에 공급자가 배달해 줄 거라고 예상해서 고객에게 정오까지 배달하기로 주선해 놓았어요. 그런데 오후 다섯 시까지 공급자가 나타나지 않았고, 결국 도착하기는 했는데 다른 물건을 갖고 온 거예요. 정말로 뛰쳐나가고 싶었어요. 고객에게 전화해서 솔직하게 이야기하는 거, 그리고 "문제가 생겼어요. 바로 이거예요."라고 말하는 게 내겐 정말 힘들거든요. 예전엔 변명을 하곤 했어요. 이번에는 변명하지 않고 일어난 상황을 고객에게 단순하게 말했어요. 이런 사건들이 지난 몇 주 동안 많이 일어났어요. 과거엔 그런 사건들을 회피하거나 변명하곤 했는데 그 점도 인식하지 못했죠. 요즘에는 이런 사건이 일어날 때마다 느껴요. 이건 이 사람을 정직하게 대하는 걸 수련할 또 다른 기회라고요. 에너지에 대해서 많이 생각해 왔어요. 마치 내가 하루를 위해 에너지가 가득 찬 항아리를 갖고 있는 거 같아요. 나는 그걸 부정적으로나 긍정적으로 사용할 수 있어요. 무엇인가를 할 때마다 그걸 조금씩 조금씩 저녁까지 소비해요. 그 에너지가 걱정하거나 변명하기보다는 긍정적인 방향으로 가고 있는지 보고 싶어요.

거짓말하지 않기 수련이 타인에게 공격적으로 행동할 권리를 갖는 것은 아니다. 다음의 발췌문에서 보듯이, 내담자가 이 점을 깨닫기 시작했는데 거짓말하지 않기와 해치지 않기는 실제로는 함께 가는 것이다.

좀 더 정직해지려고 노력했어요. 예전엔 정직하다는 게 내가 어떻게 느끼고 있는지 다른 이에게 말하는 걸 의미했어요. 그러나 내가 어떻게 느끼는지는 항상 나의 정서적 반응에 근거한 거예요. 그건 자주 타인을 해치고 저를 해쳤어요. 왜냐하면 내 정서적 반응은 그 상황에서 항상 정직한 것은 아니거든요. 그런 의미에서 정말로 근시안적이었죠. 예를 들어, 남편이 나를 화나게 하는 뭔가를 했어요. 과거에는 그 순간에 내가 느꼈던 것을 표현하느라 완전히 정신을 잃어버리곤 했어요. 그리고 두 시간 전에 그가 정말로 그럴 만한 사정이 있었던 걸 잊어버리는 거죠. 지금은 정직함에 대해서 내가 갖고 있는 모든 태도가 완전히 바뀌었어요. 신경이 날카로울 때는 좀 더 멀리 보고 객관적이 되려고 노력하고 있어요.

요가의 열 가지 기본 원리나 전념(commitments)이 개인의 행동과 자신에 대한 인식을 변용시키는 방식에 관해 좀 더 이해하기 위해서 내적 태도를 다루는 다섯 가지 자질 중에서 두 번째 부분의 예를 생각해 보자. 다섯 가지 자질 중 하나가 산토샤(santosha), 즉 만족이다. 모든 원리가 참이듯이 만족은 자기 내면에 존재하는, 그리고 자신과 외부 세계 사이에 존재하는 근본적인 분리를 치유하는 데 도움이 된다. 만족은 모든 자산 중에서 최고의 것이다. 만일 백 만 달러를 갖고 있어도 만족하지 못하다면 그는 가난하다. 자산이 별로 없어도 만족한다면 그는 부자다. 현대 사회에서 많은 이들은 그들이 현재 있는 곳과 있고 싶어 하는 곳, 이 둘의 격차를 경험하면서 만성적인 불만족 상태에서 살아가고 있다. 어딘가 다른 곳에 있으려고 고군분투하면서 자신의 환경을 바꾸기 위해 애쓰느라 대부분의 시간과 노력을 소비하고 있다. 요가심리학은 만성적인 불만족감을 줄이고 내면과 외부 모두에서 조화가 이루어지는, 그런 대조적이거나 보완적인 태도를 권장한다. 다음 대화는 자신에 대해 만성적인 불만족을 표현해 온 사람에게 만족의 원리를 적용한 것을 보여 준다. 또한 요가치료가 현상계의 역설적인 본성을 통찰하도록 어떻게 도울 수 있는지도 보여 주고 있다.

> **내담자**: 나는 잘한 거 90%는 간과하고 잘못되었다고 생각하는 10%를 곱씹곤 해요. 조금 다르게 했더라면 일이 더 나아졌을 거라고 항상 생각하곤 해요.

> **치료사**: 요가 원리들 중 하나는 만족이에요. 그런 원리를 작업해 본 적 있나요?

> **내담자**: 아니요. 만족은 내가 붙잡을 수 없는 것들 중 하나예요. 그걸 상상하는 건 힘들어요. 뭔가를 결정할 때 내가 실수를 많이 하고 있다고 느껴요.

> **치료사**: 당신이 하는 그 어떤 것도 실수가 아니라는 걸 자각할 수 있나요?

> **내담자**: 이해가 안 되네요. 내가 무엇을 하든 거기엔 어떤 이유가 있다고 여기는 게 가능한지를 의미하는 건가요?

> **치료사**: 무엇인가를 하는 데는 목적이 있지요.

내담자 : 그렇지만 실수 같은 게 있잖아요. 그렇지 않나요? 그런 건 없다고 말하는 건가요?

치료사 : 그런 게 있는지 궁금해요. 당신의 심리에서 실수 같은 게 있다는 건 관념이에요. 그렇지만 실제로 어떤 일이 있었는지 나는 몰라요.

내담자 : 재미있는 생각이네요. 당신이 그걸 말할 때 영감이 떠올랐어요. 그러니까 실수라는 관점으로 일을 바라보는 것은 판단하는 거예요. 변화해야만 하는 것에 대한 이런 모든 긴장을 나는 결코 원하지 않아요. 변화하기 위해서 노력을 집중한다면 나는 만족할 수 없을 것 같아요.

치료사 : 성취할 그 어떤 것도 없어요. 그것이 만족을 의미하는 거예요. 만일 당신이 다른 무엇인가를 위해 애쓴다면 만족하지 못해요.

내담자 : 그래서 당신이 만족하면 당신이 하는 일은 변화될 필요가 없다는 건가요? 당신 자신을 있는 그대로 받아들이기만 하면 되나요? 그것은 모든 비판을 포기하는 것 같아요. 그리고 내가 어떤 목표 때문에 만족을 내던져 버려서는 안 되겠죠. 그리고 내가 만족하지 않을 때는 스스로를 비판하겠죠.

치료사 : 당신이 그래야만 하는지는 모르겠어요. 어떤 목표 때문에 만족을 포기할 수도 있지만 그렇게 한다면 그건 만족이 아니에요. 만족

은 이미 당신이 있는 곳에 있기 때문에 만족을 목표로 삼을 수는 없어요.

내담자: 이미 당신이 있는 곳에 만족이 있다면, 왜 그게 그렇게 힘든 거죠?

치료사: 당신이 그런 그릇된 목표들, 관념들을 세워 놓았기 때문이에요. "이렇게 해야만 하는 거야."라고요.

단일의식의 다른 많은 특성들처럼 목표를 향해서 애쓰는 것으로는 만족에 도달할 수 없지만, 내려놓고 지금 이 순간을 경험하는 것만으로도 만족에 도달할 수 있다. 그러나 많은 사람들이 상상하는 것처럼 만족이 충족감을 가져다주는 것은 아니다. 만족의 원리는 내적인 고요함과 평화를 만들어 내지만, 변화를 위해 외부적으로 일하는 것을 멈추게 하지는 않는다. 만족의 원리를 작업하는 과정에서 필연적인 변화를 가져오는 지속적인 성장 과정이 있다는 것을 점차로 자각하게 된다. 변화를 가져오는 동안에도 현재 상황과 조화를 이루는 것을 배운다. 즉 점점 더 평화로워져서 소위 실패나 성공에 의해 동요하지 않게 된다. 만족하면서도 동시에 변화의 과정과 조화를 이루는 이런 이원적 태도는 많은 이들의 삶의 특징인 만성적 동요, 불만족, 침체를 대체한다. 만족감을 함양함으로써 목표에 이르는 수많은 길을 상상할 수 없게 만드는 정서에서 벗어나고, 협소하고 사소한 관심사에 빠지는 것에서도 벗어나서 더 큰 고요함과 개방성으로 안내된다. 역설적이지만, 더 많이 만족할수록 변화를 위한 개방성은 더욱 많아진다.

만족하더라도 그것이 외부 환경과는 아무 관계가 없는 경우가 자주 있다. 불만족이란 자신의 상황이 변화되었는데도 여전히 잔존해 있는 내적 태도다. 불만족한 사람이 반드시 변화를 추구하는 것은 아니다. 실제로는 변화를 어렵게 하는 자세를 취할 수도 있다. 요가치료는 그런 자세를 놓아버리고 자신의 상황을 받아들여서 불만족한 태도를 가졌을 때는 생각하지 못했던 성장의 가능성에 스스로를 개방하도록 돕는다. 요가치료는 이 세상에서 대안적인 행동방식과 반응방식을 유쾌하게 탐색하도록 안내한다.

많은 현대 심리학자들은 인간은 만족하면 동기부여가 되지 않는다고 믿고 있다. 창조적이고 생산적이 되기 위해서는 쉬지 않아야 하고 불편해야 한다고 믿는다. 그러나 요가심리학은 만족(contentment)과 욕구 충족(satisfaction)을 예리하게 구분한다. 만족이란 개인의 기대를 언급하는 것이다. 행위의 결과에 만족하지 않으면 불행하게 될 것이다. 그러나 욕구가 충족되지 않더라도 자신의 행위의 결과에 대해 만족할 수는 있다. 욕구가 충족되지 않으면 행위의 결과에 만족하면서도 노력을 하게 된다.

요가수련자는 어려운 상황을 피하는 대신, 직면한 문제는 성공을 위한 기회로 여기면서 모든 상황을 학습경험으로 본다. 항상 잘못된 결정을 해 왔다고 느끼는, 이미 앞에서 인용했던 여성이 그 좋은 예다. 치료가 진척됨에 따라 그녀는 일에 대한 태도가 변화하고 있음을 인식했다.

내담자: 당신이 제공했던 이런 작은 연습이 모두 정말로 나의 일을 아주 많이 즐기도록 도와주었어요. 최근에 식당에서 일할 위치를 선택했는데요, 마찰이 가장 많은 구역을 선택했어요. 여자친구가 "너 왜

그래?"라고 묻더라고요. 다들 어떤 이유 때문에 그 구역을 피했는데, 그 이유는 힘들게 하는 누군가가 앉아 있는 곳이라는 거예요. 그래서 내가 "그래, 그게 하나의 기회라고 생각했어."라고 말했어요. 그녀는 "네가 무엇 때문에 가려고 하는지 모르겠어."라고 말하더라고요. 거기서 일해야만 하는지 걱정도 하고 그걸 회피하려고 애쓰면서 얼마나 많은 시간을 보냈는지 생각해 봤어요. 그 구역을 선택한 걸 보니 내 태도에 어떤 변화가 있는 게 틀림없어요. 가서 보니까요, 그 구역은 실제로 일하기 쉬웠고, 문제의 고객에 대해 불만이 있는 사람은 결국 다른 부서에서 일하는 여직원이더라고요.

치료사: 당신이 직면한 상황을 만든 것은 당신의 태도라는 거죠?

내담자: 정말 그런 거 같아요. 힘들 거라고 생각하는 여직원들은 항상 힘들어했어요. 그건 순식간이에요. 문제가 된 게 여직원의 신체 언어인지 아니면 그녀의 표정인지 모르겠지만, 누군가가 어떤 것 때문에 그녀를 아주 힘들게 할 수는 있을 거예요. 때때로 나는 그녀에게 내가 그 남자한테 가겠다고, 그는 내게는 정말 친절하다고 말해요. 어떻게 사람들이 자신의 환경을 만들어 내는지 당신은 이해할 수 있죠. 그리고 어떤 상황에 대한 두려움을 극복했을 때 그런 상황을 만들지 않게 되었어요.

3
내담자와
치료사와의 관계

책임지기

개인을 치료하는 데 있어서 책임 소재를 어디에 둘지 결정하는 일은 매우 중요하다. 현대 의학에서 의사의 역할은 몸에 이상이 생겼을 때 치료하는 전문가로서 인정된다. 인간의 몸은 기계보다 훨씬 더 복잡함에도 불구하고 의사의 역할이 자동차 정비공이 엔진을 수리하는 것으로 비유된다. 환자는 의사의 전문성에 의존하여 수동적으로 치료를 받을 뿐 할 수 있는 일은 거의 없으며, 자신의 판단마저 의사의 전문성에 의존하게 된다. 치료에 대한 이러한 태도는 정신적 · 정서적 증상에 대한 치료까지 영향을 미치게 되었는데, 이것이 바로 정신치료에서의 의료 모델로 알려져 있다. 그것은 치료에 임하는 내담자가 일반적으로 취하는 태도인데 내담자 자신은 상대적으로 수동적인 태도를 취하는 동안 그를 낫게 할 사람은 치료를 관리하는 전문가라는 입장이다. 물론 의료 모델은 내담자의 욕구와 환상을 어느 정도 채워줄 수는 있다. 하지만 내담자는 특정한 갈등 요인들을 회피하기를 원하고 또 자신의 취약한 부분이 건드려지지 않기를 원하기 때문에 변화에 수반되는 상당한 노력을 하지 않으려고 한다. 의료 모델을 일반화하여 그것을 삶의 문제들에 적용하는 것이 과연 적절한 것인지에 대해서 심각한 의문이 제기되어 왔으며[1], 그 모델에 동의하지 않는 많은 심리치료사들이 있다. 그러나 그러한 의문이 있음에도 불구하고, 의료 모델은 현대 정신의학에서 지속적으로 널리 퍼져 있는 상황이다.

기본적인 의학적 치료 외에도 치료에 있어서 어느 정도 내담자의 수동적 태도를 격려하고, 전문가의 책임을 강조하는 다른 신체적 치유방법들이 있다. 이러한 접근방법들은 일시적으로는 효과가 꽤 있지만 내담자가 자신의 기능에 대해 그리고 이전의 습관을 바꾸는 것에 대해 책임지는 것을 배우지 않으면 그가 치료를 받으러 오게 했던 그 증상들은 재발하기 쉽다. 그러한 수동적인 치료법들은 심리학적인 영역에서도 나타난다. 최면이 아마도 가장 분명한 경우가 될 것이다. 최면은 증상에 두드러진 변화를 가져올 수 있지만, 그러한 변화가 지속될 것인지, 대체 증상이 나타날지 아닐지, 최면을 받은 피암시자가 자신에 대해 책임지기를 포기하는지에 대해 끊임없는 논쟁이 있어 왔다.

증상을 격리하여 다루는 것으로부터 개인을 통합적으로 치료하려는 움직임은 환자에 대한 책임을 전문가가 가지는 의료 모델로부터의 변화를 주도하게 되었고, 의사나 심리치료사의 주된 역할은 환자가 자기 자신의 삶에 더욱 책임질 수 있도록 교육하는 일이라는 새로운 개념을 가져오게 되었다.

증상을 억제하는 데 집중함으로써, 의사나 심리치료사는 자신들의 마술 가방에 내담자를 낫게 하는 도구들을 가지고 있다는 환상을 자주 가질 수 있다. 그러나 개인이 증상의 역할을 내면의 분열에 대한 신호로 인식하게 될 때, 초점은 내면의 불일치 자체로 옮겨진다. 이러한 관점에서 볼 때, 의사나 치료사의 일은 내담자가 자신의 삶의 방식과 존재방식을 바꾸어 자기 안에서 통합이 일어나도록 길을 열어 주는 것이다. 의사나 치료사는 코치나 교사의 역할은 할 수 있지만, 의료 모델에서 가정하는 것처럼 내담자를 '고칠' 수는 없다. 치료사는 사실상 내담자가 자신의 삶의 여러 국면에서 책임을 더욱 많이 지도록 격려한다.

요가는 치료법이라기보다는 전일적 훈련 프로그램이다.[2] 요가치료사는 내담자를 치료하지 않는다. 대신 그는 인생이라는 게임에서 가르치고, 코칭하고, 안내하거나 동료 선수들을 지원할 것이다. 그의 교수법은 설교적이라기보다 내담자와 진행 중인 대화로 구성된다. 그는 안내를 해줄 수는 있지만, 자기 변용의 기술을 연습하는 것은 내담자에게 달려 있다. 내담자는 그의 삶의 각 국면에서, 즉 신체·대인관계·정신·정서·영적인 면에서 스스로 책임지는 것을 점차적으로 배우게 된다.

책임감이라는 주제는 절대적으로 중요하다. 치료사는 신경증적인 사람이 자신의 말과 행동에 대해 책임을 지지 않는다는 것에 주목해 왔다.

> 신경증적 성격장애의 문제는 행동이나 언어가 더 건강한 성격들의 행동이나 언어와 같은 수준으로 '현존'할 수 없도록 한다는 것이다… 비교적 건강한 개인은… 자신이 결정을 내렸다는 느낌을 갖는다… 매우 심각하게 신경증적인 개인은… 한쪽으로 치우친 경향이 있는데… 나는 선택할 수 없다고 느끼는 것이다.
>
> 신경증적 성격 문제가 있을 때 느끼는 것은 "내가 그것을 했어. 하지만 나는 그것을 하고 싶지 않았어." 혹은 "나는 그것을 하고 싶었어. 하지만 동시에 나는 그것을 하고 싶지 않았어."다.

…그와 같은 내담자는 자신의 말과 행동이 하나라고 느끼지 못한다… 분석가의 과업은 내담자가 자신의 말과 행동에 책임을 느끼도록 하는 것이다…

…내담자가 자기 자신의 말에 책임을 느끼도록 하는 것은 내담자를 치료하는 것과 같다.[3]

심리치료에 오는 내담자는 일반적으로 외부에서 구원의 힘을 얻기를 바란다. 그는 그의 존재방식에 대해 자유롭게 선택할 수 있다고 느끼지 못한다. 이것은 그가 사용하는 언어에 반영되어 있다. 내담자는 책임을 부인하는 말을 다음과 같이 한다. "난 해야만 해." 혹은 "그가 나를 하도록 했어." 또한 내담자는 "그가 나를 화나게 했어." 혹은 "그가 내 기분을 상하게 했어."라고 말한다. 요가치료사는 그러한 진술에 대해 내담자가 화를 내거나 상처를 받는 것 외에 다른 반응을 선택할 수는 없었는지 질문함으로써 반응할 수 있다. 내담자는 점차 특정한 방법으로 반응하는 것을 선택할 수 있다는 것을 배운다.

'당위성' 그리고 '해야만 하는 것들' 또한 많은 내담자들의 삶에 큰 부분을 차지한다. 한 내담자가 다음과 같이 보고하였다.

내가 자랄 때, 엄마는 그녀가 나에게 원했던 방법이 아닌 다른 선택을 하는 것은 나쁜 일이라는 느낌을 주곤 했어요. 엄마의 태도는 "이것은 바로 지금 이 방법으로 되어야 만해."라는 것이었어요. 내가 만일 그것을 어떤 다른 방법으로 했다면 나는 틀린 방법으로 하게 되는 거예요. 지금도 나는 내가 느끼기에 해야 한다고 기대한 대로 일을 하지 않으면 죄책감을 느껴요.

내담자가 '당위' 혹은 '해야만 한다.'고 말하는 것은 그것에 대해 온전히 책임지고 자발적으로 행동하기를 꺼려하는 표현이다. 그러한 표현은 요가치료사가 받아들일 수 없는 무의미한 것인데, 그것은 성격 안에 내재한 분열을 암시하기 때문이다. 치료사는 그것들이 근거하고 있는 관점에 도전하고 그 대신에 다른 것을 제안할 수 있다. 내담자와 치료사는 다음과 같은 대화를 나눌 수 있다.

> **내담자**: 누구나 '당위성'을 가지고 살아가지 않나요?

> **치료사**: 글쎄요. 그런 당위성 없이 하루 동안 살아보면 어떨지 궁금해요.

> **내담자**: 그렇게 되면 내 자신을 통제하지 못하게 될 거예요. 어떤 일을 할지 몰라요.

> **치료사**: 오~ 그것 참 흥미롭군요! 이번 주 동안 하루 몇 시간 동안만이라도 억지로 해야 한다거나 당위성 없이 살아 볼 마음은 없으세요?

한 내담자는 누군가 그녀에게 꼭 해야 한다고 말한 것을 절대로 하면 안 된다는 이야기를 들었다. 이 역설적 명령은 수많은 신경증적인 내담자들에 의해 경험되는 '당위의 독선'으로부터 그녀를 자유롭게 하도록 도왔다. 치료가 진행됨에 따라 내담자는 '해야만 해.'를 '나는 선택했어.'로 바꿨다. 그는 책임지는 것을 배웠다. '내가 원하는 것'과 '내가 하기로 되어 있는 것' 사이의 갈등으로 분열되기보다는 전체적이고 보다 통합적으로 되어 갔다. 그는 또한 타인에게 당위성을 부여하는 것이 비생산적이라는 것을 이해하게 되었는데, 왜냐하면 그것은 종종 이루고자 하는 것에 오히려 정반대 반응을 이끌어 내기 때문이다. 얼마 동안 심리치료를 받았고 이 문제를 가지고 작업해 왔던 한 내담자는 그녀의 딸과 주고받은 대화를 다음과 같이 서술했다.

> 내담자: 오늘 아침 나는 딸아이에게 부츠를 신어야 한다고 말했어요. '당위성'은 그냥 자동적으로 나오지요. 아이는 "나는 오늘 부츠를 신고 싶지 않아."라고 말했어요. 나는 밖에 눈이 왔다고 말했지요. 아이는 말하기를, "난 부츠를 좋아하지 않아."라고 했어요. 나는 생각했지요. 무언가를 해야 한다는 그 당위성에 대한 느낌에 대해 우리가 여기 치료회기에서 어떻게 이야기 했었는지에 대해 생각했어요. 그래서 말했지요. "사실 말이지, 네가 꼭 부츠를 신을 필요는 없다고 생각하긴 해. 그렇지만 만일 네가 부츠를 신지 않으면, 발이 젖게 될 거야." 아이가 말했어요. "나는 발이 젖는 게 좋아." 나는 말했어요. "나는 발이 젖는 게 싫단다. 나는 부츠를 신는 것을 좋아하지만, 너는 발이 젖어도 상관없다면 부츠를 신을 필요가 없을지도 몰라." 아이는 "알았어."라고 말했고, 부츠를 신지 않고 나갔다가 다시 들어왔는데, 부츠를 신기로 결정했다고 말하면서 부츠를 신었지요.
>
> 우리는 이러한 당위성을 아주 많이 사용하는데, "네 방은 정돈이 되어야 해."라는 표현과 같은 것이죠. 이런 것을 포기하는데 오랜 시간이 걸렸어요. 내 삶에서 바로 이 순간, 아이들이 어떤 방식으로 행동을 해야 한다거나 또는 하지 말아야 한다고 말하는 것보다, 아이들이 자신의 감정에 대해 알도록 허용해 주는 것이 무엇보다 더

중요한 일이라고 느껴요.

나는 아이들 행동에 대해 가능한 결과를 지적해 줄 수 있지만, 그 결과에 대해 아이들은 내가 관심 갖는 것과 같은 관심을 갖지 않을 수도 있다는 점 또한 인식하고 있어요. 만일 '당위성'으로 짐 지우지 않는다면, 아이들은 무언가를 할 수 있게 되고 또 그것으로부터 배울 수 있겠지요. 그러면 그들은 잘못된 일을 저질렀다고 크게 고민할 필요가 없게 되겠지요. 만일 내 딸이 자신의 부츠를 신지 않고 외출해서 감기에 걸릴지라도, 그것은 그렇게 큰 문제가 될 것 같지 않아요.

치료사: 아이들과 관계할 때 이러한 방식을 적용해 보니까 다르게 반응하던가요?

내담자: 네. 정말 그랬어요. 어느 날 딸이 자기 친구들 중 한 명에게 말하는 것을 들었어요. "그것은 너의 의견일 뿐이야." 이런 표현은 아이들에게 어느 정도 자유를 주었고, 아이들이 생각하거나 느낀 것을 내게 말할 수 있게 되었어요. 우리 가족 안에서는 이렇게 말하는 것이 잘 되고 있어요. "그것은 너의 의견일 뿐이야." 그것은 꼭 이루어져야 할 전능한 말씀이 아니죠. 아이들은 의견에 동의하지 않을 수 있어요. 나는 어쨌든 아이들이 내 방식대로 하도록 만들겠지만, 그러나 적어도 아이들이 내가 하는 방식대로 생각하거나 내가 하는 방식대로 항상 해야 할 필요는 없다는 것을 자유롭게 알도록 하는 거지요.

요가치료에서 자기 책임에 대한 강조는 치료사 자신에게도 적용된다. 의료 모델을 따르는 의사는 내담자 치료에 책임을 느끼겠지만, 자신의 신체적·심리적·영적 건강에 대해서는 거의 책임을 느끼지 않을 수 있다. 차 수리공이 엔진을 고치는 능력에 그의 궤양이나 과체중 문제가 거의 영향을 미치지 않는 것과 마찬가지로, 의료 모델에서 의사의 웰빙 혹은 웰빙의 부족은 그가 내담자를 수술하거나 처방전을 내는 능력과는 관련이 없는 것으로 간주된다. 그는 단지 자신이 배운 기술을 적용하기만 하면 된다. 그가 스스로 자신의 조언을 따르든 따르지 않든 상관없이 그는 아마도 다이어트, 흡연, 운동 등에 대해 '건강한 의료적 조언'을 줄 수 있다. 이것은 "의사여, 당신 자신부터 치료하시오."라는 원리가 근본적으로 중요한 요가치료와는 대조된다. 융 또한 이러한 관점에 동의했다. 그는 다음과 같이 명백하게 주장한다.

> 분석심리학은 의사 자신이 어떠한 체계를 믿고 있든지, 의사가 환자에게 적용하는 것과 같은 정도의 엄격성, 같은 정도의 일관성 그리고 같은 정도의 인내심을 가지고 자신에게 역적용 할 것을 요구한다.
> …그 요구 …즉 환자가 변화되기를 바란다면 의사는 자기 자신부터 변해야 하는데… 그리고 그것은 다소 인기가 없는 일이다… 왜냐하면 그가 환자에게 기대하는 모든 방식으로 사는 것은 때때로 대단히 고통스러운 일이기 때문이다.[4]

모델링의 역할

학습의 도구로서 모방이 현대 심리학에서 그 중요성을 거의 인정받지 못하지만, 모델링은 다른 문화권에서 대단히 중요한 학습방법으로서 간주되어 왔다. 예를 들어, 고대 인도의 서사시 〈라마야나(the Ramayana)〉[1]에서는 직접적인 가르침을 주기보다는 서사시에 등장하는 성격의 사례들을 통해 교훈을 준다. 서사시의 영웅인 라마(Rama)를 묘사하는 데 있어서, 서사시 라마나야에서는 "무엇을 하든지 그가 행하는 방식으로 인해 그는 존귀해졌다."라고 한다. 라마(Rama)와 그의 아내 시타(Sita)는 사회 전체가 모방하는 전형이었다. 바가바드기타[2]는 좋은 롤 모델은 필수적이라고 직접적으로 진술한다. 모든 욕망으로부터 자유롭고 자기 자신을 위해 행동할 필요가 없는 깨달은 스승(enlightened teacher) 크리쉬나(Krishna)는 자신의 제자 아르주나(Arjuna)에게 다음과 같이 말했다.

> 가장 위대한 사람들의 행동에서 사람들은 행동의 법칙을 발견한다. 위대한 사람이 가는 길은 세상 사람들이 따를 지침이 된다.
> 나는 온 세상에서 해야 할 일이 없다… 나는 모든 것을 가졌기 때문에 얻어야 할 것이 아무것도 없기 때문이다. 그래도 나는 아직 일을 한다.

---

1) 7편 2만 4천 시구로 되어 있는 장편의 서사시로, 코살라국의 왕 라마와 왕비 시타의 일대기를 다루고 있으며, 후세에 문학, 종교, 사상, 생활 등 여러 영역에 걸쳐서 큰 영향을 미쳤다.
2) '성스러운 신에 대한 노래'라는 뜻이며, 기원전 4~2, 3세기에 성립된 것으로 알려졌다.

내가 만일 행동하지 않는다면, 사람들은 나처럼 행동하지 않는 길을 따를 것이다. 내 일이 끝나는 날이 오면… 세상은 혼란이 지배하게 될 것이다….[5]

요가치료에서 스승과 제자의 관계는 기계적인 가르침의 과정, 추상적인 내용 그리고 행동 처방들보다 우위에 있다. 가르침은 관계의 맥락 안에서 이루어지는데 관계에 의해 전달되는 것은 내용자체보다 더 중요한 것으로 간주된다. 마찬가지로 요가치료에서 치료사의 존재와 존재방식은 치료사가 말하는 내용보다 내담자에게 훨씬 더 큰 영향을 미친다.

가르침은 모방을 통해 일어남을 일깨워 주고 언어적 교훈이 개인의 온 존재를 통해 나타나는 삶과 일치할 때 능력이 나오는 것을 일깨워 주는 예를 마하트마 간디의 삶에서 볼 수 있다. 간디는 자신에게 적용해 보지 않은 것은 어떤 것이라도 추종하지 않았다. 그는 항상 자신에게 실험했고 어떤 것이라도 다른 사람에게 가르치기 전에 결과가 어떠할지를 확인했다. 어느 날 한 어머니가 아이를 간디에게 데리고 왔다. 그리고 아이가 매우 많은 양의 설탕을 먹는다고 말했다. 그녀는 간디에게 "부디 제 아이에게 설탕은 해로우니 먹지 말아야 한다고 말씀해 주세요. 그 애는 누구의 말도 듣지 않지만, 당신을 존경하기 때문에 당신 말씀은 들을 거예요."라고 했다. 간디는 잠시 동안 생각하고 말했다. "아이를 두 주 있다가 다시 데려오세요. 그러면 말하겠어요."라고 했다. 그녀는 멀리 떨어진 곳에 살았기 때문에 또 다시 긴 여행을 해야 한다는 것에 짜증이 났다. 하지만 그녀는 아들이 설탕 먹는 것을 멈추기 원했기 때문에 동의했다. 그들이 두 주 있다가 돌아왔을 때 간디는 아이에게 설탕은 건강에 해로우니 먹지 말아야 한다고 간단히 말했다. 그녀는 감사를 표했으나 짜증이 나서 질문했다. "당신은 어째서 우리 두 모자가 이 먼 길을 다시 오도록 하셨나요?" 간디는 대답했다. "두 주 전에는 내가 아직 설탕을 먹고 있었습니다."

자기 수용

행동변화를 위해 작업하는 요가치료사의 접근법은 직접적이라고 할 수 있다. 치료사는 내담자를 더욱 기능적인 행동으로 인도하는 특정한 연습을 하도록 권유할 수 있다. 그러나 많은 내담자들은 이러한 직접적인 접근법에 반응하지 않는다. 그들이 변화에 대해 매우 높이 동기화되어 있다고 말할지라도, 그들은 새로운 행동방식을 적어도 규칙적으로 적용하는 것에는 실패한다.

치료목표에서의 내담자의 좌절, 그의 주저함, 그의 비자발성 혹은 치료사의 안내나 처방에 따를 능력의 부족함 등은 많은 심리치료사들에 의해 '저항'이라고 불린다. 물리학에서 '저항'이란 용어는 움직임을 지연시키거나 반대하는 성질의 힘을 말한다. 프로이트는 이 개념을 받아들여 그의 이론에 적용하였는데, 그것은 불쾌한 경험의 회상에 대한 자아의 훼방이라고 주장했다. 그 후에 이 용어의 사용은 확장되었고, 이 용어는 이제 내담자가 변화의 과정에 저항하는 것을 가리키는 말로 사용된다. "저항은 한편으로는 상담의 거절과 공공연한 적대, 다른 한편으로는 부주의나 망설임과 같은 미묘한 형태까지 다양할 수 있다. 내담자는 '내가 무엇을 말하고 싶은지 알지만 난 그것을 말할 수 없어요.' '시험공부를 해야 하기 때문에 나는 오늘 일찍 나가야 해요.' '그것은 내 경우에 맞는다고 생각하지 않아요.' '늦어서 죄송해요. 하지만 상담이 있다는 것을 거의 깜빡 했어요.' '나는 당신이 전문가일 거라고 생각했어요.'"[6]라고 말한다. '저항'이라는 용어의 사용은 치료사의 자아 중심적인 관점을 반영하는데, 그것은 치료사가 스스로 혹은 내담자와 함께 목표를 정하고 난 후 그 목표를 달성하는 데 있어 내담자가 해야 할 부분을 수행하지 않는다고 보는 관점이다. 즉 내담자의 행동을 방어적이라고 판단하는 것이다.

그러나 자아 중심적인 관점에서 조금 벗어나서 본다면, 내담자에게 저항하는 사람이 바로 치료사 자신이라고 말할 수 있는데 그것은 내담자가 자신의 진짜 목표를 향한 진보에 사실상 실패하지 않을 수 있음을 고려하는 것을 치료사가 소홀히 했기 때문이다. 내담자의 목표는 단순히 언어적으로 진술된 것이나 동의한 것 혹은 치료사가 기대한 것과 다를 수 있다. 치료사는 과제 수행에 대한 내담자의 동의와 비자발성 혹은 수행의 실패나 무능력해 보이는 것 뒤에 숨어 있는 모든 것을 충분히 고려하지 못할 수 있다. 이러한 관점에서 볼 때, 저항이란 치료사가 고안해낸 게임을 두 사람이 진행하는 것이다. 내담자는 자신의 증상을 완화시키지 못하는 것을 보면 치료사가 무능한 것이 틀림없다고 결론을 내리지만, 치료사는 내담자가 변화하지 않는다고 비난함으로써 보복한다. 만일 내담자의 목표가 치료사를 패배시키는 것이라면, 그는 꽤 성공을 거둘 수 있다.

보다 긍정적인 방향에서 본다면, 처방된 행동 수칙대로 하지 않음으로써 자신의 독립성과 자율성을 확립하는 것이 내담자에게 중요할 수 있다. 만일 치료사가 언어적 접촉 뒤에 숨어 있는 표현되지 않은 상호작용에 대해 살펴볼 수 있다면, 그는 초반에 그 표현되지 않은 상호작용이 서로 조율되지 않고 엇나간 것을 발견할 수 있을 텐데, 그것들은 치료적 과정이 성취되었을 때 비로소 통합될 수 있는 것이다. 만일 치료사가 조율하고, 해독하고, 말로 표현되지 않은 대화에 반응하고, 내담자의 참조 틀에 반응한다면, 치료사는 내담자의 행동을 성장에 대한 저항이 아니라 오히려 성장욕구의 표현으로 볼 수 있을 것이다.

이러한 관점에서 볼 때 내담자는 결코 저항하지 않는다. 그는 항상 성장의 과정 속에 있다. 만일 치료사가 내담자의 태도나 행동이 그의 성장과정의 일부분이라는 것을 인식할 수 있도록 돕는다면, 그는 저항이라고 불리는 행동에 의해 자주 초래되는 교착 상태를 피할 수 있다. 내담자는 자신의 증상에 대해서 혹은 자기 안에 있는 제거하고 싶은 성격들에 대해 불평하면서 치료에 임할 수 있다. 그렇지만 요가치료사는 그것들의 긍정적 가치를 경험하도록 내담자를 도울 수 있다. 특성을 제거하려는 시도는 그것을 영속하게 하는 반면, 그것의 가치를 인정하는 것은 집착을 덜 하게 하거나 그 성질을 고쳐서 개인이 앞으로 나아갈 수 있도록 허용한다.

저항이라고 불리는 것은 사실상 내담자 자신 안에 존재하는 두 측면 사이의 경험에서 온 내적 갈등이 표면화된 것이다. 내담자의 한 부분은 요구를 하는 것이고, 또 다른 부분은 요구에 대항하여 자신을 주장하는 것이다. 치료사는 어느 한쪽과도 동맹을 맺지 않는 것이 중요한데, 내담자 안의 모든 극단에 대하여 중립적인 입장을 취하는 것이다. 만일 치료사가 내담자의 저항을 느낀다면, 그것은 그가 내담자의 어느 한 극단과 동맹을 맺었기 때문이다. 저항은 환상이다. 요구는 필연적으로 저항을 불러일으킨다. 저항은 요구를 포기한 만큼 사라진다.

내담자가 수용할 수 없다고 한정 지은 감정, 생각 그리고 행동들에 초점을 맞춰 그것들을 근절하려고 하는 한, '좋은 것' 혹은 변화를 요구하는 자기 안의 판단적인 부분과 제거되지 않으려는 자기 안의 저항하는 부분 사이에서 줄다리기를 하게 된다. 양극단에 있는 힘은 우열이 없이 동등하기 때문에, 영원히 어느 쪽도 이길 수는 없다. 마치 비만한 내담자가 한 주간 동안은 단 것을 멀리하는 것과 같이, 한쪽이 일시적으로 다른 쪽을 극복해 낼 수는 있다. 그러나 일시적으로 밀려났던 쪽이 조만간 반격을 가할 것이고, 결국은 반대쪽이 그 입장을 재주장하여 우세해진다. 어느 날 내담자는 네 개의 초콜릿 바와 크기가 큰 케이크 한 조각을 방금 먹었다고 말하기 위해 자신의 치료사에게 전화를 건다. 그러면 내담자의 내적 전투의 어느 한쪽과 동일시하는 치료사는 결국 실망하게 된다. 치료사는 자신이 상상한 실패에 낙담하거나, 자신의 좌절을 내담자 탓으로 돌릴 수 있다.

역설적 개입(paradoxical interventions)[3]은 내담자와 치료사가 이러한 교착 상태에서 빠져나올 수 있도록 돕는 데 매우 높은 가치가 있다. 그러한 개입은 증상적 행동의 격려가 포함되는데, 이것은 새로운 발견이 아니며, 현대 심리치료에서 활용이 증가되어 왔다. 그것은 영적 전통에서 제자들이 그들 스스로 만들어 낸 막다른 골목에서 빠져나오도록 인도하기 위해 오랫동안 사용되어 왔다. 하시디즘 전통(Hasidic tradition)[4]에서 즈바라지의 랍비 울페(Rabbi Wolfe of Zbaraj)의 삶에서

---

3) 내담자의 바람직하지 않거나 바꿔야 할 행동을 의도적으로 실시하게 함으로써 역설적으로 그 행동을 제거하거나 그 행동으로부터 벗어날 수 있게 하는 개입을 말한다.
4) 우크라이나 출생 유대인 바알 셈 토브(Baal Shem Tov, 1698-1760)가 시작한 하시디즘은 기본적으로 교리 체계나 윤리적 행위 같은 것이 아니라 개인이 경험할 수 있는 종교적 체험을 강조하는 종교운동이었다. 실생활에서의 체험과 치유를 강조했다.

나온 다음의 일화는 "맥락을 창조하는 안목으로 중상적 행동을 수용할 때, 변화는 가능하다."[7]는 예를 보여 주고 있다.

> 밤늦게 카드놀이를 하고 있는 유대인들을 비방하기 위해 사람들이 그에게로 왔다. "당신들은 내가 그들을 비난하기를 원하나요?" 그는 소리쳤다. "내가 왜요? 무슨 자격으로요? 그리고 무슨 죄목으로요? 그들이 늦도록 깨어 있다고요? 잠을 거부하는 것은 좋은 일이죠! 그들은 게임에 몰두하고 있어요. 그것 역시 좋은 일이죠! 조만간 그들은 카드놀이를 멈추게 될 것이고, 남는 것은 몸과 마음의 훈련이지요. 그쯤되면 그들은 카드놀이를 하나님을 섬기는 것으로 바꿀 거예요! 그런데 내가 왜 그들을 비난해야 합니까?"[8]

이 이야기는 "치료적 역설(therapeutic paradox)은 중상적인 행동을 수용하지만, 그 안에서 맥락을 창조하는 것으로 더욱 생산적인 결과를 끌어낼 수 있음을 보여 준다. 그것은 내담자의 힘을 끌어내서… 문제를 지지하는 맥락을 초월했을 때, 이러한 힘은 성장을 위해 사용될 수 있다."[9]는 점을 보여 주고 있다.

선불교에서는 역설을 다른 방식으로 사용한다. 선전통에서 공안(公案)을 사용하여 영적 안내를 하는데, 그것은 제자가 자신의 중상적 행동을 과장하도록 격려하는 것이다. 이 상황에서는 제자의 합리적 추론 과정이 중상적 행동이다. 제자가 그 과정에서 너무 좌절하여 자신의 생각의 틀을 포기하게 될 때까지 하는데, 그러면 새로운 의식의 양식이 출현한다. 공안은,

정신적 훈련으로서 그것의 논리적 모순이나 역설적 성질은 합리적 이해 능력을 가로막아 결과적으로 실패하도록 한다. 그러면 의식으로 들어오는 것은 세상 이미지의 인식인데, 명확하게 말하면 현실에 대한 이미지이지 현실 자체는 아니다. 우리가 가까스로 세상 이미지에서 빠져나와 잠시 동안이라도 그 이미지를 '외부로부터' 그러므로 그 상대성을 보는데 성공할 때… 참으로 소위 신비적인 경험이 일어난다고 가정할 수 있다.[10]

합기도(Aikido)[5)]와 그 밖의 동양 무술들은 비슷한 원리를 사용한다. 이러한 무술들은, 적대 세력의 공격하는 힘에 저항하는 대신 상대의 에너지와 가속도를 사용하여 공격해 오는 상대 힘의 방향을 돌려서 대적자 자신에게 향하도록 한다. 상대의 공격이 들어올 때 그 힘을 받아넘겨 그것의 적대적인 목적을 패배시키는 것에 상대의 힘이 온전히 사용되도록 한다. 공격자가 마침내 그 자신의 노력에 의해 패배하여 항복할 때까지 계속적으로 공격자의 공격을 그에게 되돌려준다.

심리학에서 만일 치료사가 기대감을 갖거나 내담자의 '저항'에 대립하면, 내담자와 치료사는 줄다리기 게임에 갇힐 수 있다. 그러나 그렇게 하는 대신 치료사가 대립 또는 '저항'하는 내담자와 동조한다면, 적대자로서의 내담자 위치는 지지될 수 없다. 만일 내담자가 '저항'을 인정하는 치료사에게 대항하는 적대자 역할을 유지하려 한다면, 그는 자신의 성장과 동일시하는 새로운 입장을 취해야만 한다. 그래서 내담

---

5) 아이키도, 즉 합기도는 맨손으로 상대방을 잡아서 던지는 형태의 일본에서 기원한 무술을 말한다.

자는 게임하는 것을 포기하며, 한 수 앞서려는 경쟁의식에 기초하지 않으면서 관계하고 존재하는 보다 자발적인 태도를 취하게 된다. 양쪽 중 어떤 경우를 취하든 내담자는 변화할 수밖에 없다.

예를 들어, 치료사는 행동적 처방을 수행하지 않는 내담자를 만날 수 있다. 내담자는 오히려 힘 겨루기 하려는 시도를 하는데, 그 안에서 내담자 역할은 자신의 증상을 유지하거나 악화시키는 동안, 치료사는 내담자를 변화시키거나 향상시키는 역할을 하게 된다. 그와 같은 상황에서 요가치료사는 내담자가 그의 증상적인 행동을 증가시키도록 지시할 수 있다. 예를 들면, 식욕부진증 내담자의 행동변화를 위해 매주 처방이 주어졌지만, 그것은 섭식과 직접적으로 관련이 없는 처방이었다. 이 처방은 그녀가 지시에 어떻게 반응할지 알아보기 위해 고안된 것이다. 내담자는 매주 치료사를 만나러 와서 보고했는데, 그 내용은 그녀가 치료사의 지시대로 따를 수 없었던 것에 대해서였다. 그러면 치료사는 그녀의 몸무게가 너무 많이 나간다고 말하고 음식은 너무 역겨우니 억지로 먹으려고 애쓸 필요는 없다는 것에 대해 내담자와 합의했다. 그는 그녀가 단식을 해서 매주 지속적으로 적어도 일 파운드씩은 줄이도록 제안했다. 치료사는 내담자가 매주 그들의 면담에서 몸무게가 약간씩 늘었다고 보고할 때마다 그의 실망감을 지속적으로 표현했다.

요가치료사는 내담자의 관점에 맞춰 적절히 반응한다. 피상적인 수준에서 보면 치료사가 내담자를 깎아 내리거나 조롱하여 그를 진지하게 대하지 않는 것처럼 보일 수 있는데, 사실상 그것은 내담자의 책략이거나 치료사가 진지하게 받아들이지 않는다고 내담자가 동일시하는 그의 제한된 역할이다. 내담자가 그들 사이에 세우려 시도하는 거래에 관여하지 않으려는 치료사의 태도는 내담자와 치료사 사이에 더욱 친밀하고 진정한 나눔이 있게 한다.

치료사의 처방을 지속적으로 따르지 않는 어떤 내담자는 자신의 문제들을 극복하기에 부족한 자신의 무능력함을 길고도 자세하게 설명하는 것을 즐긴다. 그때 치료사는 회기를 기록하기 시작하는 척하면서 지금 심리치료에서의 실패에 관한 책을 쓰고 있는 중이라고 말해 준다. 그리고 지금 그의 사례가 그 책의 기반에 매우 훌륭하고 적절한 사례임을 말해 준다. 더 나아가 내담자가 스스로 잘 해내지 못한다고 불평하기 시작할 때, 치료사는 녹음기를 가리키면서, 이것이 바로 그 책을 출판하기 위한 치료회기의 한 부분이라는 것을 말해 준다. 내담자의 불평이 줄어들고 그의 삶에서의 긍정적인 변화를 이야기하기 시작하면, 치료사는 그의 책을 위해 모아두었던 모든 자료와 들였던 모든 시간이 다 소용없게 되었다고 불평하기 시작한다. 시간이 좀 지나면서 내담자는 현저히 발전을 보이기 시작하고, 자신의 향상에 대한 공로를 자신이 도움을 받았다고 말했던 모든 사람에게 돌리기 시작한다. 그러면 치료사는 모든 공로는 자신이 받기를 기대했다고 불평하면서 더 나아가, 내담자가 다니면서 만나는 모든 주변 사람에게 그가 치료사로부터 얼마나 많은 도움을 받았는지 이야기하기를 기대했다고 말한다. 그러면 내담자는 곧장 자신의 행동에 대한 책임은 다른 사람이 아니라 바로 자기 자신에게 있다고 주장하기 시작한다.

요가치료사는 내담자의 부정성이나 의심을 강조 또는 과장된 방법으로 표현하거나, 혹은 내담자 자신의 곤경에 대해 다른 사람에게 과장하거나 광고하여 알릴 것을 격려한다. 한 내담자는 책임감이 무겁게 느껴진다고 보고하면서, 마치 무거운 짐을 항상 자신의 양 어깨에 짊어지고 다니는 것 같다고 했다. 그는 치료사가 자신이 느끼는 부담을 경감시킬 수 있는 제안을 해 줄 것을 기대했지만, 대신 치료사는 내담자가 자기의 경험을 수용하고 그 경험에 더 큰 주의를 기울일 것을, 그리고 심지어 더 악화시켜서 경험할 것을 격려했다. 다음과 같은 대화가 오갔다.

내담자: 나는 잠시 동안 아무런 느낌 없이 무의식적으로 짐이 쌓이도록 허용했고, 그런 다음 이유를 알지 못한 채 점차적으로 기분이 더욱 더 나빠지는 느낌을 받기 시작했어요. 마침내 나는 너무 비참한 느낌이 들어서 말했어요. "알았어. 도대체 무슨 일이야?" 나는 무례해지거나 포기하고 싶었어요.

치료사: 나는 당신이 캔 음식들을 가지고 그것의 라벨을 떼고는 당신의 짐에 대한 라벨을 다시 붙이는데, 그것들은 '개를 보살피기' '학교 과제를 마치기' 등의 것이라는 이상한 개념이 떠올랐어요. 그리고 당신은 그 캔 음식들을 자루에 넣어서 당신의 등에 짊어지고 다니죠. 짐 자체와 그 짐들에 대한 무게감은 당신에게 더욱 명백한 것이죠. 그 짐들의 무게를 당신은 정말로 느낄 수 있을 거예요.

내담자: 그러면 모든 사람이 알겠지요.

치료사: 아닐 수도 있어요. 그 캔 음식들은 당신의 자루 안에 있고, 사람들은 당신이 뭔가를 지고 다니는 것만 알지요.

내담자: 내가 그것들을 내 앞에 내려놓고 그것들을 자세히 바라보거나, 무게를 잴 수 있어요. 그렇게 하면 그것들의 무게가 늘어나고 있는 지 아닌지 알 수 있게 되겠죠.

치료사: 그래요. 당신이 느끼는 무게감의 변화에 따라 더하거나 뺄 수 있겠지요.

내담자: 요점을 알겠어요. 내 차 뒷자리에 캔이 든 박스를 보관할 수 있어요. 캔이 든 박스, 포장된 박스, 일 파운드, 이 파운드, 삼 파운드 등 다양한 사이즈의 불특정한 캔들이 있고, 나는 필요에 따라 그것 들에 라벨을 붙일 수 있죠. 아, 정말 나의 어리석은 패턴을 보니 정 신이 들어요. 단지 그것을 짊어지고 있다는 인식을 하지 못했기 때 문에 짊어지고 다닐 필요가 없는 가방을 그동안 지고 다닌 거예요. 그것을 지고 돌아다닌다는 것을 잊었어요.

요가치료사는 내담자가 자기 자신의 원하지 않는 부분과 손잡을 수 있도록 도울 수 있다. 또한 내담자에게 적대적인 사람 편이 되도록 격 려할 수 있다. 내담자는 자주 그들의 품위를 손상시키거나 침해한다고 느끼는 부모나 타인과의 관계에 대해 설명한다. 어떤 내담자는 부모의 사랑과 인정을 받으려고 수년간 지속적으로 애써 왔으나, 접촉할 때마 다 또 다른 질책을 받게 되어 낙담하고, 부적절하게 느끼고, 화를 내는 반응을 한다. 이러한 패턴은 다시금 반복된다. 내담자는 부모의 사랑을 얻기 위해 또 다시 노력하긴 하지만 다른 대안을 계획하지는 못한다. 그와 같은 상황에서 요가치료사는 합기도 사범이 대적자를 다루는 것과 같은 방법을 사용하여 그의 부모에게 반응하도록 내담자를 돕는다. 내담자가 자신의 어머니로부터 전화를 받을 때마다, 치료사는 그녀가 어머니의 비난을 예상하고 어머니 편에 서도록 제안한다. 그것은 어머니와 대화를 할 때 먼저 자기 자신을 비난하는 것으로 시작하는 것이다. 이러한 방식으로 그녀는 어머니의 비난을 훔친다. 그녀는 어머니의 예기된 공격을 조절하고 그녀 자신에게 고통스럽지 않은 방법으로 완성한다. 더 나아가 그녀가 어머니 자리를 차지하였기 때문에, 어머니는 선택의 여지없이 그동안 딸이 오랫동안 자신에게 갈구해 왔던 지지를 딸에게 줄 수밖에 없게 될 것이다.

내적 갈등을 다루는 데 있어서, 치료사는 내담자가 한쪽과 동일시하면서 다른 쪽은 거부하기보다 양쪽 모두를 수용하고 인정하도록 격려할 수 있다. 그렇게 격려받은 한 내담자는 그녀의 최근 치료회기를 다음과 같이 평가하였다.

> 우리는 한 달 전, 돈에 대한 나의 양면성을 이야기했어요. 당신은 내가 일주일에 하루나 이틀 시간을 내서 계산서 지불하기, 투자에 대해 공부하기 등 좀 더 많은 시간을 내서 돈에 대해 다루어 보고, 하루나 이틀 동안은 돈을 완전히 피하는 시간을 갖도록 제안했어요. 나는 양쪽 모두에 마음을 다 주기보다는 둘 중 한쪽만을 선택하려는 경향성을 알아차렸어요. 그리곤 통찰의 빛이 제게 들어왔어요. 당신의 제안 뒤에는 존중이라는 개념이 있다는 것을 인식하게 되었어요. 내 자신 안에 있는 모든 다양한 부분에 대한 존중이지요.
> 내 삶에서 이와 비슷한 것을 연습하는 상상을 했는데, 첫 번째로 내 마음에 딱 떠오른 것은 캔디였어요. 캔디에 대한 나의 갈망은 정

말로 나 자신에 대해서 싫어하는 것들 중 하나예요. 그것은 과체중에 기여할 뿐 아니라 내가 생각하는 영양가 있는 식단에 대한 관심과도 충돌해요. 그리고 그것에 저항하면 할수록, 그것은 항상 더욱 나를 이기려고 하는 것 같아요. 나는 캔디 종류를 갈망하는 나의 한 부분에 대해 존중하는 것이 가능한지, 그리고 그것과 싸우기보다 그런 나의 갈망을 허용하는 것은 어떤지 알고 싶었어요. 그래서 그것을 실험해 보기로 결심했어요.

두 주 동안, 아침과 점심으로 좋은 음식을 먹었어요. 그리고 저녁으로는 원하는 만큼 달콤한 것들만 먹었어요. 가장 좋은 달고 쫄깃한 것, 맛있는 것, 높은 열량의 화려한 것을 찾는 일이 내게 멋진 게임이 되었어요. 초콜릿 넛 브라우니에 두툼한 프로스팅(frosting)[6] 등을 얹은 것을 선호하게 되었고, 도시에서 가장 좋은 브라우니를 찾는 일이 게임이 되었어요. 마침내 나는 달콤한 저녁과 함께 질 좋은 음식을 갈망하게 되었어요. 그래서 단백질과 채소 그리고 달콤한 것들을 갈등 없이 먹기 시작했어요. 전체적으로 보면 단 것들을 더 적게 먹게 되었죠. 하지만 나는 항상 적어도 하루에 한 번은 단 것들을 먹는 시간을 따로 가졌어요. 지금은 점심 후에 후식으로 아이스크림 한 접시로 만족하기도 하는데, 때때로 단 것이 먹고 싶은 충동이 생길 때 먹어요. 나는 예전에 그랬던 것처럼 무언가 달콤한 것을 먹을까 고민하거나 먹고 싶은 욕구를 물리치는 데 많은 시간을 들이거나 에너지를 소비하지는 않아요.

---

6) 케이크 등에 옷을 입혀 표면 장식을 하는 데 사용하는 풍미를 가한 설탕을 말한다.

내담자에게 이런 종류의 자유와 수용을 허용하기 위해 치료사는 내담자가 지금 이 순간 투쟁하고 있는 양극단 중 어느 한쪽에 집착하는 것으로부터 벗어난 중립적인 주시자로 남아 있어야 한다. 치료사는 내담자가 스스로 자청한 투쟁임을 명확히 하려는 시도를 할 수도 있지만, 우선 치료사 자신이 어느 한쪽과도 동일시하지 않고 그들의 지속되는 드라마에 관여하지도 않는 좋은 모델로서 남아 있어야 한다.

내담자가 만일 무언가에 실패했다고 생각해서 자신을 실패자로 일반화하고 스스로 실패자라고 낙인을 찍는다면, 그는 악순환의 고리를 만들어 그곳에 갇히는 것이다. 그는 자신을 이미 실패자로 보았기 때문에 자존감이 결여될 것이고, 성공의 열정도 사라져 어떠한 새로운 모험에도 실패하게 된다. 만일 치료사가 그에게 성공하도록 격려한다면 그는 또 다시 실패하게 될 것이고, 치료사는 필연적으로 좌절하게 될 것이다. 그렇지만 요가치료사는 그러한 내담자에게 그가 무엇을 하든 상관없이 그는 성공적이라고 정의해 줌으로써 반응해 준다. 요가치료사는 내담자가 이 새로운 관점을 자신에게 적용하도록 함으로써 내담자의 부정적인 사이클을 긍정적인 사이클로 대체하도록 돕는다. 궁극적으로 요가치료사는 성공이냐 실패냐의 양극단을 넘어서도록 내담자를 인도할 것이다. 일원론적 조망으로 보면 양극은 모두 실체가 없는 환상이다.[7]

저항/순응, 성공/실패 등은 가상적인 개념이며 일원론적 조망에서 볼 때 의미가 없는 것이다. 각각의 경험이 개인의 본성을 깨우는 과정

---

7) **저자 주** – 만일 내담자가 성공과 동일시한다면, 요가치료사는 이러한 자기 정의는 적절하지 않다고 지적하면서, 그 제한된 동일시에 대해서도 도전할 것이다. 그의 목표는 내담자가 양극단의 어느 한쪽과 동일시하는 것을 넘어서도록 내담자를 인도하는 것이다.

의 한 부분이라면 어떻게 개인이 실패할 수 있단 말인가? 이러한 조망에서 보면 요가치료사는 내담자의 환상에 직면할 수 있다. 다음은 그와 같은 직면을 예시한 것이다.

내담자: 실패하는 것이 두려워요.

치료사: 실패라는 것은 무슨 뜻인가요?

내담자: 나는 결혼에 실패했어요.

치료사: 나는 '실패'라는 말을 이해할 수 없어요. 그 단어는 내게 아무 의미도 없어요. 그 관계에서 어떤 것이라도 배운 것은 없나요? 그 것으로부터 성장한 것은요?

내담자: 어, 나는 이혼했어요.

치료사: 알았어요. 그렇지만 당신은 왜 이혼을 실패라고 생각하나요? 당신에게는 어떻게 되어야 한다고 미리 생각한 개념이 있어요. 그 리고 그 생각대로 되지 않았을 때, 당신은 그것을 실패라고 말하죠. 그리고 당신은 자신을 비난하면서, 죄책감을 느끼고, 생산적이기 보다는 무능하게 느끼도록 자신을 프로그램하면서 시간을 보내지 요. 만일 당신이 그런 틈을 만들지 않고, 자신을 있는 그대로 수용 한다면 어떻게 될까요? 내 생각에는 실패라는 것은 없어요. 내가 보는 바로는 그 경험 안에서 당신이 할 수 있는 만큼만 성장한 것이

고, 당신이 배울 준비가 된 정도 만큼 배운 거지요. 당신이 이상적인 관계에 가깝게 도달하지 못한 것은 사실이지만, 당신은 이상적인 관계를 맺을 만한 준비가 아직 안 된 것이죠. 당신이 처한 그 상황을 수용하기보다 그리고 자신의 한계와 그것의 결과를 수용하기보다, 있는 현실을 부인하는 거지요. 당신은 자기 자신과 관계에 대해 투사한 이상이 있고, 그 이상에 도달하지 못하면 자신을 실패자라고 불러요. 얼마나 흥미로운 책략인가요! 그것은 당신이 이혼을 하든지 하지 않든지, 당신과 당신의 전 부인은 서로 간에 배울 수 있을 만큼 아직도 각자 배울 수 있다고 봅니다.

일원론적 생각으로 조망할 때 문제로 간주되었던 것이 전혀 문제가 되지 않는 것으로 바뀌는데, 그것은 상황을 긍정적으로 보았기 때문이다.

중국의 손가락 자물쇠(Chinese finger lock)[8]로 비유하면, 빠져나오려고 애를 쓰면 쓸수록 더욱더 단단하게 갇히게 된다. 반대로 개인이 자신을 수용할 때, 그는 더욱 유연해지면서 변화하기 시작한다. 갈등으로부터 빠져 나오는 길은 성공하기 위하여 분투하는 것에 달려 있는 것이 아니라, 자신의 모든 국면을 수용하는 것에 달려 있다. 이 경우에 있어서 궁극적인 목표는 성공이냐 실패냐의 양극화된 개념을 초월하는 것이다.

많은 사람들의 잘못된 생각은 어떤 목표를 달성하는 것이 자기 수용과 타인 수용을 가져온다고 믿는 것인데, 성취에 근거한 수용은 피상

---

8) 얇고 좁게 짜인 실린더 모양인데, 빠져 나오려고 애를 쓰면 쓸수록 손가락이 잘 빠지지 않고 갇히게 되는 단순한 퍼즐을 말한다.

적이며 궁극적으로 실망스럽다. 개인이 진정 무조건적으로 사랑받고 수용받기를 바라는 것은 그가 쓰고 있는 가면 아래 있는 자기 자신인 것이다. 사람이 삶에서 찾고자 하는 모든 것의 근저에는 수용에 대한 추구가 있다. 성공과 실패, 선과 악에 동일시하는 것에 개인이 휘말려 있는 모든 멜로드라마는 자신과 타인의 수용 결핍을 수반하고 있다.

치료사는 자신을 진정으로 수용하는 만큼, 내담자에게 자기 수용의 모델이 되어 줄 수 있고 또한 내담자를 수용할 수 있게 된다. 모든 심리치료적 방법은 무조건적인 수용의 표현에 비교하면 미흡한 것들이다. 사실상 치료사의 도구로 쓰이는 모든 치료적 개입은 수용을 표현하거나 수용을 거부하는 것이다. 치료사가 표현할 수 있는 만큼, 그리고 내담자가 무조건적 수용을 경험하는 만큼 성장과 치유가 일어난다. 치료사의 수용이 부족한 만큼 성장과 치유는 제한된다.

내담자는 자신이 수용받을 만하지 못하다고 생각하는 자신의 어떤 부분들을 소외시킨 채 치료에 온다. 그는 수용받을 수 없다고 생각하는 자신의 어떤 측면이 그에게 고통을 준다고 믿지만, 그의 수용하지 않음과 스스로 소외시킨 측면들이 사실상 고통의 근원이 되어 거기로부터 삶의 불행과 모든 멜로드라마가 생성된다. 자기 자신의 원하지 않는 부분들을 수용할 때, 그것들은 더 이상 그를 지배하지 못한다. 따라서 요가치료사는 내담자를 격려하여 자신의 모든 측면을 인정하게 한다. 다음의 내담자는 자기 수용이 어떻게 도움이 되는지 알아차리게 되었다.

내담자: 떨려요. 그리고 떨리는 게 당황스럽고요.

치료사: 그 떨림을 당신의 부분으로 받아들인다면 어떻게 될지 궁금하

네요. 그 떨림과 싸우는 대신 말이죠.

> 내담자: 전에도 그런 말씀을 하셨지요. 내가 딸을 향한 강한 분노를 느
> 꼈을 때 정서를 수용하는 것에 대해서요. 당신이 그 말을 처음 했을
> 때 생각했어요. "수용하라고? 나는 받아들일 수 없어. 그것은 정말
> 로 나의 저속한 부분이야." 그 후 그것에 대해 정말 많이 생각했고,
> 좋아하지 않는 부분에 대해 수용한다는 것이 얼마나 어려운 일인지
> 를 알았어요. 온전히 내려놓고 무엇이 되려 애쓰지 않는 것이 명상
> 에서 하는 모든 것이라는 것도 알게 되었죠. 그것은 매우 단순하고
> 동시에 환상적이면서도 심오해요.

자신의 모든 부분을 수용하도록 인도하는 것은 모든 행동을 다 하라
고 부추기는 것이 아니다. 사실상 수용은 정반대 효과를 가져 온다. 개
인의 어떤 부분들이 수용되지 못했을 때는 원하지 않는 부분이 주된 역
할을 하는 멜로드라마가 계속된다. 무의식은 원하지 않는 부분을 행동
으로 옮기거나 그것을 타인에게 투사하는 반면, 의식적인 마음은 그것
을 보완하는 역할을 한다. 하지만 원하지 않는 부분과 손을 잡으면, 양
측은 그들 사이에서 생겨난 비난을 그리고 그들의 인위적인 분리와 분
열로 유지되어 온 비난을 포기한다. 양극성을 유지하는 데 묶였던 에너
지는 이제 풀리고 개인은 증진된 생동감, 내적 즐거움 그리고 통일성
을 경험한다. 다음의 예가 있다.

> 내담자: 내 삶을 통해서 원했던 모든 것은 엄마의 기대대로 사는 것이
> 었어요. 엄마가 바라는 사람이 되기 위해 항상 노력하면서 살았어

요. 그렇지만 엄마가 원하는 것을 성취했을 때 나는 어떤 감정도 느낄 수 없었어요. 예를 들어, 축구 팀에 들어가게 된 것인데 그것이 내게 어떤 가치도 없었고, 그래서 뭔가 다른 것을 해야만 했어요. 가치 있다는 느낌을 갖기 위해 다음에는 무엇을 해야 할지 의문이 생겼어요. 그다음에 새로운 활동을 발견하곤 했지요. 그러나 내 안에서 스스로 가치 있다고 느낀 적이 한 번도 없었어요. 가치에 대한 느낌은 언제나 무언가를 성취하는 것으로부터 왔고, 그것조차도 내 안으로부터 오는 참다운 자기 가치감의 느낌이 아니었고, 표면상으로 무언가 성취했다는 매우 일시적인 느낌에 불과했어요. 나는 가치 있다고 느낀 적이 한 번도 없었고, 그래서 가치 있게 느끼기 위해서 항상 무언가를 하려고 노력해 왔어요.

치료사: 가치 없다는 것을 수용하고, 나는 무가치하지만 괜찮아라고 느낀다면 어떻게 될까요? 나는 가치 있게 될 필요는 없어라고 말이죠.

내담자: (오랜 침묵 후에) 그렇게 생각하니 편안해지네요. 만일 내가 그저 편안하게 그래도 괜찮아 하고 말할 수 있다면요. 그것은 게임이 끝나는 것과 같고 나는 그저 뒤로 물러나 앉아 편히 쉴 수 있어요. 그걸 느낄 수 있어요! 정말 유쾌한 생각이네요! 그것은 정말로 즐거운 생각이에요. 무언가를 말하거나 나 자신을 방어하거나 당신보다 나아야 한다든가 다른 누군가가 될 필요가 없어요.

치료사: 당신이 달라 보이네요.

내담자: 그런 생각을 하니 편안해져요. 형 집행을 유예받은 것처럼 기분이 좋아요. 내가 얼마나 오랫동안 무가치한 존재로 있을 수 있을지 모르겠어요.

치료사: 얼마나 오랫동안?

내담자: 괜찮을까요? 나는 휴가를 기다리는 것처럼 그것을 기다려 왔어요.

치료사: 당신의 무가치함을 일주일 동안 수용해 보고, 그런 다음에 그것을 재평가해 보는 것은 어때요? 당신이 무가치하게 느낄 수 있을지를 그리고 주변 사람들도 당신이 무가치하다는 것을 알도록 하면 어떨까요?

내담자: 그걸 어떻게 할 수 있을지 모르겠어요. 그동안 내가 가치 있는 사람이라는 것을 그들에게 보여 주기 위해 너무 많은 시간을 사용해 왔는데, 어떻게 할 수 있을까요?

치료사: "나는 무가치해."라고 써 놓은 사인을 붙이고 있으면 어떨까요?

내담자: 그러면 모든 사람에게 내가 왜 무가치한지를 설명해야 할 거예요. 사무실 동료들은 내가 미친 사람보다 더 미쳤다고 생각할 거예요. 그리고 그 사인은 증거가 될 거고요. 그들은 아마도 내가 무가치하지 않다고 주장하겠지요. 그들에게 말할 거예요. "당신은 내가

가치 있다고 생각하지만 나는 아니에요. 나는 수년 동안 무가치하게 느껴 왔고 이제 그 느낌에 만족하게 되었는데, 당신이 그 느낌을 망치려 하고 있어요." 그것은 매우 흥미로워요. 나는 가치 있다고 느끼게 될 것도 같아요. 만일 내가 나의 무가치함을 수용한다면 거기에는 더 이상 무가치하게 느낄 것이 남아 있지 않게 되겠지요, 그러면 나는 가치 있게 느끼게 될 거예요.

한 주 후 내담자는 돌아와서 말했다.

내가 결함과 방해물로 간주하였던 것이 완전히 다른 것이 되어 버렸어요. 그것과 투쟁하기를 멈춘 순간에, 그것을 있는 그대로 기꺼이 놓아두었을 때, 가장 놀라운 일이 발생했어요. 내 생애의 적이 오랫동안 잃어버렸던 형제가 되어 버렸어요. 나는 갑옷을 벗어 던져 버렸고 그것을 받아들였어요. 그것의 옷이 벗겨졌을 때 그것은 그럴 것이라고 생각했던 것이 전혀 아니었는데, 정말로 경이롭고 원기 왕성한 경험이었어요.

이와 같은 방법으로 요가치료사는 역설적 개입방법을 사용할 수 있는데, 내담자가 자신의 원하지 않는 부분을 수용하고 접촉할 수 있도록 도울 수 있다. 그는 내담자가 제거하기를 원하는 행동을 수용하거나, 광고하거나 혹은 증가시키도록 지시할 수도 있다. 이런 식의 치료 개입은 내담자를 지배하고 있는 한 특정한 극단의 영향력을 완화시킬 수 있다. 그와 같은 전략에 대한 또 다른 예가 있다.

내담자 : 무엇을 성취하든 상관없이, 저기 깊은 곳에는 이류라는 이미지가 아직도 있는데 어떻게 그 생각을 없애버릴 수 있을지 모르겠어요.

치료사 : 첫 번째 단계로 먼저 그것을 수용하는 것은 어떨까요. 그것을 숨기려고 노력해 왔다고 말씀하셨죠.

내담자 : 그것을 수용하라고요? 나는 이류가 되고 싶지 않아요.

치료사 : 아마도 당신은 다양한 상황에서 어떻게 이류로 느끼는지를 더 잘 알아차릴 수 있을 거예요. 아마도 당신은 매일 이류가 하는 짓을 일부러 할 수 있어요. 다른 사람으로 하여금 당신이 이류라는 것을 알도록 그것을 연구하세요.

내담자 : 네?

치료사 : 남은 음식을 먹는 것은 어떨까요?

내담자 : 나는 보통 남들이 다 먹고 난 후에 남은 음식을 먹어요.

치료사 : 이류가 하는 것이라고 생각하는 것을 의식적으로 날마다 하나씩 더 할 수도 있어요.

내담자 : 또 다른 제안은요?

치료사 : 아마도 삼류도 있겠지요. 당신은 삼류가 되어 보는 것을 탐구해 볼 수 있어요.

요가치료사는 내담자가 자신이 원하지 않는 자기 자신의 부분과 좀 더 친해지도록 격려하고 그것이 부여하는 유용한 기능을 인식하도록 도울 수 있다. 의료 모델은 증상의 억제에 초점을 맞추는 데 비해, 요가치료에서 개인의 고통은 의미 있는 성장으로 인도할 수 있는 열린 문이다. 그것은 무엇인가 잘못되었다는 신호이고 혼란의 근원을 찾는 단서가 된다. 만일 신호가 성공적으로 억제되면 성장 과정은 지연되는데, 신호가 다시 촉발될 때까지 아마도 더 큰 힘으로 나타나거나 또 개인의 신체적 혹은 정신적 기능의 다른 측면으로 나타날 때까지 지연될 수 있다.

초인종이 울린다면 보통은 문을 열어 줄 것이다. 벨이 울리는 걸 멈추도록 선을 잘라 버리지는 않을 것이다. 그런데 내면에서의 신호를 다루는 것에서는, 많은 사람들은 그러한 신호를 방해하려 하기 때문에 무언가 잘못되었다는 메시지를 전달받지 못한다. 예를 들어, 두통이 있으면 아스피린을 복용함으로써 고통이 말해 주는 것, 즉 속도를 좀 늦춰야 한다거나 고칼로리 음식의 과잉 섭취에 주의하라는 혹은 스스로 긴장하고 걱정하는 것에 주의하라는 신호를 더 이상 의식하지 못하게 된다. 그 결과 기저의 혼란을 결코 수정하거나 다루지 못할 것이다. 아마도 떨림이나 속쓰림과 같은 증상들이 나타날 수 있다. 그런 증상들이 반복적으로 증상 억제 약물로 다루어지게 되면, 기저의 문제는 마침내 구조적 손상을 증가시키는 심근경색 같이 더욱 현저한 신호 형태로 나타날 것이다. 이제 이 메시지 "당신의 생활양식, 즉 당신의 몸을 다루는 방식, 당신의 일을 다루는 방식, 당신의 관계를 다루는 방식을 바꾸시오."는 약국의 완화제 효과가 다시 한 번 가짜 확신을 줄 때까지 잠시 동안만 전달되고, 개인은 또 다시 예전 습관으로 빠져든다.

이와는 달리 요가치료사와 작업을 한다면, 개인은 자신의 고통을 피하기보다 더욱 크게 주의를 기울여 고통이 있게 한 자신의 내적 태도와 상황에 대한 인식을 하고, 고통으로 가게 만든 자신의 측면들을 변화시키도록 처음부터 격려받게 될 것이다. 요가적 관점에서 모든 고통은 긍정적이고 가치 있는 기능을 가지고 있다고 본다. 직접적으로 마주했을 때 아픔과 고통은 가장 위대한 축복일 수 있다. 고통에 주의를 기울이고 추적하여 그것의 근원을 만나면 거기에서 주의를 받을 필요가 있는 존재의 영역에 대한 자각이 생길 것이다. 우리는 외적 성공으로는 거의 성장하지 못하는데, 성공을 안전의 근원으로 삼아 잘못된 집착을 하기 때문이며 그 결과로 정체되는 것이다. 다른 한편으로 고통은 인식되고 그것의 근원과 만났을 때, 성장을 향한 가장 위대한 기회를 창조한다. 고통의 존재는 개인 자신 안에 있는 불균형 그리고 그와 환경과의 관계에서 오는 불균형을 교정하도록 동기를 부여해 준다.

물론 고통을 추구하는 것이 필요하다거나 권할 만하다고 말하려는 것은 아니다. 삶의 중요한 목표와 모든 치료와 요가치료의 목적은 명백하게도 고통을 제거하는 것이다. 그러나 이 일은 억제하거나 부인하거나 바꾸는 것으로는 성취될 수 없다. 고통은 고통이 신호하는 것이 무엇인지 온전히 알아차릴 때 비로소 제거될 수 있다. 고통이 품고 있는 메시지는 너무나 자주 놀랍고, 우리의 제한된 자아 의식때문에 소스라치게 한다. 그래서 우리는 그 메시지가 어디로부터 유래한 것인지 그것이 말하려는 것이 사실상 무엇인지 이해하는 것이 굉장히 어렵기 때문에 우리는 우리가 경험하고 있는 고통에 어떻게 반응해야 할지 알지 못한다. 고통의 근원과 그 본질에 대한 진정한 이해를 통해서 그리고 그 이해에 근거하여 행동할 때, 우리는 우리의 삶에서 고통을 제거할 수 있는 것이다.

우리의 작은 자아, 불필요하게 정해진 자기 정의, 그것이 자주 고통의 근원이 된다. 경험의 특정 측면을 수용하지 않으려는 자아의 태도가 바로 우리가 고통스럽다고 느끼게 하는 원인이 된다. 우리의 태도를 바꿈으로써, 다른 빛으로 사물을 비춤으로써, 세상을 있는 그대로 수용함으로써, 우리는 우리의 비탄을 제거한다. 궁극적으로 변화되어야 할 것은 삶이 아니라 우리의 태도인 것이다. 우리가 단지 고통의 근원으로서만 보아 왔던 상황이나 경험은 그에 대한 태도를 바꿈으로써 무언가 긍정적이고 좋은 것으로 보이게 된다. 다음의 두 가지 이야기는 이 원리를 예시해 준다.

첫 번째 이야기는 중년 남자의 예로서, 그는 전문적인 바이올린 연주자다. 길을 건너다 자동차와 부딪혔는데 그때 팔이 부러졌다. 몇 개월 후에 그는 적의를 품고 우울한 심정으로 치료사를 만나러 갔다. 그는 그런 불행이 하필이면 왜 자신에게 닥쳤는지 이해할 수 없었다. 첫 번째 면담에서 치료사는 그에게 사고로 인해 긍정적인 어떤 것이라도 있지는 않았는지 물었다. 내담자는 어떻게 치료사가 그와 같은 불합리한 생각을 갖고 있는지 의문스러웠다. 회기가 거듭되는 동안에, 치료사는 때때로 사고로 인해 올 수도 있는 어떤 긍정적인 변화에 대하여 비슷한 질문들을 하였다. 내담자는 점차적으로 사고 전에는 그의 삶이 바쁘게 돌아갔던 일상에 비해, 지금은 그동안 소홀히 했던 자신의 흥미들을 쫓고 있는 여가시간에 대해 이야기하기 시작했다. 치료가 진행

됨에 따라 그는 그의 삶이 수년 동안 정체되어 왔다는 것을 인식하기 시작했다. 그는 오랫동안 새로운 일을 시작하는 것과 따뜻한 지역으로 이사하는 것을 꿈꿔 왔는데, 그는 지금이 바로 그러한 변화를 이룰 수 있는 더 나은 위치에 있다는 것을 알아차렸다. 그는 남쪽으로의 탐색적인 여행을 시작했고 그곳에 정착하기로 계획했다. 상담을 시작한 지 6개월 후에, 그는 고통과 아픔이 그에게 미친 영향에도 불구하고, 그 사고가 그의 삶에 중요한 발전을 가져왔고, 정말로 그것은 수년 동안 그에게 있었던 가장 좋은 일들 중 하나였다는 것을 알아차리게 되었다.

두 번째 내담자는 회사 돈을 횡령한 혐의로 해고된 직후에 상담을 시작한 변호사다. 그는 치료시간에 자신의 전문직에 손상을 입은 것에 대한 두려움을 이야기하면서 흐느껴 울었다. 횡령으로 잡힌 것은 그에게 일어날 수 있는 일 중 최악의 일인 것 같았다. 상담의 초기 몇 주 동안 횡령에 대한 그의 동기를 탐색했다. 그는 십대 청소년기 이래로 자신의 아버지로부터 인정받기를 원했는데, 아버지는 매우 성공적인 사업가였다. 그가 무언가를 성취할 때마다, 아버지의 인정을 얻기 위해 아버지를 바라보았지만, 아버지는 항상 아들이 한 것에 대해 잘못을 지적했다. 아들은 비싼 집과 차 그리고 다른 값비싼 물건들을 소유함으로써 자신이 얼마나 성공적인지 아버지에게 보여 줄 수만 있다면, 마침내 아버지의 인정을 받을 수 있을 것이라고 생각했다.

이 내담자는 자기 삶의 많은 부분에서, 배우자를 선택하는 것까지도, 자신이 아버지의 의견에 얼마나 특별하게 의미를 부여했는지 인식하기 시작했다. 이후 회기에서 그는 자신이 사랑스럽고 유능함을 경험했던 다른 부분들을 탐색하기 시작했다. 점차로 그는 그동안 자신이 아버지에게 부여했던 힘과 권위를 거둬들이기 시작했다. 그는 횡령으로 붙잡힌 것이 자신의 삶을 바꿀 수 있는 계기가 되었다는 것을 인식하기 시작했는데, 만일 횡령으로 잡히지 않았더라면 같은 방식으로 절망을 안고 살아갔을 것이기 때문이다. 그러나 해고됨으로써 그는 아버지의 인정을 얻고자 반복했던 방식으로부터 자유롭게 되었다. 그는 자신이 훔쳤다는 것을 타인이 발견하기 아주 쉽도록 했다는 것도 스스로 인식하게 되었는데, 마치 그가 자신의 곤경으로부터 빠져나올 수 있도록 일부러 사건의 과정을 계획한 것처럼 보였다.

이 두 사건은 처음에는 부정적인 것으로 간주되었던 상황이나 경험이 어떻게 개인의 삶에서 스스로 성장할 수 있도록 돕는지 그것의 가치와 잠재성을 이해함으로써 그것이 어떻게 긍정적인 힘으로 작용하게 되는지 잘 설명해 주는 사례다. 요가치료는 어떠한 상황이든지 처음에는 얼마나 끔찍하게 보일지에 상관없이 이러한 관점을 취한다. 각 상황은 우리에게 향상된 대인관계, 자아동일시의 초월 그리고 보다 포괄적인 의식(comprehensive consciousness)을 향한 커다란 진전을 이룰 수 있는 기회다.

요가치료의 경험적 기반

치료에서 내담자는 일반적으로 치료시간 중에 그가 경험하는 생각 및 감정과 동일시한다. 그래서 그의 생각과 정서가 창조하는 드라마에 휩쓸린다. 그는 자신을 너무 심각하게 받아들여서 즐거움과 모든 놀이 감각을 잃고 불평과 실망, 두려움이나 자기 비하에 빠질 수도 있다. 요가치료사는 내담자의 자세에 대하여 또한 내담자가 말려든 멜로드라마에 대하여 중립적인 주시자(a neutral witness)로 남는다. 요가치료사는 내담자가 자신이 가정하는 인물과 역할 뒤에 숨어 있는 것이 무엇인지 그들이 함께 찾아낼 수 있도록 내담자가 자신의 역할을 포기하고 자신이 만든 멜로드라마에서 빠져나오도록 격려한다.

내담자는 치료사가 자신의 멜로드라마를 진지하게 받아들일 것을 기대한다. 그러나 요가치료사는 내담자의 기대와는 달리 그것을 다루거나 가볍게 내담자의 곤경을 과장하고 확대하는 태도를 취할 때, 내담자는 치료사가 자신을 조롱한다고 불평할 수도 있다. 요가치료사는 이미 인정하겠지만, 사실상 내담자의 동정을 얻기 위한 시도와 그의 가장된 서투름, 혼란스러움, 피해자 역할 등의 시도를 사실로 여기거나 흥미로워하지 않는다. 모든 내담자 행동의 저변에는 그가 매우 심각하게 받아들이고 있는 무언가가 있다. 요가치료사는 내담자가 특정한 역할과 동일시하고 있을 때 가능한 한 보다 더 친밀한 수준에서 그와 나눌 수 있도록 인내심 있게 기다린다.

때때로 치료사는 주시자 역할을 넘어서서 장난스러워지거나, 감언이설로 꾀거나 혹은 그 자신의 환상이나 미친 짓을 내담자와 나누려 하기도 한다. 치료사는 그렇게 함으로써 내담자가 자신의 '미친 짓'을 가치 있게 여기도록 돕는 것이다. 다음은 치료사와 심리학을 전공하는 대학원생 내담자 간의 대화인데, 여기서 요가치료사는 내담자의 가정에 장난스럽게 도전하는 방법을 설명하고 있다. 처음에는 세상을 자신의 가정에 맞게 짜 맞추려 애쓰는 내담자를 혼란스럽게 할 수 있지만, 점차 그러한 대화는 내담자가 자신의 제한된 조망을 깨고 나와 더욱 즉흥적이고 생동감 있게 되도록 인도할 수 있다.

내담자: 첫 회기는 내 불평을 말한 시간이었고, 이것이 두 번째 회기에요. 어떻게 해야 할지 처방해 주세요. 이번 회기에서 더 직접적인 방향을 제시해 주셔서 내가 여기서 나갈 때는 뭔가 다르고 독특한 어떤 방향성을 느낄 수 있도록 말이죠. 선생님이 나를 위해 무엇을 할 수 있는지 알고 싶어요.

치료사: 내가 생각하는 바로는, 문제는 "당신은 당신을 위해 무엇을 할 수 있는가?"라는 것입니다.

내담자: 좋아요. 알겠어요. 하지만 선생님, 나 자신에 대해 뭔가 말씀해 주시겠어요? 강의 시간에 선생님은 차크라와 에너지 그리고 그와 비슷한 것들에 대해서 말씀하셨어요. 내 행동이나 성격구조에 대해 어떤 해석을 해 주시겠어요?

치료사: 그것이 당신을 어떻게 도울 수 있나요?

내담자: 그러면 나 자신에 대해서 더욱 이해할 수 있을 것 같아요. 내가 작업해야 할 것이 무엇인지 알 수 있게 되겠지요.

치료사: 당신은 이미 개념적으로 많은 것들을 알고 있는 것 같군요.

내담자: 자신에 대한 의구심을 확인받고 싶은 것 같아요. 선생님은 내게 아무것도 주지 않고 있어요. 선생님은 질문에 질문으로 답하고 있어서 나를 정말 좌절시키네요.

치료사: 실망스러워요?

내담자: 다른 치료사한테 갔었는데, 그는 내 몸에 있는 에너지 흐름과
문제에 대해서 해석을 해 주었어요.

치료사: 그것이 당신에게 어떤 도움을 주었나요?

내담자: 성격구조에 초점을 두고 무엇을 하고 어떻게 할지 내 성격 유
형에 맞추어서 마음을 집중했어요.

치료사: 어떤 유형이 되고 싶은 건가요? 만일 당신에게 진단명을 붙인
다면, 당신은 당신 자신이 될 필요가 없겠죠. 당신은 말할 수 있죠.
"내가 무엇을 할 수 있나요? 나는 특정한 방식이고 그것은 단지 나
라는 사람이 하는 방식인데요."라고요.

내담자: 그렇다면 나의 한계를 더욱 다루어야겠네요.

치료사: 바로 그거예요. 그것이 바로 내가 말하려는 거예요. 하지만 당
신에게는 한계가 없을지도 몰라요.

내담자: 없다고요?

치료사: 그것은 당신의 상상 속에서 당신 자신에게 부과한 것일 뿐이
에요.

내담자 : 그러면 어떻게 변할 수 있나요? 무엇이 나를 변하게 하나요? 어떻게 나 자신을 변화시킬 수 있나요?

치료사 : 어떻게 자신을 변화시키고 싶어요?

내담자 : 선생님의 말씀을 듣고 싶어요. 돈을 지불할 가치를 느낄 수 있게요.

치료사 : 나는 이미 당신이 지불한 돈의 가치 이상으로 주었어요.

내담자 : 왜 그렇게 말씀하시죠?

치료사 : 당신의 돈은 그렇게 가치가 높지 않아요. 그것은 당신만큼 가치가 높지 않죠.

내담자 : 내 가치가 얼만데요?

치료사 : 어떻게 생각하세요?

내담자 : 모르겠어요. 그것이 바로 내가 찾으려고 노력하고 있는 것일지도 몰라요. 아, 내가 만일 치료사라면, 내 환자를 위해 무언가 마음속에 두고 있을 거예요. 무슨 일이 일어나고 있는지에 대해 어떤 일반적인 지침을 줄 수 있을 거예요.

치료사: 아마도 내가 당신을 미치게 하는 것 같군요. 아마도 그것이 할
　　　수 있는 전부 일지도요.

　때로 치료사는 내담자에게 장난스럽게 대할 수 있고, 다른 경우에는
좀 더 진지한 태도를 취할 수 있지만, 그는 자신을 조력자나 교사의 역
할과 동일시하거나 엄격한 자세를 취하지 않는다. 만일 내담자가 자신
이 의미하는 것과 반대되는 것을 말한다면, 때로 치료사도 내담자와
같은 것을 할 필요가 있는데 그래서 그들이 함께할 수 있고 그들이 서
로 간에 이해하고 수용한다는 것을 깨닫게 되기 때문이다. 치료에서 가
장 의미 있는 순간들은 내담자와 치료사가 그들의 광기에 대해 함께 나
눌 수 있을 때다.
　요가치료의 핵심은 소크라테스식 대화로 구성되어 있는 두 인간 사
이의 만남이다. 내담자는 우주의 다른 모델로부터 작동하고 있는 반
면, 요가치료사는 그의 삶을 일원론적 관점에 맞춘다. 내담자는 자신
의 태도나 자세로 인해 중독, 혐오 및 내적 갈등을 경험하게 되며 정서
적 혼란, 불안정감, 자기 삶의 의미와 목표에 대한 불분명함을 경험하
게 될 뿐만 아니라 자신과 타인과의 관계에서의 갈등을 경험하게 된다.
　요가치료사는 책을 통해 간접적으로 배운 이론이나 방법에 근거하
여 반응하지 않는다. 그보다는 자신의 삶에서 겪은 고통을 다루고 극복
하는 과정에서 얻은 경험을 사용한다. 치료사는 자신의 경험을 교훈적
인 가르침을 통하여 전달하려고 하지 않고, 대신에 자신을 열어 내담
자의 경험을 만나고 거기에 반응한다. 이러한 과정에서 내담자는 때때
로 치료사에게 낯선 경험을 설명하는데, 그 경험이 치료사에게 낯설게
느껴지는 이유는 그 경험에 익숙하지 않아서가 아니라, 그 경험들은

치료사가 기능하는 것과는 완전히 다른 가정들로부터 나온 것이기 때문이다. 치료사는 내담자가 말하는 것을 그의 (치료사의) 모델에 맞춰 이해하려고 하지만, 그것이 맞지 않을 뿐임을 알게 된다. 결과적으로 치료사는 내담자의 말을 문장 중간에서 멈추고, 그의 이중성에 직면한다. 예를 들어, 내담자는 일반적으로 그의 행동에 대하여 '해야만 해.' '해야 돼.' '난 할 수 없어.' 그리고 '노력해 볼게.'와 같은 표현을 한다. 그러한 언어들은 내적 분열을 반영하는데, 그의 한 부분은 요구를 하고 다른 한 부분은 그 요구에 반응하는 것이다. 이러한 반응은 순응, 저항, 가장한 순응, 공황 상태, 두려움, 꼼짝 못함 혹은 다른 어떤 반응의 형태로 나타날 수 있다.

'나는 해야 해.' '나는 해야만 해.' 등과 같은 개념들은 일원론적 관점을 가지고 기능하는 치료사의 세계관에 속하지 않는다. 치료사에게는 그런 개념들이 이치에 전혀 맞지 않기 때문에, 그는 내담자가 이것을 알도록 한다. 내담자의 그런 표현이 무엇을 의미하는지 설명하도록 치료사는 내담자를 격려하는데, 일원론적 조망을 가진 치료사의 관점에서 쓰인 어떤 사전에도 그런 표현은 없기 때문이다. 치료사는 내담자에게 이렇게 말할 수 있다. "'노력하겠다.'고 하셨는데 그것은 어떤 의미인가요? 솔직하지 않은 표현 같네요. 내게는 노력한다는 말은 단지 노력하는 척하는 거죠. 그것은 성공하기 어려운 자세예요. 노력한다고 하는 것은 당신이 그저 있는 그대로 남아 있기 위해서 하는 말이 아닌가요?"

다른 한편으로 요가치료사는 내담자의 경험을 미리 정해진 틀에 맞춰 자동적으로 해석하기보다는 내담자의 현상학에 문을 열어 둔다. 내담자의 경험을 마주할 때, 그는 이 책에 공식화된 내용들을 포함해서 어떠한 선입견도 기꺼이 버린다. 내담자의 경험을 온전히 인식하는 동안, 치료사는 자신의 경험에 민감하게 머물러 그 경험을 수용한다. 치료사는 내담자의 시나리오와 동일시하도록 자신을 허용하지 않으며, 내담자가 그를 위해 작성한 대본의 역할을 맡지 않는다. 요가치료사는 내담자가 그를 혼란스럽게 하거나, 속이거나, 초점을 흐리는 시도를 하는 것을 경험하게 되면 혹은 내담자의 자발성 감소나 그들 관계에서 솔직함의 감소를 경험하면 내담자를 직면할 수 있다. 내담자에 대한 치료사의 도전은 개념에 기초하는 것이 아니라 자신의 경험에 기초한다. 그는 개념적인 틀 안에서 그의 경험을 언어화할 수 있지만, 자기 자신과 내담자에 대한 경험을 기본으로 삼는다.

치료사는 방법이나 기술들을 배우기 위해 워크숍에 참여하기를 좋아하지만, 그것들은 사실상 심리치료에서 불필요하다. 만일 개인이 이원론적인 혹은 일원론적인 패러다임의 관점을 가지고 살아간다면, 모든 기법들은 필연적으로 그러한 패러다임의 가정으로부터 그리고 치료사의 경험으로부터 발전하게 된다. 그는 다른 치료사가 개발한 방법들을 배울 필요가 없는 것이다.

치료사가 진정으로 자기 수용을 하는 만큼, 그는 내담자가 자기 수용을 발견할 수 있는 환경을 제공할 수 있을 것이다. 치료사는 자기 수용의 부족을 종종 기술로 위장하고 은폐 시도를 한다. 자기 수용을 하는 치료사는 내담자를 대할 때, 낡은 가방을 뒤져서 도구를 찾기보다는 그 순간에 적절하고도 독특한 치료적 개입을 구축하여 더욱 자발적이고 혁신적으로 반응한다.

내담자는 전형적으로 자기 자신과 자기의 삶에 대하여 특정한 가정을 하고 치료에 임한다. 이것들은 다음과 같은 것을 포함한다.

1. 누군가 혹은 무언가가 나의 조건과 상황에 대해 책임이 있다.

2. 행복하기 위해 내게 필요한 것이 세상 저쪽 어딘가에 있다.

3. 내가 가질 수 있는 것과는 다른 무언가를 원한다.

4. 내가 처해있는 이 곤경은 매우 중요하고, 심각하며, 실재한다.

5. 나는 어떤 것들을 해야만 하고, 다른 것들은 해서는 안 된다.

요가치료사에게 이러한 가정들은 타당하지 않다. 그것들은 그에게 낯선 이론과 참조 틀에 기초한 것들이다. 그것은 내담자가 이렇게 이야기하는 것과 같다. "나는 머리로 하늘을 걷는다." 치료사는 내담자가 말하는 것이 이치에 맞는지 찾아내려고 애쓴다. 그는 "무슨 뜻으로 그렇게 말씀하시나요?"라고 묻는다. 치료사는 그의 대안적인 가정을 내담자에게 제공할 수 있는데, 그것은 믿어야 할 진실로서가 아니라, 내담자가 실험해 볼 수 있는 다른 작업 가설로서 제안하는 것이다. 특히 초기에는 비이원론적 패러다임으로 기능하는 치료사의 가정은 내담자의 그것과 매우 대조적일 수 있다. 비이원론적 패러다임을 지닌 치료사의 이러한 가정은 다음과 같다.

1. 나는 나의 조건과 상황에 전적으로 책임이 있다.

2. 내가 행복하기 위해서 필요한 것은 이미 내 안 여기에 있다.

3. 내가 원하는 것을 분명히 가질 수 있고, 내가 뭔가 다른 것을 원하기 시작하면, 그것을 가질 수 있을 것이다.

4. 내가 처해 있는 것처럼 보이는 어떤 곤경도 중독을 내려놓는 것을 배우기 위하여 스스로 만들어 낸 것이다. 만일 내가 내려놓으면, 나는 나의 인식된 곤경이 그렇게 심각하거나, 중요하거나

혹은 참이 아니라는 것을 발견하게 될 것이며, 그러면 나는 그 것을 놀이처럼 다루기 시작할 것이고, 그것이 거기에 대해 반응하는 모든 종류의 긍정적 가능성들을 열어 놓는 것이다.

5. 나는 어떤 것들을 하기로 선택한다. 나는 다른 어떤 것들을 하지 않기로 선택한다.

관계가 발전함에 따라 내담자는 치료사의 가정에 직면할 기회를 갖게 되는데, 그것들을 내담자 자신에게 적용할 수 있는 그리고 그것들의 효과를 관찰할 수 있는 기회를 갖게 된다. 요가치료사는 스승이 아니고 온전히 깨달은 존재도 아니다. 그는 단지 고통으로부터의 자유를 그리고 자신의 참자아에 대한 자각을 추구하는 또 다른 한 사람일 뿐이다. 그는 그가 배운 것을 제공하고 내담자가 자기 자신과 타인들을 향한 새로운 태도를 실험해 보도록 내담자를 초대한다.

관계는 일방적인 것이 아니다. 내담자의 경험에 자신을 열어 놓는 치료사는 내담자로부터 배울 수 있는데, 내담자가 치료사로부터 배우는 만큼 배우거나 혹은 내담자가 치료사로부터 배우는 것보다 더 많이 배울 수도 있다. 아마도 내담자는 치료사의 제한된 가정들에 도전할 수도 있을 것이다. 때로는 내담자의 모델이 치료사의 모델보다 갈등으로부터 더 자유로울 수도 있다. 내담자는 치료사의 둔감함이나 자각의 부족에 대해 또한 치료사 자신이 아직 성장해야 할 영역에 대해 주의를 환기시키는 경험을 하도록 한다. 요가치료사는 자신을 내담자의 지혜에 열어 두고, 그 만남을 자신의 성장을 위한 경험으로 삼을 수 있다. 내담자는 치료사에게 연민, 꿋꿋함, 겸손, 평온함 그리고 치료사에게 덜 발달된 다른 품성들을 가르쳐 줄 수 있다. 치료사는 누가 누구를 가르치는 것인지 자주 의문을 가질 수 있다. 그는 지혜의 말을 들을 수도 있고, 그가 성장하는 데 도움이 되는 표본을 제공하는 놀라운 자질들의 표현을 볼 수도 있다. 내담자가 표현하는 덜 놀라운 자질들까지도 치료사가 자신의 여러 측면에 대해 알아차릴 수 있게 만들 수도 있다. 치료사는 내담자가 자신의 문제를 효과적으로 다룰 수 있도록 돕는 과정을 통하여 그것 또한 치료사 자신의 문제를 효과적으로 다룰 수 있게 돕는다는 것을 자주 발견한다.

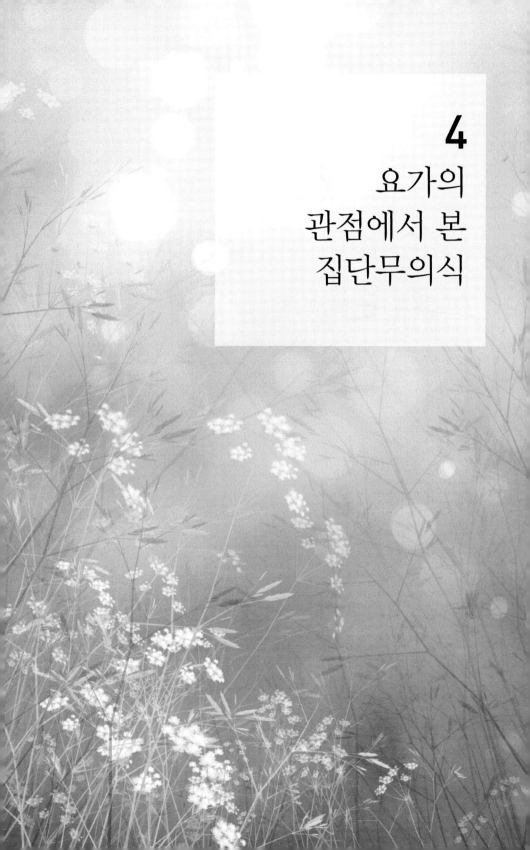

4
요가의
관점에서 본
집단무의식

차크라와 원형

　무의식의 내용과 경험양식을 자각하도록 개인을 도울 때 요가치료는 개인무의식을 포함하되 넘어선다. 요가치료에서는 보편적인 원형적 주제가 펼쳐지는 보다 깊은 무의식 층을 광범위하게 작업한다. 이 심리적 층은 융이 집단무의식(collective conscious)이라고 부른 것으로, 개인무의식보다 훨씬 더 강하게 개인을 자극하는 역할을 한다.

　탄트라 철학과 심리학은 인간의 삶을 반복하게 만드는 원형적 주제를 이해하기 위해 포괄적 모델을 제시했다. 이 모델은 특별한 센터를 언급하며, 각 센터는 독특한 경험양식을 만들어 낸다. 이 센터들을 차크라라고 부른다. 영어 단어 '원(circle)'과 '서커스(circus)'는 산스크리트 단어 '차크라(Chakra)'에서 나왔다. 서커스는 계단식 좌석을 가진 원형의 경기장으로 공공의 오락이 열리는 곳이다. 이와 유사하게 각 차크라는 특정한 형태의 오락이나 드라마가 만들어지는 영역이다. 일반적으로 인간은 이 드라마에 말려들게 되지만 만약 자기 관찰의 힘을 발달시킨다면 각각의 차크라에서 일어나는 대형 공연의 관객이 될 수도 있다. 서커스라는 단어는 또한 많은 길이 교차하는 원형의 공간을 말한다. 마찬가지로 각 차크라는 많은 힘이 교차하는 인간존재의 내적인 중심이다. 각각의 차크라는 중심에서 바깥쪽으로 방사되는 바퀴살을 가진 바퀴의 중앙에 비유될 수 있다. 각 차크라에서 방사되는 힘은 개인의 신체적 · 정서적 그리고 심리적 기능에 영향을 미친다.[1]

융은 다음과 같이 지적했다.

> 차크라들은 상징이다. 지금 이 순간의 이미지를 제외하고는 표현할 수 없을 고도의 복잡한 정신적 요소를 상징화한다. 차크라는 따라서 우리에게 엄청난 가치를 가지는데, 왜냐하면 그것들은 정신에 대한 상징적 이론을 제공하는 현실적 노력을 대변하기 때문이다….
>
> …우리는 의식만이 아니라 정신의 총체성을 연구한다. 차크라는 이런 불확실한 영역에서 우리를 위해 가치 있는 안내자가 된다….
>
> 그것은 온전한 정신에 대한, 그것의 다양한 조건과 가능성에 대한 직관적 지식이다.[2]

차크라 체계에서 중요하게 여겨지는 원형들은, 보다 원시적인 경험양식에서 지배적인 것들부터 고도로 발달한 의식양식에서 드러나는 것들까지, 진화론적인 위계로 조직되어 있다. 의식이 원형적 경험양식을 통해서 진화하는 방식은, 계통 발생적이고 개체 발생적인 발달과 인간 유기체의 구조 및 조직 안에 모두 반영되어 있다. 탄트라에 따르면 일곱 개의 주요한 의식양식이 있는데, 이것들은 서로 확연하게 구분된다. 의식의 각 양식은 이에 상응하는 신체 센터를 가지고 있다. 의식의 가장 원초적인 형태는 척추의 뿌리에서 발생하는 에너지 및 신체적 과정과 관련된다. 의식이 진화할 때 그것은 척수와 뇌를 따라서 점차 더 높은 센터에 머물다가 머리의 정수리에 있는 일곱 번째 차크라에서 정점을 이룬다. 융은 "탄트라 체계인 차크라는 가슴 영역에 상응하는 아나하타(anahata), 복부 영역의 마니푸라(manipura), 방광 부위의 스와디스타나(svadhisthana) 그리고 현대인의 후두와 발성 의식에 해당하는 비숫다(vishuddha)와 같이, 일찍이 의식을 위치시켰던 영역과 상응하고 또 그 영역을 확대시킨다."[3]고 언급했다.

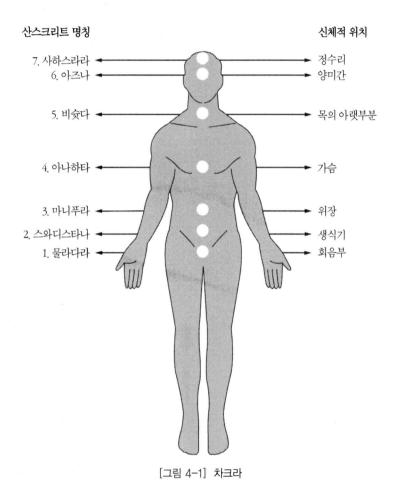

[그림 4-1] 차크라

잘 알려진 한 남자의 이야기가 있는데, 그는 두 개의 닫힌 문 앞에 서 있었다. 하나의 문 뒤에는 아름다운 숙녀가, 그리고 다른 문 뒤에는 호랑이가 있다. 하나의 문 뒤에서 그를 기다리는 경험은 다른 문 뒤에서 그를 기다리는 경험과 극적으로 다르다.

이제 일곱 개의 닫힌 문 앞에 서 있는 개인을 상상하라. 그러나 그 문들은 한 층에 모두 존재하는 것이 아니라 차례로 다른 층을 연결하는 나선형의 계단으로 배열되었다. 만약 개인이 그 문들 중 어떤 하나를 열어 그 안의 환경으로 들어간다면 그의 경험, 사고방식, 정서 상태 그리고 타인과 관계 맺는 방식은 그가 계단을 올라가거나 내려가서 어떤 다른 출입구의 문턱을 넘었던 과거와는 완전히 다른 것이다. 이것이 일곱 차크라의 다양한 의식양식에 관한 비유다.

푸에블로(Pueblo) 인디언이 유사한 은유법을 사용했다.

인류가 지구의 먼 아래 칠흑같이 검은 동굴 안에서 탄생되었다고 말하는 푸에블로의 신화가 있다. 잠자는 새까만 벌레 같은 존재로 헤아릴 수 없는 시간이 지난 후에 하늘의 두 전령이 그들에게 내려와 모든 식물을 심었다. 그리고 마침내 일종의 줄기가 자라나서 사다리 같은 것과 연결되어 지붕의 열린 곳을 통해 올라갈 수 있을 만큼 길어졌으며, 그래서 인류는 기어 올라가 동굴의 다음 층에 이르렀다. 그러나 그곳은 여전히 어두웠다. 오랜 후에 그들은 같은 방식으로 올라갔고 세 번째 동굴에 닿았다. 그러고 나서 다시 많은 시간이 지난 후에 그들은 네 번째 동굴에 올라가서 거기에서 빛에 도달했다. 그러나 불완전하고 희미한 빛이었다. 그 동굴이 지구의 표면 위로 열렸다. 그러나 여전히 어두웠다. 결국 그들은 밝은 빛을 만드는 법을 배웠고 마침내 태양과 달이 만들어진 것이다.

여러분이 알고 있듯이, 이 신화는 어떻게 의식이 생기고, 어떻게 한 단계에서 다음 단계로 상승하는지를 아름답게 묘사했다. 이것들이 차크라로서, 차례차례 자연적으로 성장하는 의식의 새로운 세계다.[4]

융이 언급했듯이 "각각의 차크라는 온전한 세계"[5]다. 각각은 개인의 내적 환경 안에 있는 다양한 영역으로, 개인의 내적 환경은 하나의 독특한 경험양식을 창조하는 자신만의 장식, 질감, 모양 그리고 분위기를 가진다. 그 환경 안에는 구체적인 줄거리와 상호작용이 있다. 각 차크라의 각본은 특정한 양극성의 주위를 도는 춤으로 구성되고, 형상과 이름이 있는 세계에 기본적으로 존재하는 양극성을 따르려는 시도에 근거해 있다. 왜냐하면 각각의 극성은 상호작용을 만들어 내고 차크라는 바로 그 상호작용의 핵심이기 때문이다. 각 차크라에서 주요한 원형은 연극적으로 표현되는 형태를 띤다. 각 차크라는 주인공, 남을 돋보이게 하는 사람 그리고 조연을 포함하는 독특한 시나리오를 가진다. 이런 부분들은 아주 먼 옛날부터 신화·동화·기록된 역사에서 그리고 일상의 연극적 언행 속에서 재연되었다.

개인이 불안정하게 기능할 때는 곤경에 빠지게 되고 같은 줄거리와 같은 장면을 계속해서 반복한다. 심리치료는 특정한 줄거리에 고착된 개인을 해방시키는 도구로서, 드라마가 스스로 완성되고 해결에 이르게 한다. 원형적인 영역의 마법에 걸려 있을 때 인간은 원형이 만들어 낸 역할과 동일시하게 되고 그 역할에서 자신을 잃는다. 연극이 상연됨으로써 만들어진 양극성이 가공의 것이라는 사실을 알아차리고, 희곡과 동일시하는 것을 중단해서 경험양식 안에 있는 덫으로부터 자유롭

〈표 4-1〉 차크라와 원형적 주제

차크라	경험양식	이상적인 표현	양극성의 체험	사례
7-사하스라라	단일의식	표현 없음, 형태 없음	없음	샹카라, 마이스티 에크하르트, 명상 중인 시바
6-아즈나	통찰, 주시	현자	현자/바보, 객관적 관찰자/혼란시키는 참여자	소크라테스, 노자, 임마누엘 칸트, 오즈의 마법사, 델포이의 신탁, 멀린(Merlin)
5-비슛다	헌신, 수용하기, 양육과 무조건적 사랑, 내맡김, 믿음, 창조성, 은총, 위엄, 로맨스	어린이	헌신의 대상/헌신자 아머니/어린이 발전했다/퇴행하다 믿음/불신	성모 마리아와 함께하는 아기 예수, 아빌라의 테레사[1], 하누만(Hanuman), 스리 라마크리슈나, 도기훈미
4-아나하타	연민, 판대함, 이기심 없는 사랑, 봉사	어머니, 구원자	구조자/피구조자 해방하는 자/해방되는 자	동정녀 마리아, 예수, 켈커타의 마디 테레사, 슈바이처, 간디, 성 프란체스코
3-마니푸라	지배력, 우위, 정복, 경쟁, 경멸, 열등함, 자부심	영웅	언다/핳다 성공/실패 지배/복종 비난/칭찬	헤라신다, 나폴레옹, 헤딧, 프로메테우스, 슈과벤, 모든 스포츠와 전쟁 영웅들, 기업의 사장, 정치 지도자들
2-스와디스타나	감각적 쾌락	쾌락주의자	쾌락/고통 남성/여성	박구스[2], 에로스, 헤리 8세, 라바나(Ravana)[3], 살로메
1-물라다라	생존을 위한 투쟁	희생자	약탈자/사냥감 생/사	영화 괴물들과 그들의 희생자들, 히틀러와 홀로코스트의 이스라엘인들, 이교도 심문소, 헨젤과 그레텔의 마녀

1) 1515~1582, 기독교 신비 전통에서 돋보이는 여성 인물로서 기도 중에 예수를 친견하는 등 신비체험을 한 것으로 유명하다. 영혼을 '내면의 성'에 비유한 뒤 일곱 단계로 영혼의 진화를 설명했다. 〈맨발의 가르멜회〉 창시자이며, 1622년 성인으로 시성되었다.

2) 로마신화에 나오는 술의 신을 말한다.

3) 인도의 유명한 서사시 〈라마야나〉에서 라바나는 라마의 아내 시타를 납치했으나 결국 라마에게 패배하는 악마로 그려졌다.

게 될 때 해결은 가능해진다.

각 차크라에서는 다양한 시대와 장소에 있는, 다양한 복장을 한 수 많은 사람들이 똑같은 원형의 드라마를 반복해서 공연한다. 비록 수없이 다양한 공연이 있는 것처럼 보여도 실제로 그것들은 같은 주제에 대한 다양성이다. 기본적인 줄거리의 변화라기보다는 설정과 옷차림의 변화 같은 외관상의 차이가 드러난 것이다. 현대의 대도시 경찰들의 이야기, 미래 과학 공상 드라마, 해적 모험기 또는 기타의 가능한 많은 형태로 서구식 선악의 갈등을 영화화하는 것처럼 원형적인 드라마의 상연은 다양한 외관으로 장식되고 엄청나게 다양한 세부 줄거리로 윤색될 수 있다. 표면적으로는 드라마가 매 공연에서 변화하지만 핵심은 언제나 같다.

〈표 4-1〉은 각 차크라에서 상연되는 원형적인 주제의 개요를 보여준다. 이 표를 진화의 계단으로 생각해 볼 수도 있다. 바닥에 가장 원초적인 의식양식 그리고 꼭대기에는 가장 진화된 의식양식이 있다.

개인 안에는 각각의 원형과 이 원형이 펼치는 모든 인물 및 공연이 다 함께 존재한다. 그러나 대부분의 사람은 특정 차크라와 구체적인 부분에 특히 관련되어 있다. 때때로 그들은 다른 차크라의 드라마를 부분적으로 상연할 수도 있지만 자신을 지배하는 역할로 계속 되돌아온다. 그것이 무엇이든, 즉 고집 센 아이, 어머니, 유혹하는 여인, 이인자, 제삼자, 영웅, 겁쟁이 등 인간의 삶에 존재하는 수많은 역할 중 어떤 것이라도 말이다. 개인이 의식적으로 선택하지 않는 부분은 무의식에 남게 될 뿐 아니라 세상에 투사되어 우리는 그것들을 간접적으로 보게 된다.

공연되는 원형적 주제는 비개인적이고 보편적이지만 개인은 항상 자신이 구체화하고 있는 부분과 동일시하며, 자신이 개인으로 행동하고 있다고 생각한다. 그는 스스로를 자신이 가정했던 인물 자체라고 생각한다. 다시 말해, 그는 이 세상이라는 무대에서 자신이 맡은 역할이 진짜 정체성이 아닐 거라고 생각하지 않는다. 심리치료의 중요한 목표는 개인으로 하여금 부분과 동일시하면서 그 자신의 것이라고 여겼던 드라마를 중단시키는 것이다. 융은 다음과 같이 경고했다.

> 당신은 무의식과 동일시해서는 안 된다. 당신은 바깥에서 거리를 유지해야 하고, 그리고 무엇이 일어나는지 객관적으로 지켜봐야 한다….
> 비개인적이고 정신적인 경험이라는 생각은 우리에게 매우 낯선 것이고 수용하기 지극히 어려운 것이다. 왜냐하면 우리는 우리의 무의식이 우리의 것, 즉 나의 무의식, 그의 무의식, 그녀의 무의식이라는 사실에 젖어 있으며, 잘못된 인식 중에서 가장 큰 문제인 편견은 아주 강력하기 때문이다.[4)6]

다양한 형태의 심리치료는 인간존재가 자신을 특정 공연과 동일시하는 것으로부터, 그리고 개인이 어떤 부분이나 드라마와 동일시할 때 겪게 되는 한계와 질병, 고통으로부터 인간존재를 해방시키는 것을 목적으로 한다. 하지만 일반적으로 심리치료는 원형적 드라마의 한 부분에서 자신을 해방시키도록 이끄는 데 있어서 어떤 것을 다른 것으로 대체시킬 뿐이다. 예를 들어, 어떤 사람이 무능하고 서툰 사람이라는 역

---

4) 저자 주 – 수많은 사람을 통해서 표현되는 존재로서 하나의 보편적 또는 집단적 무의식이 있다고 보는 융의 관점은 오직 하나의 의식만 존재한다고 보는 베단타 심리학의 개념과 유사하게 보일 수도 있다. 그러나 융에게 보편적 무의식은 의식의 중심인 개체화된 자아와 나란히 위치하고 있다. 반면에 베단타 심리학은 보편적 의식만 있을 뿐이라고 주장한다.

할과 동일시하는 것을 차츰 그만두고 대신 자신 있는 태도로 행동할 수 있다. 이처럼 더 나은 보상을 받는 새로운 부분으로 대체하는 것은 바람직하지 못한 한계점들을 버린다는 의미로 보인다. 그러나 새로운 한계, 갈등 그리고 고통이 곧 새로운 부분에서 경험될 것이다. 그는 역할이 변했음에도 불구하고 같은 드라마에 계속 남겨질 것이다.

승화[5]를 넘어

인간이 특정 차크라에 몰두함으로써 생기는 갈등을 초월할 수 있는 방법은 그 영역과의 동일시를 멈추는 것이며, 진화의 사다리를 따라서 더 멀리 있는 차크라에 몰두하는 것이다. 그러면 그처럼 몰두하고 있던 양극성과 갈등을 넘어설 것이다. 더 높은 차크라로 진화함으로써 개인은 새로운 세계관을 얻고 낡은 갈등을 초월하게 된다. 더 높은 차크라의 관점에서는 앞의 갈등이 실제적 의미가 없는 환적인 특성으로 보일 것이다. 개인은 새로운 양극화를 경험하겠지만 이것들은 보다 정묘할 것이다. 진화의 사다리에 올라선 개인이 만나게 되는 양극화는 점차 갈등이 줄고, 절대성도 약화된다. 대립의 경험은 급격하게 감소하고, 양극성을 보완하고 지지하는 본성에 대한 자각이 늘어나며, 모든 양극성이 단일의식의 환상적 현현이라고 깨닫게 되는 가장 진화된 차크라에

---

5) 원래는 고체가 액화되는 과정을 거치지 않고 직접 기체로 변하는 것을 뜻하는 화학적 용어인데, 프로이트는 이 승화의 개념을 심리학적 용어로 사용했다. 즉 원초적인 성욕이나 저급한 대상을 향한 에너지가 보다 높은 발달단계의 행동으로 변형되는 심리작용으로 본 것이다.

오르게 된다.

갈등이 감소하는 방식으로 에너지가 변형되고 표현된다는 관점은 또한 현대 심층심리학에서도 발견된다. 프로이트에 따르면 보다 원초적인 경험양식은 일차적이긴 하지만 원초적인 충동은 보다 건설적인 표현양식으로 바뀌거나 승화될 수 있다. 이 승화의 개념은 프로이트와 같은 환원주의자의 편견을 보여 준다. 다른 한편 융은 어떤 본능도 일차적이라고 보지 않는다. 그는 정신적 에너지가 매우 다양한 표현의 통로를 찾는다고 생각한다. 그것은 어떤 원형적인 모델을 통해서도 표현될 수 있으며, 그 어떤 양식도 다른 양식보다 더 본질적이지 않다.

융에게 리비도라는 개념은 프로이트와 다르거나 보다 광의적이다. 그것은 활동적인 생명 과정과 모든 생명력의 총합으로 이해되며 그 중에서 성은 한 영역으로 표현될 뿐이다. 융은 리비도가 힘, 배고픔, 증오, 성 또는 종교 등의 어떤 행동의 장과도 교류될 수 있으며, 그 자체로는 어떤 구체적인 본능이 아닌 에너지 가치라고 말한다. 다른 말로, 정신적 기능은 일정한 양의 에너지가 투입된 비교적 자율적인 각각의 영역에서 발생하는 것으로 이해된다.[7]

융은 다음과 같은 은유를 제시했다.

물리학에서… 우리는 에너지와 그것의 다양한 표현물, 즉 전기, 빛, 열 등을 이야기한다. 심리학에서 그 상황은 정확히 같은 것이다. 여기서도 우리는 우선적으로 에너지를 다루는데 그것은 다양한 외양으로 나타날 수 있다. 만약 리비도를 에너지로 생각한다면 우리는 포괄적이면서도 단일화된 관점을 가질 수 있다. 그것이 성, 힘, 배고픔이나 그 밖의 어떤 것이든 리비도의 본성에 관한 질적인 질문은 배경 속으로 멀어진다… 나는 인간의 충동을… 에너지 과정의 다양한 표현으로, 그래서 열, 빛 등과 비교되는 힘으로 본다. 현대 물리학자들의 관점에서는 모든 형태의 힘이 꼭 열에서만 나오는게 아닌 것처럼 심리학자들은 모든 본능을 성이라는 개념으로 일괄적으로 묶어버리는 것을 경계해야 했다. 이것은 프로이트의 초기 오류이며, 그는 나중에 이것을 자아 본능의 가설로 수정했다.[8]

이런 관점에서 볼 때는 "문화적 표현뿐 아니라 모든 종교도 정신적 존재의 실제 측면이 되며, 파생어로 간주될 수 없다. 따라서 승화라는 개념은 공허해진다. 그 지점에서 우리는 변용이라는 개념을 발견한다.[9] 변용은 승화와 달리 특정 양식의 정신 에너지에 근본적인 것은 없으며, 하나의 양식은 다른 것으로 변화될 수 있다는 것을 의미한다.

프로이트는 사다리의 낮은 단에서 위를 바라보는 사람의 시선으로 발달 과정을 봤다. 보다 낮은 단이 기초가 되어 개인은 이 출발점에서 위로 오를 수 있다고 그는 믿었다. 에너지 변용에 대한 은유에서 융은 에너지의 어떤 표현양식에도 우선권을 주지 않았다. 일원론적 심리학은 세 번째 입장을 가지고 있으며, 프로이트의 관점을 보완하고 있다. 즉 그것은 사다리 꼭대기에서 진화의 과정을 본다. 융이 말했듯이 차크라는 "우주적 관점으로 정신을 상징화한다. 그것은 마치 위에서 정신을 살펴보는 초의식(super-consciousness), 즉 모든 것을 포용하는 신성한 의식과 같다."[10] 일원론적 관점에서는 경험의 단일한 양식이 근본적이며, 차크라를 통해서 하강할 때 점점 더 거칠고 물질적인 형태로 자신을 표현한다. 이 관점에서 볼 때 진화는 기본적인 에너지를 승화시키는 것이 아니라 가장 원초적인 것에서부터 시작해서 각각의 차크라에서 나타났던 환영적 형태의 덫으로부터 의식을 점진적으로 해방시키는 것이다. 인간이 하나의 특정한 원형과 동일시할 때는 그 원형이 가진 의식양식만을 가장 근본적인 것으로 본다.[6] 개인이 보다 진화된 의식양식을 향해 움직일 때 관점은 변화하며, 중요하면서 실재한다고 여겼던 것들이 비현실적이고 중요하지 않은 것이 된다. 갈등은 보다 진화된 차크라의 관점을 받아들임으로써 해결될 수 있다는 생각은, 분명히 언급했듯이 '기능의 또 다른 차원으로의… 양자적 도약'[11]을 포함하는 제2단계 변화[7]라는 개념의 현대 심리학과 유사하다.

요가는 한 차크라에 몰두하는 것에서 벗어나 더 높은 관점에 이르게 한 뒤 그 새로운 관점을 뛰어넘어 한층 더 진화한 의식양식을 향해 가도록 인간을 이끈다. 개인은 일련의 진화적인 변화를 거친다. 그가 하나의 꿈에서 깨어날 때마다 그는 자신이 보다 정묘한 꿈에 걸려들었다는 사실을 발견한다. 이 과정은 그가 단일의식에 이를 때까지 계속된다.

---

6) 저자 주-프로이트는 성적인 충동을 우위에 두었고 뒤를 이은 이론가들은 경험의 다른 원형적 모델을 강조했던 것이 바로 그러한 동일시 때문이다.

7) 시스템 이론에서 사용되는 용어인 제2단계 변화는 보다 근본적이고 영속적인 구조적 변화, 즉 구조 변화를 의미한다. 반면 제1단계 변화는 한 체계에서 일어나는 일시적이고 피상적인 변화, 즉 상태 변화를 의미한다.

생 존

진화단계 중에서 가장 원시적인 의식양식을 가진 동물이나 인간존재는 생명을 위협하는 상황에 대처하는 데 몰두한다. 생존하기 위해서 그는 다른 생명체들을 사냥하고, 자신이 사냥당하는 것은 피한다. 이렇게 생존에 몰두하는 것은 동물적인 삶에서, 어떤 원시적인 사회에서 그리고 마치 옛 서부처럼 법과 질서가 수립되지 않았거나 붕괴된 미개한 조건에서, 전쟁과 감옥살이와 길거리 폭력배에게서 가장 극적으로 발견된다. 이러한 의식양식은 또한 큰 규모나 개인적인 재난, 즉 홍수, 태풍, 심각한 자동차 사고 그리고 의료적인 위기 같은 것에서 두드러진다. 그러나 이 원형과 관련한 경험이 원시적인 또는 재난의 상황에서만 존재하는 것은 아니다. 생존과의 관련성은 현대적 삶의 구조에서 일부분이다. 만약 한 사람이 일간신문의 머리기사를 대충 봤거나 또는 텔레비전에서 저녁 뉴스를 지켜봤다면 그는 핵무기 경쟁, 군비 갈등, 질병, 자동차와 비행기 사고, 대량 실업, 경제적 문제 그리고 잔인한 강도와 살인에 대해 반복적으로 다시 생각하게 된다. 그는 자신의 안전과 생존 능력에 대해 계속 고민하게 되는 것이다.

그 정도 고민으로는 불충분하다는 듯이 우리는 생존에 대한 위협이 핵심이 되는 허구의 드라마를 또 찾아낸다. 가장 대중적인 영화들이 이 주제에 초점을 맞춘다. 거기에는 수많은 의학, 재난, 전쟁 그리고 범죄 영화들이 있는데, 여기서 개인은 생존을 위한 투쟁을 대리로 경험한다. 타인에 의해 인간이 잔혹하게 살해되는 것을 많은 영화가 생생하게 묘사한다. 공포영화들은 원시적이고 강한 힘을 가진 동물 등의 생명체들을 손상시키고 죄 없는 희생자를 살해한다. 이런 영화의 인기는 내면이나 외부에 있는 원시적이고 통제되지 않는 야만적 야수가 깨어나서 자신들을 파멸시키게 될 것이라는 공포에 인간존재가 사로잡혀 있는 정도를 보여 준다. 영화관에서 그런 영화를 보고 나옴으로써 인간은 아마도 삶에 대한 위협을 능가하는 우월감을 느끼게 될 것이다. 많은 사람들은 또한 자신들의 난공불락의 힘을 확인하기 위해서 위험하거나 위험해 보이는 상황을 찾는다. 자동차 경주, 행글라이딩 또는 스릴 있는 놀이공원의 탈것을 타러 가는 것은 그런 경험의 예들이다.

생존에 열중하는 인간의 의식양식은 척추 기저에 위치한 가장 낮은 차크라인 물라다라 차크라에서 경험된다. 물라다라는 산스크리트어로 '뿌리 지지(root support)'를 의미한다. 이 차크라는 고체의 물질 또는 지구와 관련이 있다. "물라다라에서… 우리는 흙에 뿌리내린다."[12] 여기서 개인은 유물론적 관점을 가진다. 즉 그는 자신을 신체적 존재와 동일시한다. 강간죄로 교도소에서 복역 중인 젊은 남자의 예는 이 원형의 영역에서 살고 있는 사람이 가진 세계관을 보여 준다.

> 나는 동물처럼 사는 게 좋아요. 그게 내가 내 삶에 근거한 방식이에요. 사람들은 그걸 알아차리지 못하지만 나는 그들이 반응하는 방식을 보기 위해 동물처럼 그들에게 다가가죠. 동물들은 사냥감이 무엇을 할지 지켜보고 접근해요. 만약 사냥감이 달린다면 동물은 그 뒤를 쫓죠. 동물은 살기 위해서 죽여요. 나는 살기 위해서 싸우죠. 어찌 됐든 나는 살아남을 거예요.

이 각본에서 개인의 역할은 공격하는 자, 즉 살인자, 강간범, 약탈자

등의 역할이다. 상응하는 역할은 공격당하는 것을 두려워하는 잠재적 희생자다. 심리치료 중인 다음의 두 여성은 이 역할에 몰두해 있는데, 자신들의 경험을 이렇게 묘사한다.

> **내담자 1:** 아이였을 때 난 끔찍한 공포를 경험했던 걸 기억해요. 한 입구에 아버지, 또 다른 곳에는 내 친구를 서 있게 해야 나는 2층에서 1층으로 내려갈 수 있었어요. 등을 벽에 대고 있다가 내내 정신없이 달렸던 것 같아요. 나는 어두움이 무서웠어요. 한번은 지하실에 갇혔어요. 이제 나는 문을 닫지 않고 저절로 닫히게 내버려둬요. 나는 죽는 게 정말 무서워졌어요. 만약 텔레비전에서 죽음에 대한 어떤 것을 봤다면 섬뜩해졌을 거예요. 난 이전에 그 비슷한 걸 당한 적도 없는데 강간당하는 것에 대한 끔찍한 두려움을 가지고 있었어요.

> **내담자 2:** 지난주 모임이 끝나고 집에 갔을 때 남편이 현관 등을 켜 두지 않아서 정말 무서웠어요. 나는 집안으로 달려 들어갔어요. 나는 비명횡사로 죽는 것, 죽음으로 고통당하는 것을 두려워해요. 한 여성이 일을 하고 집에 가고 있었는데 세 명의 남자가 그녀를 붙잡아 강간한 것을 예전에 읽었어요. 그런 일이 나한테 일어날까 봐 두려움이 느껴져요. 사람들이 살해당하거나 강간당하는 일이 많이 일어나고 있어요. 모두 신문에서 보는 것들이요. 만약에 집에서 어떤 소리를 듣는다면, 아마도 삐걱거리는 소리 같은 것이겠지만, 나는 누군가가 침입하려 한다고 상상하기 시작해요. 혼자 있을 때는 침실 문을 잠그고 있는데 너무 많이 잠가 놓기 때문에 화재가 난다면 도망칠 생각도 못할 거예요.

이런 주제는 심리치료 회기에서 종종 등장한다.

요가치료에는 원형적인 각본 안의 어떤 특정 부분과 동일시하는 것을 극복하도록 도와주는 다양한 방법이 있다. 요가치료는 상연되고 있는 드라마를 보다 포괄적인 맥락에서 볼 수 있도록 내담자를 돕는다. 그의 마음을 사로잡고 있는 주제가 그동안 다른 조건에서 어떻게 다양하게 상연되었는지 자각하도록 내담자를 안내함으로써 치료가 이루어질 수도 있다. 이야기, 신화 또는 다른 원형적 드라마가 묘사하는 것을 읽고 그것을 원형적인 공연으로 이해하도록 내담자를 독려하는 것이다. 또 다른 대본으로 바꿔 보라고 그에게 권할 수도 있다. 예를 들어, 자신의 역할을 최대한 과장하도록 연출해 볼 수 있다. 즉 그가 이미 해 왔던 부분을 연기할 기회를 더 찾거나 다른 역할과 그 결과를 체험하게 하는 것이다.

공포증을 가진 사람에게는 두려움을 일부러 과장하거나, 또는 그가 두려움을 느끼는 상황을 의도적으로 만들어 낼 수 있을지 결정하는 경험을 해보도록 시킬 수 있다. 예를 들어, 폐소공포증을 가진 내담자는 지하철이나 층간에 걸린 엘리베이터 안에 갇히게 될까 봐 두려워한다. 그는 지하철을 타거나 엘리베이터 안으로 들어갈 때마다 전동기가 어느 순간 멈춰 버릴지도 모른다는 생각에 빠져들게 된다. 이 내담자에게 마음이 물질을 지배한다고 믿는지, 그 전동기를 의지력으로 멈추는 것이 가능하다고 생각하는지 질문했다. 그가 가능하다고 동의했을 때 그에게 지하철을 타는 주간에 매일 실험해 볼 것을 요구했다. 자신의 의지로 전동기가 십 분 동안 멈추는 것을 상상하라고 안내한 것이다. 그가 이 처방을 수행하자 통제되지 않던 공포 반응은 의식의 안내를 받는 새로운 반응으로 바뀌었다. 그의 두려움은 감소되었다. 또 다른 내담자는 길거리에서 기절하는 것에 대한 두려움이 있었다. 그녀가 기절한 척 하도록 그리고 의도적으로 기절하도록 독려했고, 비슷하게 유익한 결과를 얻었다. 징후적 행동이 내담자의 의식적 통제 아래에서 일어나도록 하는 이 역설적인 접근은 물론 요가치료에만 있는 것은 아니다. 그러나 이 방법이 요가치료에서 사용될 때는 내담자가 자신의 징후적 행동의 목적과 가치를 이해하도록 돕기 위해 보다 넓은 맥락 안에서 이루어진다.

때때로 그런 역설적인 처방에 의해 내담자는 자신의 각본을 유머로 보고 대수롭지 않게 받아들이며, 그것이 수정될 수 있다는 것을 깨닫게 된다. 내담자가 희생적인 역할과 동일시하는 경우에는 자신을 가해자나 약탈자로 상상해서 그에 맞는 역할을 하도록, 그리고 그 관점에서 세상을 보도록 독려할 수 있다. 이것은 자신이 창조하고 있는 양극화를 인식하도록 하기 위해, 한쪽 측면과 동일시하는 것을 넘어서도록 하기 위해, 그리고 그 상호적인 역할 사이를 중재하도록 하기 위해서 내담자가 평소에 하는 역할의 반대편과 접촉하도록 돕는다. 이런 원형적인 주제를 연기할 때 생기는 두려움과 편집증에서 인간이 벗어날 수 있도록 도움을 주는 좀 더 효과적인 방법은 진화의 체계 안에서 보다 더 높은 차크라의 관점으로 그를 이끄는 것이다. 이 새로운 관점에서는 집에서 나는 삐걱거리는 소리나 개인이 마주치는 이방인이 반드시 공포의 씨앗으로 경험되지는 않을 것이다.

첫 번째 차크라의 양극성은 가장 극단적이다. 즉 상대를 오직 자기 존재에 대한 위협으로 경험한다. 다음 차크라에서는 위협하거나 유혹하는 것 둘 다로 상대를 경험한다. 여기서 인간은 상대로부터 도망치거나 또는 상대를 제거하려고 하는 대신에 그것을 찾는다. 세 번째 차크

<표 4-2> 차크라와 심리학적인 모델

차크라	경험양식	심리학적 이론 또는 모델
7-사하스라라	단일의식	불이일원론 베단타
6-아즈나	통찰, 주시	요가, 불교 심리학
5-비슛다	헌신, 수용하기, 양육과 무조건적인 사랑, 내맡김, 믿음, 창조성, 은총, 위엄, 로맨스	융
4-아나하타	연민, 관대함, 이기심 없는 사랑, 봉사	로저스, 프롬
3-마니푸라	지배력, 우위, 정복, 경쟁, 결점, 열등감, 자부심	아들러, 자아심리학
2-스와디스타나	감각적 쾌락	정신분석학, 라이히, 생체에너지학
1-물라다라	생존을 위한 투쟁	원초적 비명 요법(primal scream therapy)[8]

라에서는 상대를 경쟁적인 시선으로 본다. 진화의 사다리를 올라갈수록 양극단을 점점 더 지지하고 보완하는 것으로 경험하며, 진화의 여정에서 마지막으로 정상에 이를 때 두 개의 극은 일원성의 환적인 현상이라는 것을 경험한다. 차크라 체계는 환원주의에서 이원론, 일원론으로 변화하고 발전한다(<표 4-2> 참조). 확실히 이런 패러다임은 구체적인 차크라를 경험하는 데서 비롯된다. 각각의 다양한 심리학적 모델은 하나의 특별한 차크라의 관점을 가지며, 그 관점에서 인간존재를 설명한다.

---

8) 홀로트로픽 호흡작업(Holotropic breathwork), 재탄생 등과 함께 원초적 치료(Primal therapy)로 분류되는 심리치료로서 유년기의 외상이나 억압된 감정을 방출하기 위해 소리 지르는 방법 등을 사용한다.

쾌 락

인간이 스와디스타나인 두 번째 차크라 영역으로 들어갈 때는 생존에 대한 근심을 넘어선다. 이 차크라에서 개인은 쾌락원리에 지배당한다. 즉 모든 감각 채널을 통해 쾌락의 경험을 얻고 유지하려고 하며, 불쾌한 경험은 피하려고 한다. 그는 감각적이고 관능적인 쾌락을 향한 욕망 때문에 파괴될지도 모른다. 신체적 감각이 우선이라고 생각하기 때문에 물질적이고 향락적인 삶을 산다. 그는 신체적인 몸과 동일시하고, 나이들거나 죽을까 봐, 그리고 감각적인 경험을 하지 못하게 될까봐 두려워한다.

쾌락의 원천이 자기 밖에서 찾아진다고 믿기 때문에 이 센터에서 작동하는 인간은 성적으로 매력적인 파트너, 맛있는 음식, 각성제, 육체적인 안락을 구하거나 또는 자신에게 감각적 쾌락을 줄 거라고 생각되는 또 다른 대상이나 경험을 찾는다. 그는 감각적 쾌락을 주는 대상을 향한 욕망에 지배당하고, 그런 대상을 찾는 데 자신의 시간과 에너지 대부분을 소비한다. 모든 다른 목적은 부차적인 것이 된다. 이런 쾌락적 사고방식에서 영향을 받을 때는 쾌락을 얻기 위해 안전, 품위, 우정, 사회적 수용 그리고 심지어는 자신의 삶마저 기꺼이 희생할지도 모른다.

쾌락적 대상을 좇는 과정에서 인간은 상당한 불안을 경험한다. 이와 같은 추구는 종종 좌절이나 실망으로 끝난다. 비록 목표를 달성했다 하더라도 쾌락의 경험이 부족하고 덧없다는 것을 알게 될 것이다. 예를 들어, 사치스러운 음식을 먹고 난 뒤에는 또 다른 즐거운 경험을 찾기 시작할 것이다. 그는 자신에게 쾌락을 주는 대상들에 중독될 것이고 과거에 느꼈던 쾌락을 다시 경험해 보려고 미친 듯이 시도하게 될 것이다. 즐거운 경험을 되찾을 수 없을 때는 좌절하고 화를 낼 것이며, 자신이 바라던 대상을 다른 사람이 얻는다면 질투할 것이다. 쾌락의 추구는 멜로드라마와 실제 인생에서 반복적으로 묘사되는 많은 시나리오를 만들어 낸다.

오늘날 우리 사회에서는 많은 사람들이 다양한 종류의 쾌락을 추구하는 데 열중해서 살아가고 있다. 그들은 먹고 마시고 성행위를 하고 약물을 사용하며 감각적 만족을 얻을 여타의 수단을 통해 감각에 탐닉하면서 여가시간을 소비한다. 어떤 이들은 추구하는 과정에서 공허함이나 불완전함을 느낀다. 또 다른 이들은 쾌락의 추구와 다른 원형적 경험양식에서 발생하는 욕구 사이에서 갈등하면서 분열된다. 여기 바로 그런 갈등을 경험하고 있는 한 여성이 있다.

어제 나는 오전 6시에 일어나서 명상과 하타요가를 했어요. 잘 먹고 뒤늦게 조깅을 했고요. 오늘은 두 갑의 담배를 피우고 있으며, 아마도 술집에 가서 술을 마실 거예요. 나는 다 함께 모여 담배 피우고 술 마시는 걸 좋아해요. 담배 피우고 술 마시는 건 정말 즐거워요. 하지만 그건 내가 원하는 게 아니에요. 그게 내 몸에서 뭘 하는지 나는 느낄 수 있어요.

나에게는 두 부분의 본능이 있어요. 그러니까 수도원에 앉아 있는 걸 좋아하는 부분과 얼마간의 약물을 할 수 있고 밤마다 술집에 가서 남자를 고르는 부분이 그거예요. 만약 내가 삼사 일 동안 하고 싶은 걸 모두 한다면 다음날 나는 더욱더 반대 극으로 가고 싶어질 거예요. 한번은 어떤 사람이 나에게 "넌 유혹하는 여자와 수녀가 동시에 될 수 없어. 마음을 결정해."라고 말했어요. 나는 유혹하는 여자가 되고 싶고, 이렇게 마시고 파티하고 게걸스럽게 먹는 건 정말 재미있는 일이라고 말할 수 있지만 그건 나를 만족시키지 못해요. 나에게 항상 이렇게 말하는 부분이 있어요. "이건 네가 가고 싶은 곳으로 너를 데려다주지 않아."

　나는 아주 많은 남자와 잤고, 마리화나도 많이 피웠어요. 술과 파티에 많은 것을 할애했는데 그것들이 나를 행복하게 하지는 못했어요. 게걸스럽게 먹는 건 모두 아이스크림에 탐닉하는 것만큼이나 나에게 지속적인 가치가 없어요. 그건 단지 하고 있는 동안만 좋으니까요. 그러나 만약 당신이 사람들에게 담배 피우지 말고, 약도 하지 말고, 명상하기 위해서는 아침 일찍 일어나야 하니까 늦게까지 놀 수 없다고 말한다면 그들은 이해하지 못해요. 그들은 당신을 아주 이상하게 생각할 거예요.

많은 사람들이 쾌락의 추구에 몰두해 있는가 하면, 반대로 쾌락의 느낌은 부도덕하며 그래서 감각적 쾌락을 스스로에게 허용하지 말아야 한다고 믿는 사람들도 많이 있다. 감각적인 희열에 대한 강렬한 욕구를 가지고 있더라도 그들은 엄격하게 자신을 억제한다. 하지만 쾌락의 욕망을 억누른다면 그것의 힘과 의미만 강화하게 될 것이다. 이 경험양식이 표출되는 것을 허용하지 않는다면 히스테리성 장애나 어떤 다른 형태의 정신병리가 생긴다. 그런 반응은 빅토리아 시대에 만연해서 프로이트로 하여금 인간존재 안에 있는 주요한 자극의 힘인 쾌락원리에 관심을 집중하도록 만들었다. 프로이트는 두 번째 차크라가 가진 경험양식의 관점에서 인간의 경험과 행동을 분석했다. 프로이트에게 쾌락원리는 가장 일차적인 것이다. 다시 말해, 여타의 모든 동기화와 경험양식을 쾌락을 경험하려는 충동의 부차적인 작용으로 본 것이다.

빌헬름 라이히와 알렉산더 로웬 또한 인간존재를 두 번째 차크라의 관점에서 본다. 그들의 심리학은 감각적 쾌락을 경험하는 능력이 인간존재를 실현하는 척도라고 강조한다. 그들은 이 경험양식이 가진 긍정적인 측면을 강조하고 인간존재가 오르가슴에 관한 능력을 완전히 경험해야 한다고 주장한다. 그들은 인간이 가진 쾌락의 경험을 증대시키기 위해 근육 및 성격 장애 그리고 억압을 제거하는 데 치료의 초점을 맞췄다. 그들이 사용한 방법은 이런 목표를 달성하는 데 도움이 되지만 경험의 다른 영역이 지닌 중요성을 개인에게 인식시켜서 쾌락원리를 뛰어넘어 조망하도록 하는 치료에는 소홀했다.

요가심리학에 따르면 이 경험양식의 장애를 해결하는 것은 중간 목표다. 인간이 일단 쾌락에 관한 자신의 능력과 이 존재양식의 한계를 깨달으면 그는 다른 경험 영역에 관심을 돌리려고 할 것이다. 두 번째 차크라가 인간에게 쾌락을 가져다주지만 그것은 지속적인 충족이 아니라 순간적인 위안만 줄 뿐이다. 감각적 자극이 일어나는 동안은 쾌락을 경험하지만 다른 때는 불안, 좌절 그리고 다른 불쾌한 상태를 경험한다. 쾌락적 경험을 향한 욕망은 결코 꺼질 줄 모르는 불꽃과 같다. 인간이 이 욕망의 불꽃에 감각을 만족시키는 대상이라는 연료를 부을수록 욕망의 불꽃은 더욱더 강렬해진다. 보다 많이 즐길수록 지속적이고도 더 강렬한 즐거움을 향한 욕망 역시 더욱 커진다. 인간이 반복해서 즐거운 경험을 하게 되면 결국 그 경험에 질리게 되어 새로운 쾌락을 만들어 낼 다른 것들을 찾게 된다. 욕망은 인간을 불안하게 한다. 즉 욕망 때문에 더욱더 새로운 감각적 경험을 찾게 된다. 이 경험양식 안에 있는 사람은 대체로 마음속에서 결핍을 느끼고, 자신에게 쾌락을 줄 것이라고 여기는 것들을 밖에서 찾는다. 그 대상을 발견하고 그것을 받아들였을 때만 그는 일시적으로 쾌락을 경험한다.

쾌락을 느끼려고 애쓰다가 오히려 인간은 쾌락의 경험을 감소시키는 긴장을 마음속에 만들어 낸다. 가장 강렬한 감각적 쾌락은 사실 추구하던 것을 모두 포기하고 몸 전체를 이완할 때 일어난다. 대부분의 사람에게 이러한 이완은 필요로 하던 대상을 얻은 후에만 일어난다. 그러나 밖에서 뭔가를 추구하기보다 이완해서 자신의 유기체를 경험하는 것을 배운다면 쾌락의 경험이 내재되어 있다는 것을 이완된 상태에서 발견할 것이다. 그럼으로써 이미 인간존재의 일부분이며, 외적 대상에 의해 좌우되지 않는 강렬한 감각적 쾌락을 경험하게 될 것이다. 라이히는 이것을 알았다. 치료 과정에서 그는 만성적으로 긴장된 근육의 이완과 더불어 외부 대상과 상관없이 자신의 몸을 통해서 강렬한 감각적 쾌락을 경험하는 능력을 강조했다.

요가치료에서는 아주 깊은 이완의 상태로 그리고 내적인 안정감과 쾌락으로 이끄는 기술을 배울 수 있다. 만약 일련의 확장된 점진적 이완법(progressive relaxation exercise)[9]을 배우고 연습할 수 있다면 순수한 희열을 경험하는 정도까지 신체를 이완할 수 있다. 감각적인 쾌락은 이런 희열의 희미한 형태이고 불완전한 표현이다. 그것은 보다 완전하고 충만한 황홀경으로 가는 길을 가리킨다. 인간은 욕망의 외부 대상에

---

9) 심신의 이완과 자각의 증진을 위해 요가에서 사용하는 대표적 이완법으로, 휴식 자세에서 일련의 순서대로 신체 부위를 자각하면서 주의를 옮기거나 긴장과 이완을 반복하는 이완법 등이 포함되어 있다.

일시적으로 빠져서 알게 된 것보다 더 멋지고 더 안락하게 쾌락을 누리는 법을 배울 수 있다. 요가의 점진적 이완을 통해 경험하는 희열은 내적인 태양의 따뜻함과 안락함을 쬐는 것과 같다. 개인은 호화롭게 살아가고 있다고 느낀다. 내면에서 경험되는 이 정묘하지만 강렬한 쾌락은, 인간의 근육조직을 넘어서 마음의 이완뿐 아니라 존재의 보다 정묘한 측면까지 이완함으로써 경험하게 되는 황홀경의 불완전한 추정이고 전조 현상일 뿐이다.

시대를 관통한 신비주의가 그 황홀한 상태를 묘사해 왔지만 그런 상태에 도달하기 위한 체계적인 방법에 대해서는 알려 준 것이 거의 없었다. 가장 좋은 예로 신비주의는 경험을 통제하는 능력을 거의 갖고 있지 않았다. 그들은 이유를 알 수 없지만 우연히 경험하게 된 황홀경에 압도되었다. 그러나 요가학은 개인의 의식 상태를 조절할 수 있는 방법을 체계적으로 가르친다. 요가 이완은 개인의 의식이 지복의 상태에 있는 동안 몸을 완전히 이완시켜 깊은 잠과 유사한 상태인 요가 니드라(yoga nidra)[10]의 상태로 서서히 이끌 수 있다.[13] 요가의 점진적 이완법에 숙달된 운이 좋은 소수만이 그런 경험에 도달하지만 근육 이완의 기초적인 기술을 터득한 이들도 고유한 쾌락의 내적인 상태, 즉 이제까지 알지 못했던 존재와 조우하게 될 것이다.

그러한 상태를 알기 위해서는 내면으로 향하는 것, 내면으로 퍼지는 기쁨을 경험하는 것을 배워야 한다. 그 기쁨은 아주 정묘해서 외적인

---

10) 요가 니드라는 합일 또는 참자아의 깨달음을 의미하는 '요가'와 무의식의 상태인 잠을 뜻하는 '니드라'의 합성어다. 마치 잠든 것처럼 몸과 마음이 깊은 이완 상태에 있으면서도 내적 자각을 유지하는 특별한 의식 상태를 의미한다.

세계와 접촉할 때 느끼는 거칠고 둔하고 소란스러운 경험과 비교된다. 개인이 저 빛나는 은총의 한가운데서 스스로를 발견할 때까지 이완하고 저절로 고요해져서 내면의 상태로 향하는 것을 배울 때 어둡고 희미한 빛은 이전보다 더 강렬하게 빛날 것이다. 그는 감각적인 통로를 통해서 경험할 수 있었던 쾌락보다 더 강렬하게 여러 번 황홀경의 상태에 도달하게 될 것이다.

외부 대상에 사로잡힌 욕망을 내려놓지 않는 한 내적인 황홀경을 향한 내면으로의 방향 전환이 불가능하다. 그래서 요가의 가르침은 욕망을 포기하고 기쁨을 경험하도록 독려한다.

한 인간이 감각의 쾌락에 머물 때 그것들을 끌어당기는 힘이 그 안에서 일어난다. 끌어당김에서 욕망, 갈망의 사로잡힘이 일어나고 이것이 열망과 분노로 이어진다.

열망으로부터 마음의 혼란이 오고, 기억의 상실, 의무에 대한 망각이 온다. 이 상실에서 이성의 붕괴가 오고 이성의 붕괴가 파멸로 이어진다.

그러나 감각의 세계에서도 여전히 감각을 조화롭게 지키는 영혼은 좋아함과 싫어함에서 자유로우며 고요 속에서 평온을 발견한다.

심장이 고요를 발견하고 지혜가 또한 평화를 발견했을 때 이러한 고요 속에서 모든 슬픔의 짐은 무너진다. 조화 없는 인간에게 지혜가 없고, 조화 없는 명상도 없다. 명상 없이는 평화로울 수 없으며

평화 없이는 기쁨이 있을 수 없다.[14]

탄트라 철학과 심리학은 일종의 원동력으로서 두 번째 차크라를 강조한다. 탄트라 체계에서 인간의 잠재적인 에너지(쿤달리니, kundalini)는 두 번째 차크라에 집을 가지고 있는, 똬리를 튼 뱀으로 묘사된다. 탄트라는 그것의 발현을 억압하기보다는 오히려 이 원형을 중요하게 생각했다. 탄트라 수련은 인간의 잠재된 에너지를 각성시키고 의식에 도움이 되도록 만들어서 보다 진화된 센터를 통해 드러나게 한다. 진화가 덜된 탄트라 학파에서는 감각적 쾌락을 경험하도록 안내하는 상대와 관계를 갖게 할 수도 있다. 대상과 접촉하고 있는 동안 개인은 감각적인 쾌락과 동일시하는 것을 멈추고 보다 정묘한 형태의 황홀경을 경험하는 것을 배운다. 이 과정을 통해서 개인은 감각 영역의 노예가 되기보다 그것의 주인이 된다.

요가는 청교도적이지 않다. 다시 말해, 그것은 두 번째 차크라의 경험양식을 부인하지 않는다. 오히려 보다 심오하고 완전한 기쁨과 황홀경을 경험하도록 하기 위해서 이 경험양식을 순화시키려고 노력한다. 그 감각의 통로는 전달할 수 있는 쾌락의 정도와 유형에 의해 한정되지만 그러나 지복을 경험할 수 있는 인간 의식의 능력에는 한계가 없다.

지배력

첫 번째와 두 번째 차크라에서 인간은 보통 자신의 신체적인 몸만을 동일시한다. 신체는 취약하며 부상과 질병 그리고 죽음의 주체이기 때문에 인간이 그 경험양식에 말려들 때 고통은 피할 수 없게 된다. 세 번째 차크라인 마니푸라에서 인간은 자신이 소유하는 것과 책임질 수 있는 것을 포함해서 자신의 범위를 확장한다. 자기 영역을 규정하고 유지하고 확장하는 것과 함께 자신의 지배권을 행사하는 것에 몰두함으로써 이 차크라의 시나리오가 만들어진다. 여기서 개인은 쾌락에 대한 추구를 지배력과 힘에 대한 관심으로 대체한다. 그는 상대를 적이나 경쟁자로 보며 성공과 실패, 지배와 복종, 영웅주의와 비겁함, 정복과 정복당하는 것 등과 같은 사안에 골몰하게 된다.

이러한 세 번째 의식양식은 자아(ego)의 영역이다. 개인은 타인을 능가함으로써 그리고 힘과 명성과 인정을 얻음으로써 자신을 증명하려고 한다. 그는 개인의 삶에 그리고 넓게는 사회와의 관계에 존재하는 우열 관계에 빠져 있다. 조종, 강요 그리고 비열함은 이 원형이 창조해 내는 시나리오에서 특징적인 행동이다. 이 수준에서 작동하는 개인은 목표 지향적이기 때문에 지금 이 순간에 존재하는 데 어려움을 가지고 있다. 그의 관점에서는 영적인 경험조차 달성해야 할 그리고 자아를 흡족하게 만들어 줄 성과물이다.

심리학 이론들은 정신적 기능에 대한 객관적인 기술이라기보다는 인간존재에 의해 만들어져서 창안자의 편견과 제한된 관점이 반영되었다. 모든 이론은 그 창안자의 개성, 갈등, 시나리오 그리고 선입관을 반영한다. 따라서 한 이론의 창안자가 하나의 구체적인 원형적 영역에 완전히 걸려 있다면 그의 이론에서는 마음을 다음과 같은 기능양식으로 묘사할 것이다. 즉 "우리는 다양한… 심리학자들의 학설에 있는 지배적인 원형을 알아차릴 수 있다. 프로이트가 성(sexuality)에서 모든 것의 기원과 원리를 발견하고 아들러(Adler)[11]가 힘을 향한 투쟁을 발견

했다면 이 둘은 원형적인 표현을 나타내는 개념이다." [15]

따라서 두 번째 차크라의 관점으로 세상을 보는 심리학자들이, 인간의 진화에서 긍정적인 발걸음이 될 자아의 발달을 고려하지 않았다는 것은 놀라운 일이 아니다. 생체에너지요법의 창안자 중 한 명인 알렉산더 로웬은 다음과 같이 감각적 쾌락의 경험을 매우 높게 평가한다. "자아에 의해 개성이 지배당한다는 것은 인간 본성에 대한 악의적인 왜곡이다. 자아는 결코 몸을 지배하려고 의도하지 않았으며 그것의 충성스럽고 공손한 하인이 되려고 한 것이다. 몸은 자아와 정반대로 힘이 아닌 쾌락을 추구한다. 육체적인 쾌락은 우리의 모든 좋은 느낌과 생각의 원천이다." [16]

반대로 알프레드 아들러, 로버트 W. 화이트(Robert W. White) [12])와 같은 이론가들과 다른 자아 심리학자들은 자아의 발달을 인간의 척도라고 생각했다. 이런 이론가들은 자아 의식의 관점을 가지고 자아 원형에 사로잡힌 인간의 심리를 명료하게 묘사했다. 그들은 인간의 딜레마, 분노 그리고 편견은 이해할 수 있었지만 다른 원형에 의해 작동되는 누군가를 이해하는 데는 상당한 어려움이 있었을 것이다. 그들의 치료법은 자아를 정립하고, 복종적인 태도를 당당한 태도로, 실패를 성공으로 그리고 열등감을 유능하고 경쟁력 있는 경험으로 대체하는 데 도움을 준다. 그런 변화는 자아 의식의 틀 안에서 일어난다. 그것들은

---

11) 1870-1937. 개인심리학을 주창한 정신의학자이자 심리학자이며, 자기 성장을 위한 기본적인 동기로서 열등감과 우월성 추구 등의 개념을 제시했다.

12) 1904-2001. 개인의 정상 및 이상 심리학을 연구한 심리학자로서, 인간의 개인성은 선천적으로, 성취를 향한 욕구와 사회적으로 효과적이고 유능한 존재가 되고자 하는 욕구를 가지고 있다는 점에 주목했다.

개인의 역할을 같은 드라마 안에서 서로 대체하도록 한다. 줄거리는 실패와 성공, 능력과 무능, 승자와 패자, 주인과 노예에 초점이 맞춰진 채로 남아 있다.

이와 같은 양식으로 움직이는 사람들, 즉 힘 있고, 성공적이고, 지배적인 또는 영웅적인 역할로 활약하는 이들이 치료사의 상담실에 찾아올 가능성은 없다. 만약 이기주의자(egoist)가 내적 갈등을 경험한다면 심리치료를 회피할 가능성이 있다. 그들은 혼자 힘으로 문제에 맞서기를 좋아하고 치료사에게 가는 사람들을 허약하다고 볼 것이다. 그들은 지배력과 권위를 내세우는 것이 필요하다고 느끼기 때문에 만약 심리치료나 부부상담 과정에 참여한다 해도 단기간만 그렇게 할 것이다.

이 양극성의 다른 극단에는 소심하고 불안하며 세상과의 투쟁에 부적당한, 그래서 지지와 격려 또는 상담가나 심리치료사의 안내를 원하는 사람이 있다. 그런 사람은 악순환에 휘말린다. 그는 부족하다고 느껴서 다른 사람의 인정을 받는 것에 집착하게 된다. 자신이 얼마나 부족한지 알게 되면 사람들이 자신을 외면하게 될 것이라고 두려워한다. 그래서 그는 숨는다. 자신의 내적인 감정을 표현하지 않을 뿐 아니라 행동도 하지 않는다. 그는 얼어 있다. 그 결과 자신이 원하는 좋은 평가를 얻는 데 실패하고, 사람들은 활력과 자연스러움이 부족한 그를 보고 종종 무시하기도 한다. 그래서 자신이 부족하다는 느낌은 확고해지고 더욱더 자기 의심과 우유부단함 그리고 서투름으로 내몰린다. 이 존재양식에 관한 두 가지 예가 있다.

내담자 1: 나는 이런 식으로 방해당해요. 데이트를 하러 가서 편안하다고 느낄 수가 없어요. 데이트가 즐겁다고 확신하고 싶은데요. 이미지를 유지하기를 원해요. 또 그녀가 험담할까 봐 항상 두려워요. 예를 들어, 그녀는 내가 지루하거나 둔하다고 말할지도 몰라요. 다른 사람들이 나를 긍정적으로 대했으면 해요. 나는 항상 남의 마음에 들기 위해 애쓰고 있어요.

내담자 2: 나는 모임 앞에 나서서 엉망이 되어도 괜찮다고 느끼는 식으로 대담하게 해 볼 수 있었으면 좋겠어요. 하지만 내가 만약 바보 같이 굴면 많은 사람들이 비웃고 험담할 거예요. 심지어 친구들과 있다가 떠날 때도 그런 식으로 느껴요. 난처해져서 진짜처럼 연출해야 한다고 느껴요. 나는 일어나서 그들에게 안녕이라고 말해야 해요. 그걸 특별하게 보여 주고 싶어요. 지배력을 갖고 싶고 내가 '안녕'이라고 말한 사람에게 인상적이기를 원해요. 하지만 실패할까 봐 두려워요.

지난밤 한 소녀에게 전화를 하려고 했어요. 갑자기 그녀는 통화 중이어서 그녀에게 말을 하고 싶었는데 망설였어요. 지난주에 그녀를 술집에서 봤고 그녀와 만나고 싶었어요. 나는 약간 당황했어요. 내 친구가 우리를 소개한 뒤 말을 걸려고 했지만 내 마음이 실수하지 말자, 실언하지 말자, 통제력을 잃지 말자, 당황하지 말자고 생각하고 있었어요. 엉망이 될까 봐 두려웠어요. 내 마음속에서 터져 나온 그 모든 생각과 대화하는 건 굉장히 어려웠어요. 가슴은 쿵쾅거렸고 멀리 도망치고 싶었어요.

어떤 사람들은 적절감(sense of adequacy)은 잘 느끼는 편이지만 아직 자신을 주장하는 건 배우지 못했다. 다음의 내담자는 다음과 같이 소심함을 극복하려고 하는 사람이다.

일할 때 어떤 사람은 내가 하고 있는 것을 비판할 거예요. 예를 들어, 상사는 내가 해낸 어떤 일에 대해 일종의 부정적인 의견을 말할 거예요. 때때로 그는 내가 제안한 것이 자기에게 어떤 이익이 있는지 따질 겁니다. 그는 통제력과 힘을 가지고 있고 나는 항상 소심하게 반응해요.

사람들이 나를 이용하는 상황 때문에 항상 놀라게 돼요. 나는 보통 어떻게 대응해야 할지 몰라서 당황스러워하지요. 하지만 보다 당당해지는 걸 배우고 있어요. 이번 주에는 이웃과 이야기를 나눴어요. 그 여자는 몇 달 동안 아주 요란하게 스테레오를 틀었어요. 나는 결국 그녀에게 방해가 된다고 말했어요. 그녀는 "알았어요. 소리를 줄일게요."라고 말했어요. 나는 좀 더 자신감을 가질 필요가 있다고 느꼈어요. 지금까지는 항상 남편이 이웃들과 상대하도록 했어요. 내가 어떤 말을 한 건 이번이 처음이에요. 그 여자네 집 입구로 바로 걸어가서 그녀에게 말했어요. 그러자 그녀는 "당신 말이 맞아요. 나 같아도 화가 났을 거예요."라고 말했어요. 나 자신에 대해 좀 더 책임감을 가지고 존중해 주어야 함을 느꼈어요.

이 의식양식에서 개인은 자신의 영역이라고 생각하는 것들을 확립하고 유지하고 확장하는 것에 관심이 있다. 이러한 존재방식을 집약적으로 보여 주는 두 개의 일반적인 성격 유형은 기업가와 관료다. 관료는 우선적으로 자신의 영역을 지키려고 하는 반면, 기업가는 자기 영역보다 많은 것을 가지려 한다. 이 의식 단계에서 움직이는 개인은 자신의 영역이 위협받거나 침해당하고 있다고 생각할 때 전형적으로 분노로 반응한다. 여기 하나의 사례가 있다.

> 병원에 있을 때 나는 면회 사절을 요청했어요. 모든 사람이 그것을 존중했지만 나와 함께 일하는 여자만 예외였어요. 그녀는 병실 안으로 똑바로 걸어 들어왔어요. 나는 노발대발했어요. 그것은 내 사생활 침해이고 존중할 가치가 없으니까요. 나는 '면회 사절'이라고 모든 사람에게 아주 분명하게 말했어요. 문은 닫혀 있었고, 들어오는 사람에 대한 통제권은 나에게 있다고 생각했어요. 그러나 어쨌든 그녀가 들어왔기 때문에 나는 통제권을 상실했다고 느꼈던 거죠. 그녀는 일할 때와 똑같이 했을 뿐인데요. 문이 닫힌 방 안에 내가 있는데 그녀가 갑자기 나타났어요. 나는 격분했어요.

많은 사람들이 공격성과 단호한 태도를 구분하지 못한다. 침해당하거나 말로 공격당한 것에 대해 그들이 보이는 특징적 반응은 복수하는 것, 즉 욕을 함으로써 또는 타인을 공격하는 식으로 앙갚음하는 것이다. 그러나 자신의 공격성을 걱정하는 어떤 사람들은 통제력을 잃을까 봐 두려워서 분노를 억제한다. 요가치료에서 개인은 단호한 태도(다른 사람을 개인의 영역 밖으로 내보내는 것)와 공격성(다른 사람의 영역을 침범하는 것)이 다르다는 것을 배운다.

아이들은 분노를 표현하는 것이 용납할 수 없는 일이라고 배워서 그것을 표현하는 법을 배우지 못했다. 그들이 성인이 되면 습관적으로 자기 자신에게 화를 내거나 자신의 정서와 감정을 무시하거나 평가절하할 수 있다. 이런 사람은 다른 사람들이 가진 생각과 느낌을 자신의 경험 이상으로 평가한다. 심지어 그들은 간섭하고 있는 사람에게조차 받아들여지기를 원하면서, 분노를 표현하거나 자기 영역을 방어하려고 하지 않는다. 이런 사람들 대부분이 분노를 너무 잘 단절시켜서 자기 영역을 침범당하는 것에 대한 심리적이고 정서적인 자신의 반응을 인식조차 하지 못한다.

많은 심리치료적 접근이 내담자를 그들의 분노와 접촉할 수 있도록 돕는다. 내담자는 자신이 가진 분노의 깊이를 경험하고 치료 과정에서 신체적으로, 언어로 모두 표현하도록 격려받을 것이다. 억압당했던 정서를 발견하는 것이 중요하지만 이것은 의식의 확장에 있어서 중간 단계일 뿐이다. 분노와 동일시하도록 하는 것은 또한 개인을 특정 줄거리에 빠뜨려서 다른 존재방식이 차단되도록 만들 수 있다. 요가치료는 수동적으로 되거나 자신의 감정을 부정하도록 요구하지 않는다. 즉 억눌린 분노를 발견하도록 돕지만, 더 나아가서 분노와 동일시하기보다는 분노에 대한 관점을 갖도록 돕는다. 천식으로 고생하고 있는 한 내담자는 다음의 문제와 싸우고 있다.

내담자: 장모님은 방문해서 내 계획 전체를 바꾸기 시작해요. 내겐 어떤 이를 돕겠다는 약속이 있었지만 장모님은 쇼핑하러 가기를 원했거든요. 나는 일을 재조정했지만 하루 종일 소극적이었어요. 다가오는 모든 것이 거슬렸어요. 그것에 대해 어떤 것도 할 수 없어 보였거든요. 내 계획이 변경됐던 것에 대해 아주 분하고 화가 났던 게 분명해요.

치료사: 당신이 해야 하는 것에 대해 이야기했나요?

내담자 : 할 수 있는 게 있다고 생각하지 못했어요. 분노를 표현할 수 있 었다면 훨씬 더 편했을 거예요. 나는 그렇게 하지 않았어요. 어떻게 분노에 빠져들지 않고 그렇게 할 수 있는지 모르겠어요. 화나는 상 황에 빠져 있지 않고 그것을 바라보는 게 여전히 불가능해요. 그걸 무시하고, 객관적으로 보는 게 어려워요. 난 장모님이 내 공간을 침 범하고 있는 것에 화가 났어요. 나에게 강요하고 있었다는 걸 장모 님이 인식했다고 생각하지 않아요.

치료사 : 당신이 침범당했다고 느끼는 걸 그녀에게 말했나요?

내담자 : 아니요. 장모님에게 곧바로 다가가서 "장모님이 내 영역을 침 범하고 있어요."라고 어떻게 말해야 할지 모르겠어요. 화내지 않으 면서 내 감정 때문에 문제가 더 생기지 않게 바로 말해야 하는데요.

치료사 : 흥미로운 구절이 막 생각났어요. "마음의 짐을 덜어 내는 것." 누군가가 침범하거나 압도한다고 느낄 때 바로 자신을 주장한다면 아마도 감정적으로 되지는 않을 것 같아요. 그러나 만약 그대로 내 버려 둔다면 감정은 더 격렬해지는 것처럼 보일 거예요. 이런 상황 은 당신이 분노에서 도망칠 수 없다는 것을 보여 주지요. 만약 당신 이 자신을 표현하지 않는다면 다른 방식으로, 즉 부정적 사고나 신 체적 증상을 통해서 나타날 거예요. 어떤 의미에서는 당신이 부정 적으로 됨으로써 마음의 짐을 덜어 내는 거지요.

내담자 : 그래요. 하지만 나는 그게 정말 만족스럽지 않았기 때문에 하

지 않은 거예요. 도움이 되는 건 나 자신을 완벽하게 철회하는 것뿐이었어요.

치료사 : 정말 도움이 됐다면 놀라운 일이네요. 무엇이 당신을 괴롭히고 있는지 인식하자마자 곧바로 그걸 말하는 게 낫다고 나는 생각하는데요. 그러면 화를 참아서 자신에 대한 분노와 긴장으로 돌리는 일은 하지 않게 될 겁니다. 그렇게 되면 당신은 문제를 해결하고 성장할 수 있을 거예요.

보다 진화된 원형의 관점에서 보면 처음 세 차크라 안에 그어진 영역의 경계선들은 실제로 존재하지 않는다. 그러나 현대 사회 대부분의 사람은 일차적으로 처음 세 차크라를 통해서 세상을 경험하기 때문에 영역의 차이를 효과적으로 다루는 것이 중요하다. 서로 침해하고 파괴하는 싸움을 벌이는 대신, 두 사람은 상대의 개인적인 자율성을 존중하는 것을 배울 수 있다. 심지어 그들은 공동의 목표를 나누는, 보다 상호 보완적인 한 체계의 일부분으로 자신을 인식하게 될 수도 있다. 이런 종류의 관점 이동은 개인이 세 번째에서 네 번째 의식양식으로 움직일 때 일어난다.

자신을 주장하는 능력을 포함하는 자아 역량(ego capacity)의 발달은 의식의 진화에서 필수적인 걸음이다. 그것은 개인이 이 세계에서 능숙하게 기능할 수 있도록 하는 데 중요하다. 그러나 개인이 자신을 부족하고 무능하다고 여길 때와 마찬가지로 자신의 성취와 동일시할 때도 어려움이 생긴다. 개인은 이 의식양식에 있는 양극성의 어느 극단에 고착될 수 있다.

로웬은 자아 중심적 의식이 쾌락을 경험하는 개인의 능력을 질식시킬지도 모른다고 지적했다. 그는 쾌락원리로 돌아가서 자아에 대한 그것의 주권을 주장함으로써 자아와의 동일시에서 벗어나는 방법을 권한다. 요가치료는 현대 심리학이 잘 가지 않는 또 다른 길을 제시한다. 즉 지배력을 위한 자아의 능력은 그대로 유지한 채 성공과 실패, 승자와 패자와 같은 문제에 몰두하는 의식양식을 넘어서서 보다 진화된 의식양식을 향해 앞으로 나아가도록 독려하는 것이다. 쾌락의 능력이 자아 의식의 발달과 동시에 폐기된다고 주장하지 않는다면 로웬은 옳다. 그리고 유사한 방식으로 자아 역량은 개인이 다음 원형에 몰두하게 될 때도 폐기되지 않는다. 대신에 보다 진화된 경험양식에 도달하면 개인은 하위 양식에서 만들어진 다양한 역할을 강한 지배력을 가지고 보다 유연하게 구사할 수 있게 된다.

요가치료사들은 이렇게 되기 위해 자아를 발전시키고 강화시켜 주기를 원하는 사람들을 독려하고 지원한다. 그러나 만약 내담자가 보다 높은 의식양식을 외면하고 자아 원형과 동일시한다면 치료사는 다른 영역을 경험하도록 내담자를 유도할 것이다. 이 세 번째 원형의 경험양식은 보다 뛰어난 합리성, 지배력 그리고 책임감으로 향하는 의식의 발달 과정에서 일보 전진을 의미하기는 하지만 그것은 과정 중의 성취일 뿐이다.

현대 사회는 개인을 처음의 세 가지 의식양식과 동일시하도록 조장한다. 뉴스나 영화에서 보여 주는 관심사들은 첫 번째 차크라에 초점을 맞추고 있으며, 이는 이미 언급했다. 두 번째 차크라에 머물러 있는 사회는 섹스, 먹는 것, 취하게 하는 물질 그리고 감각을 자극하는 다른 수단들을 갈망하는 것을 매우 강조하며, 마찬가지로 세 번째 차크라의 사회가 강조하는 것은 물욕, 지배, 경쟁, 도박, 자기 권력의 강화 등에 초점을 맞추고 있다. 이 세 가지 존재양식은 개인으로 하여금 상당한 정도의 불안, 분노 그리고 고통과 더불어 안전에 대한 보다 긍정적인 경험, 감각적 쾌락 및 지배력을 경험하도록 유도한다. 보다 진화된 존재양식과 비교하면 이 영역에서 경험되는 기쁨, 조화 그리고 성취의 정도는 아주 제한적이다. 하지만 더 낮은 이 양식들은 전반적으로 존재를 설계하는 데 있어 통합적인 측면들이며, 보다 위대한 의식과 보다 나은 자기 책임감으로 향하는 진화의 사다리를 오르도록 이끄는 데 가치가 있다. 심지어 보다 진전된 발달단계에서 그것들은 보다 진화된 존재양식에 기여하는, 의미 있는 경험의 영역으로 계속 남아 있을 것이다.

정신신체장애

특정한 정신-정서 상태가 어떻게 몸의 세부적인 부분과 직접 관련되며 경험되는지 이해하는 데 차크라 체계가 도움이 된다. 신체 기능의 혼란은 세부 차크라와 연관된 심리적 기능의 혼란이 육체적으로 드러난 것으로 이해할 수 있다. 다시 말해, 하나의 특정한 차크라에서 상연되고 있는 하나의 원형적 주제가 그 차크라에 상응하는 신체 부위를 혼란스럽게 만들 수 있다는 것이다. 신체의 기능장애를 통해서 상연되고 있는 원형적 주제를 치료사가 인식한다면 많은 정신신체장애와 신체적 질병을 보다 잘 이해할 수 있고 보다 성공적으로 치료할 수도 있다. 예를 들어, 대장염, 설사 그리고 내장의 다른 문제들은 첫 번째 차크라의 의식양식에서 경험되는 두려움과 불안의 결과로 생길 수 있다.

마찬가지로 아주 다양한 복부장애가 자아 중심적인 의식양식과 관련해서 발생할 수 있다. 자존심에 몰두하는 사람, 자신에게 없는 것을 가진 이들에 대해 시기와 선망을 경험하는 사람, 또는 자신의 영역을 확립하고 유지하는 데 어려움이 있는 사람은 궤양과 그 밖의 위장 문제를 경험할 가능성이 있다. 많은 위장장애가 간기능장애의 결과이며, 그런 점에서 프로메테우스의 그리스 신화는 매우 교훈적이다. 그리스 신화에서 프로메테우스는 마니푸라 차크라의 자아 중심적 의식을 상징한다. 프로메테우스는 인류를 위해 신의 영역에서 불을 훔쳤다. 프로메테우스는 신앙의 태도를 가지고 천계의 우월함을 인정한 것이 아니라 인간을 신과 동등하게 만들려고 시도했다. 이런 오만에 대한 벌로 그는 바위에 묶였고, 독수리가 그의 간을 파먹었다. 이 신화는 무엇보다도 간기능장애의 심리적 기원을 상징적으로 설명한다. 자아에 의해 살아가느라 자아를 초월하는 것을 알아내는 데 실패한 인간은 자기 스스로에게서 천계의 영양분을 빼앗고 있다는 것을 우리에게 알려 준다. 이것은 심지어 신체적 수준에서도 나타나는데, 배꼽 센터에 있는 간의 기능이 저하되면 양육의 중심인 목 센터에서 섭취한 영양분을 흡수할 수 없게 된다. 자신을 자아와 동일시해서 타인을 지배하려는 사람, 자신의 요구가 받아들여지지 않으면 쉽게 화를 내는 사람은 간 질환을 자주 경험할 것이다. 실제로 'jaundiced'라는 단어는 적개심과 적대감 그리고 질투심이 있는 사람과 간기능장애를 가진 사람 모두를 가리킨다.

간이 적절하게 기능하지 않는 사람은 많은 양의 영양식을 먹어 치우면서도 여전히 영양부족을 느낄 수 있다. 그는 심지어 자신이 필요로 하는 영양분을 먹어 치우는 곤충이 자기에게 있다고 믿게 될지도 모른다. 그리고 어떤 의미에서는 그의 자아가 곤충이다. 자아는 참자아에서 영양분을 구하는 기생충이다. 자아는 참자아에게서 영양분을 구하면서도 자신의 주인을 무시한다. 그것은 자신의 영유권을 주장하고 그렇게 함으로써 참자아로부터 흘러나온 영양분을 인간에게 허용하지 않으려고 한다. 많은 사례에서 간기능장애는 보다 진화된 양식으로 의식을 상승시킴으로써 개선될 수 있다. 가슴 센터에서 개인은 기생충에서 봉사자로 변용되고 그럼으로써 그의 인생 드라마에서 간은 더 이상 중심적인 역할을 하지 않게 된다. 만약 개인이 목 센터에 있는 비슷다 의식 정도에 이른다면 그는 마니푸라 의식에는 없었던 영양분을 맛본다.

천식은 마니푸라의 혼란이 초래한 또 다른 상태다. 까다롭고 화를 잘 내는 기질을 가진 사람은 자신의 자아를 공격적으로 내세우는 반면, 천식 환자는 자신을 충분히 주장하지 못하는 다른 극단에 있을 가능성이 있다. 압박을 느끼거나 다른 사람 때문에 숨 막힌다고 느낄 때 전형적으로 천식 환자는 이것을 바로잡을 조치를 취하지 않는다. 즉 도망치지도, 자기 영역의 주권을 보호하기 위한 싸움을 하지도 않는다. 자신이 느끼는 적의나 분노를 충분히 경험하도록 스스로를 허용하지 않는다. 즉 마음의 짐을 덜지 않는다. 존재의 이런 방식은 마니푸라에 있는 신체적 기능의 혼란을 반영하는 것이다. 천식 환자의 경우 마니푸라 차크라 부위에 있는 부신이 아드레날린을 충분히 분비하지 못한다. 이 호르몬은 동물이나 인간의 기운을 북돋아 주도록 돕고 투쟁-도피 반응에 필수적으로 분비된다. 천식 환자에게는 부신이 제공하는 에너지가 충전되어 있지 않다. 코르티손은 부신에서 나오는 또 다른 호르몬인데 천식을 치료하는 데 사용된다.

세 번째 차크라의 혼란과 관련된 또 다른 상태에는 신경성 식욕부진과 폭식증도 있는데 이것은 또한 다섯 번째 차크라 문제와 관련 있다.

거식증 환자의 성격은 확실히 세 번째 차크라의 존재양식을 반영한다. 거식증 환자들은 억압적이고 완벽주의적이며, 고집 세고 양심적으로 묘사되곤 한다. 낯선 새 기술을 요구하는 삶의 변화로 인해 자신을 부족하다고 느끼게 될 때 종종 그들의 증후적 행동이 시작된다. 거식증 환자는 양육되는 존재로서의 경험을 부인한다.

폭식증 환자는 도움을 받지 못한다는 느낌과 독립적이어야 한다는 요구 사이의 갈등, 그리고 양육의 원천에 내맡기고자 하는 소망과 그 원천에 대한 불신 사이의 갈등을 보여 준다. 그들은 양육에 굶주려 있지만 자신이 얼마나 게걸스럽게 먹으면서 전혀 만족할 줄 모르는지에 대해서는 문제를 느끼지 못한다. 폭식증 환자는 부모의 사랑과 수용을 갈망하지만 반복해서 거부당한 경험이 있었을 것이고, 그래서 그들은 사랑스럽지 않다고 느낀다. 비록 폭식증 환자의 부모가 자녀에게 자신의 사랑을 말로 표현했을지라도 이 아이는 그들이 실제로 자신을 거의 또는 전혀 사랑하지 않았다고 믿는다. 성인기 폭식증 환자는 계속해서 자신이 경멸스럽다고 느끼고, 그래서 자신의 행동이 이런 자아상을 반영하고 또 지속시킨다고 느낀다. 그런 사람들에게 음식은 갈망하는 사랑과 수용을 상징하지만, 그러나 그들은 가식적이라고 느낀 부모의 사랑한다는 주장을 소화시키는 것보다 섭취한 음식을 소화시키는 게 더 어렵다. 폭식증 환자는 음식을 갈망하면서 그것이 독인 것처럼 거부하기도 한다. 그는 독이 든 음식을 토하고 나서 오로지 더 토해 내기 위해 다시 억지로 더 많이 먹는다.

이런 것들과 그 밖의 신체 질병 및 행동장애를 고치도록 내담자를 돕는 과정에서, 요가치료사는 바닥에 깔린 심리적 혼란과 그것의 상징적인 측면을 인식하고 그 혼란을 지속시키는 시나리오를 수정하도록 안내한다. 그는 훼손된 기능과 관련된 차크라에 집중하는 정신적 훈련을 하도록 내담자에게 요구할 수 있다. 특정 센터에 집중함으로써 그 센터에 활력을 주고, 장애를 의식의 전면으로 가져와 그것을 보다 쉽게 해결할 수 있도록 돕는다.

봉 사

　처음 세 가지 의식양식에서 인간존재는 여러 가지 불쾌한 정서 상태, 즉 두려움, 불안, 좌절, 분노, 질투, 선망, 탐욕 그리고 우울 같은 것을 경험한다. 네 번째 차크라인 아나하타에서 그 정서들은 지나가고 세 번째 차크라의 자아 중심적 관점 또한 초월된다. 네 번째 차크라에서 개인은 지하세계를 벗어나 빛으로 나온다. 그는 관점의 혁명적 변화를 경험한다. 즉 싸움, 은밀함, 비열함 그리고 권력의 확장이 만연한 영역을 벗어나서 타인을 돌보는 따뜻하고 빛나는 햇살 속으로 들어온다. 이제 그는 처음 세 차크라에서 발견했던 것을 보완하는 원리에 의해서 살게 된다. 어떤 것을 빼앗길 거라고 두려워하거나 자신이 생각하는 것을 얻고 유지하기 위해 더 이상 애쓰지 않는다. 그는 충만감을 경험하고 자신의 풍요로움을 다른 사람과 나누고자 한다. 가로채고 움켜쥐던 것은 관용으로 대체된다. 보다 원시적인 차크라에서는 궁핍하며 혼자라고 느끼지만 아나하타에서 개인은 자신의 욕구에 개의치 않는다. 대신에 타인의 욕구를 느끼고 그들의 아픔을 달래 주게 된다. 그는 모든 이에게 진정한 친구거나 부모다.
　가슴 센터에 있는 네 번째 차크라는 단일의식을 향한 여정의 중간에 있다. 이 센터 아래에 있는 세 개의 원초적인 차크라에서 인간은 자신을 물질적인 형상에 끌어들여서 그것과 동일시한다. 개인이 차크라를 통과해 진화할 때 그는 먼저 가장 거친 또는 물질적인 존재와 동일시하는 것을 멈추고, 그리고 나서 보다 정묘한 형태와의 동일시에서도 점차 벗어나 단일의식의 경험에 보다 더 가까워지는 것을 터득한다. 가슴 센터에서 개인은 육체, 감각, 세력권에 열중하던 것에서 벗어나 개인을 넘어선 새로운 초점으로 이동한다.

의식이 물라다라에 있는 사람이 누군가를 우연히 만나면 그는 생존에 대한 문제를 생각하게 된다. 스와디스타나에서 기능하는 개인이 다른 사람을 만났을 때는 상대로부터 쾌락을 얻을 수 있을지에 관심을 갖는다. 마니푸라에 의해 작동되는 개인이 다른 사람과 상호작용할 때는 누가 힘과 통제력을 가졌는지에 대해 생각한다. 그런 사람들은 오로지 자신의 욕구와 욕망에만 관심이 있다. 그들은 필요한 것을 얻는 데 도움을 줄 수 있는 대상에 대해서만 흥미를 느끼고 관심을 갖는다. 그러나 가슴 센터에서 기능하는 사람은 타인과 다른 방식으로 관계를 맺는다. 다른 사람을 만날 때 그들은 어떻게 사람들을 도울지 스스로에게 물어본다. 자신의 욕구에 열중하는 대신 다른 사람의 욕구를 접하는 것에 흥미를 느낀다. 가슴 센터에서 개인은 받는 사람에서 관대한 사람으로 변용된다. 주는 것에서 받을 때 경험하는 것보다 더 큰 기쁨을 발견하는데, 받는 사람은 자신이 불완전하고 결핍되어 있다는 마음자세를 갖게 되고 반면에 주는 사람은 자신이 가진 것과 접촉하게 되기 때문이다.

'사랑'이라는 단어가 이 차크라에서 종종 개인의 경험으로 묘사되곤 한다. 그러나 이 단어는 너무 많이 오용되고 가치 절하되어 가슴 센터에서 경험하는 정서를 표현하기에는 적절하지 않다. 개인이 한 차크라에서 다른 차크라로 이동할 때 각각의 상징이나 개념은 재해석되고 전반적으로 새로운 의미가 주어진다. 개인이 보다 낮은 차크라에서 기능할 때는 높은 차크라의 경험을 묘사하는 데 쓰는 단어를 자신이 기능하는 수준의 관점으로 해석한다. 예를 들어, 물라다라에서 기능하던 사람은 자신이 황금률을 따랐다고 설명했는데, 황금률에 대해 그는 "사람들이 당신에게 그것을 하기 전에 그들에게 그것을 하라."로 해석했다. 낮은 센터에서 기능하고 있는 사람들은 이와 유사하게 사랑을 그 센터의 의식으로 오해한다. 예를 들어, '사랑'이라는 단어는 종종 두 번째 차크라의 감각적인 욕망을 표현하는 데 사용되곤 한다. 우리는 "나는 아이스크림을 사랑한다." 또는 "나는 실크의 감촉을 사랑한다."라고 말한다. 또한 세 번째 차크라의 특징인 물욕을 표현할 때도 '사랑한다.'는 단어를 자주 사용한다. 여기서 개인은 자신이 소유한 것을 '사랑한다'. 이 의식양식에서는 자신이 '사랑하는' 것들에 대한 기대치를 가지고 있다. 인간은 자신의 욕구를 만족시키는 또 다른 사람이나 대상을 '사랑한다'. 만약 그 사람이나 대상이 자신의 기대에 부응하지 않는다면 '사랑'은 미움이나 냉담함으로 쉽게 바뀔 수 있다.

인간은 사랑하기 때문에 그 일을 하는 거라고 주장하면서 누군가를 위해서 뭔가를 할지도 모르지만, 실제로는 그 사람이 자신을 위해 뭔가를 할 거라고 기대하기 때문에 그 일을 하는 것이다. 만약 자신의 기대에 부응하지 못하면 "내가 너를 위해 한 것을 봐. 너는 나를 위해 이 한 가지 일조차 할 수가 없구나."라고 불평한다. 이렇게 기대하는 것은 가슴 센터를 통해 경험되는 사랑이 아니다. 그런 행동은 암묵적 계약에 근거한다. "만약 내가 너를 위해 어떤 것을 한다면, 너도 나를 위해 뭔가를 할 거야."와 같은 것이다. 이런 종류의 합의가 유용하긴 하지만 만약 사랑받기 위해 교환을 한다면 진실한 경험을 놓치게 되기 때문에 불행한 일이다.

낮은 차크라에서 기능할 때 사용되는 '사랑'이라는 단어는, 사랑받는 사람이 사랑해 주는 사람을 위해서 무엇을 하고 있는지, 또는 무엇을 할 수 있는지에 초점이 맞춰져 있다. 그러나 아나하타 차크라에서 경험되는 사랑에는 받는 것에 대한 생각이 없다. 그 사랑은 주고, 주고, 주는 것이다. 그는 분리감 없이 주기 때문에 보상받는 것에 대한 생각이 없다. 낮은 차크라에서 기능하는 사람은 부족하다고 느끼면서 자신을 완전하다고 느끼게 해 줄 어떤 것을 찾지만 아나하타 차크라에서는 타인을 돌보고자 하는 마음으로 충만함이 넘친다.

태양은 지구상의 모든 살아 있는 것을 기르기 때문에 가슴 차크라의 상징이다. 태양은 계속해서 사방으로 빛나고 어떤 방식으로든 차별하지 않는다. 모든 살아 있는 것은 생명을 주는 빛을 받는다. 태양이 자신이 준 에너지와 온기에 대한 보상으로 무엇을 바라겠는가? 인간이 태양에게서 에너지 청구서를 받은 적은 없다. 태양은 인간이 굴복하고 경배하고 자신의 명령에 따라 살지 않는다면 빛을 보내지 않겠다고 위협하는 메시지를 보낸 적도 없었다. 태양은 에너지와 빛을 방사해서 우리를 양육하는데, 그것이 태양의 본성이기 때문에, 즉 태양이 자신을 표현하는 방식이기 때문에 그렇다.

대부분의 사람은 베푸는 정도에 한계를 정한다. 너무 많이 주면 고갈될까 봐 걱정한다. 그리고 만약 준다면 보상으로 무엇을 받을지에 대해 관심을 갖는다. 그런 '주는 것'은 네 번째 차크라의 경험이 아니고 보다 낮은 경험양식의 불안이 만들어 낸 흥정이다. 어떤 사람은 너무 많이 주거나 또는 뭔가 보답을 받지 못할 경우에 이익을 얻을 수 있을지 걱정한다. 만약 그가 물질적인 성질의 어떤 것을 받지 않는다면 다른 이들에게서 인정이나 감사를 받고 싶어 할 것이고 또는 자신이 친절한 사람이라는 점을 스스로 칭찬할 것이다.

그러나 가슴 센터의 방식으로 살아가는 개인은 그런 관심을 갖고 있지 않다. 그는 남들이 요구하는 것을 주는 것에서 흥미를 느끼며 감사나 인정을 원하지 않는다. 그는 심지어 익명으로 주는 것을 더 좋아할지도 모른다. 원하는 것이 결핍되어 있다고 느끼는 더 낮은 차크라는 가슴 센터에서 풍요로운 경험으로 바뀐다. 더 많은 것을 기꺼이 줄수록 더 많은 풍요로움을 경험하게 되고, 그래서 결국 더 많이 줄 수 있게 된다.

세 번째 차크라의 관점으로 살아가는 사람은 이런 존재방식을 이해하지 못한다. 너무 많이 주는 사람은 결국 고갈되거나 파산할 것이라고 확신한다. 그는 이런 것이 현대 사회를 살아가는 데 있어 실행 가능한 방식이라고 생각하지 않는다. 그는 가슴 센터로 기능하는 이들이 상처받고 이용당할 것이라고 생각한다. 험악하다고 여겨지는 이 세상에 대처하기 위해서는 반드시 거칠어질 필요가 있다고 믿는다.

처음 세 개 차크라에서는 극단의 두 측면을 별개의 것으로 또는 서로 반대가 되는 것으로 경험하지만 가슴 센터에서 개인은 양극단 간의 보완적인 관계를 이해하기 시작한다. 처음 세 개 차크라에서처럼 자신의 반대편을 상정하는 대신에 아나하타에서 개인은 자신과 타인 사이의 구별이 인위적이며 실재가 아니라고 인식하게 된다. 타인에게 주는 것이 자신에게 주는 것이며, 타인을 대접할 때 자신을 대접하고 있다는 것을 깨닫는다. 그는 주는 것에서 온기와 기쁨을, 움켜쥐고 집착하는 것에서 불쾌함과 불편을 경험한다.

이 센터에 도달하지 않은 사람은 주고받는 것의 특성인 역설적 방향 전환을 알지 못한다. 아무리 많이 받아도 결코 만족을 느끼지 않겠지만 진실하게 주면 절대 고갈되지 않는다. 순수하게 주는 것은 결코 비워지지 않으며, 받는 것은 만족감으로 이어지지 못한다. 충만함을 경험하는 유일한 방법은 모든 것을 주는 것이다.

낮은 차크라에 남아 있을 때 인간은 계속해서 자신을 주장하고 스스로의 가치를 높이려고 한다. 그는 쾌락을 경험하고 좀 더 많은 것을 소유하거나 남들보다 더 커진 힘을 갖고 싶어 할 것이다. 그러나 실제로는 걱정, 편견, 조바심 그리고 정서적 혼란으로 모든 차원에 있는 자신의 힘을 소진한다. 그는 혼란과 흥분 상태에 있고 악순환의 고리 속에 갇혀 있다. 인간은 자기 이익과 권력의 확대를 지향할수록 자신이 원하는 것과 갖지 않은 것을 더 많이 보게 되기 때문에 점점 화나고 감정적으로 되며, 만족을 위해 더 많이 가지려는 욕구를 느낀다. 그러나 가슴 센터에서 이 악순환의 고리는 풍요로움에 이르는 고리로 대체된다. 즉 인간이 더 많이 줄수록 더 큰 기쁨, 만족 그리고 완전함을 경험하고, 그래서 그는 더 많이 주어야 한다.

가슴 센터로 상승할 때 자아 중심적인 기능을 포기할 필요는 없다. 보다 진화된 존재양식인 봉사의 도구로 자아 중심적인 의식양식을 계속 활용할 수 있다. 예를 들어, 정말로 봉사하기를 원하는 사람은 다른 사람을 보살피고 자신의 안내에 따라 작업할 보조자들을 훈련하기 위해 빌딩을 소유하고, 작업을 보다 효과적으로 수행하기 위한 조직을 가지는 것이 도움이 된다는 것을 알게 될 것이다. 다른 사람을 도울 때 능숙하게 일하기 위해서 일시적으로 자아 중심적인 관점을 적용할 수도 있다.

진화가 덜된 원형에 의해 기능하는 사람들이 한 사회에서 우위를 차지할 때 그 사회는 잔인성, 혼란, 강제력, 경쟁, 정치공작 그리고 안전을 유지하기 위한 거대 관료조직과 같은 속성으로 특징지어진다. 그런 사회는 자신들의 외적인 업적을 스스로 높이 평가할지라도 인간존재에 대한 순수한 관심을 아직 발달시키지 못했다. 의식이 가슴 센터에 도달해 이 센터를 통해 표현될 때 인본주의가 시작된다. 이 센터에서 기능하는 사람들로 구성된 사회는 모든 구성원의 복지와 자기 실현에 관심을 갖는다.

가슴 센터에서는 인본주의 패러다임이 전면으로 나온다. 개인은 인간의 웰빙을 중시하고 그들의 잠재력을 키우는 데 관심이 있다. 칼 로저스(Karl Rogers)[13]는 공감적 이해와 무조건적인 긍정적 관심을 강조하면서 이 경험양식에 기초한 심리치료 접근법을 개발했다. 로저스의 인간중심적 접근은 세 번째 차크라의 보다 권위적인 경향성에서 치료사를 해방시키는 데 도움이 됐다. 마찬가지로 에리히 프롬의 가르침은 지배력과 권력에 대한 집중을 사랑의 표현으로 전환시키는 데 초점을 맞춘다. 완전히 존재하기 위해서는 모든 형태의 소유를 포기하는 의지와 같은 자질을 발달시키라고 프롬은 권한다. 즉 축적하고 착취하는 것이 아니라 베풀고 나누는 것에서 오는 기쁨, 항상 발전하는 사랑의 능력 그리고 자기 도취에서 벗어나기 등이 그것이다.[17]

많은 경우 내담자의 갈등과 불만은 자신과 자신이 실현시키지 못했

---

13) 1902-1994. 인본주의 상담인 인간중심치료의 창시자로서 비지시적 상담이라는 새로운 관점을 제시했고, 상담자의 태도로 일치성과 진솔성, 무조건적 긍정적 존중, 공감적 이해를 강조했다.

다고 생각하는 것들을 곱씹는 데서 비롯된다. 그런 사람은 자신의 욕구를 충족시키는 방법을 찾아내면 더 행복해질 것이라고 믿지만 결코 그런 만족을 얻지는 못한다. 인간이 이런 방식을 지향하는 한 그는 항상 충족시키지 못한 욕구를 발견할 것이고 그래서 실현되지 않았다고 계속 느낄 것이다. 이런 상태에서 빠져나올 유일한 방법은 자신의 욕구에 대해 신경 쓰는 일을 중단하고 타인의 욕구에 관심을 갖는 것이다. 다음의 두 내담자는 요가치료를 받고 있는데 욕심 많은 세 번째 차크라의 지향성에서 사랑하고 양육하는 존재방식으로 이동하고 있음을 보여준다.

> 내담자 1: 나는 내 자신에 대해 고민하는 것을 그만하고 싶어요. 가진 것을 붙잡고 유지하고 싶은 욕구와 자제심을 잃는 것에 대한 두려움이 나한테 있다고 느껴 왔어요. 나는 가진 걸 주는 것에 대해 아주 두려워했어요. 그런데 사람들을 도울 때 자유로움과 기쁨을 느낀다는 걸 확실히 경험합니다. 주는 것을 경험했을 때 좋았어요. 결핍과 고갈될지도 모른다는 느낌에서 나뿐 아니라 타인을 위해서도 많은 것을 남겨뒀다는 느낌으로 내 태도가 변화하는 것 같아요.

> 내담자 2: 내 지식을 이기적이지 않게 다른 사람들에게 가치 있는 방식으로 사용하고 싶어요. 그러기 시작하는 순간 나는 이 우주의 쓸모 있는 구성원이라고 느끼게 될 거예요. 늘 나만의 여행을 하면서, '나'라고 불리는 상자에 갇힌 자기 중심적인 개체처럼 느끼기보다는요. 이렇게 느끼게 되기까지 만족할 줄 몰랐어요. 아주 자기 중심적이었어요. 세상에 완전히 버려졌다는 생각으로, 주는 걸 거의 하

지 않았거든요. 그리고 이제까지는 줄 때 누군가가 나에 대해 긍정적으로 생각하게 될 거라는 어떤 보상을 기대했지요. 그러나 나는 그런 방식으로 주는 것을 원하지 않아요. 주는 것은 그 자체로 충분해야 하잖아요. 이기심에서 멀어지고 싶어요. 사심 없는 감정과 봉사 활동을 더 발전시키고 싶어요.

지금까지는 불안했어요. 어떤 것을 얻지 못한다면 아무것도 줄 게 없다고 느꼈으니까요. 나는 이러저러한 사람이 아닌데 어떻게 줄 수 있겠는가라고 생각했어요. 내가 줄 수 있는 무엇을 가지고 있나? 그런데 줄 게 늘 있다는 걸 깨닫기 시작했어요. 줄 것을 결코 다 없애 버릴 수 없잖아요. 심지어 어떤 특별한 능력 없이도 할 수 있는 것들은 많아요. 의형제가 되어 주거나, 오직 주려는 목적으로 이웃이나 아내를 위해 뭔가를 하는 것처럼요. 그런 종류의 것들을 더 많이 하고 싶어요. 많이 사랑할수록 더 많은 사랑에 접촉할 것이고 더 많이 주게 될 거예요.

가정생활은 이처럼 베풀고 보살피는 존재양식을 개인에게 가르친다. 그것은 자기만의 욕구를 희생하고 타인을 위해 봉사하며 공감을 발전시킬 것을 요구한다. 어린아이들을 보살피는 자신을 발견할 때 인간은 관대해지는 것과 자기 희생을 배운다. 세 번째 차크라에 해당하는 의식양식에 몰두해 있던 많은 사람들이 자기 아이들과의 관계를 통해서 네 번째 차크라의 관점으로 변용된다.

가슴 센터에서 기능할 때 인간은 타인과 관계 맺는 방식에서 극적인 반전을 경험한다. 즉 세 번째 차크라의 관점으로 기능하는 두 사람은 모두 같은 대상을 원하기 때문에 서로 싸우는 반면 네 번째 차크라에서 작용하는 두 사람은 자신이 아닌 다른 사람의 행복을 서로 걱정하게 된다. 이에 관해서 한 젊은 남자와 나이든 남자의 대화가 있는데, 기근이 들었을 때 그들은 한 덩어리 빵을 가지고 길거리에서 다투고 있었다. 세 번째 남자가 그들에게 접근해서 끼어들었다. 그는 "음식을 가지고 싸우는 건 부끄러운 일입니다. 그걸 나눌 수 없나요?"라고 말했다. 젊은이는 "나누고 싶지 않습니다. 나는 강하며 음식 없이도 며칠 동안 걸을 수 있어요. 이 분은 나이 들고 굶주려서 아주 약해졌어요. 먹지 않는다면 죽을지도 몰라요. 나는 이 분이 빵을 먹어야 한다고 주장합니다."라고 대답했다. 여기에 대해 나이든 남자는 "그는 젊어서 남은 시간이 많습니다. 그가 먹고 살아남는 것이 더 나아요. 나는 어쨌든 곧 죽을 거니까요. 제발 그가 이 빵을 먹도록 설득시켜 주세요."라고 응수했다.

이 이야기는 가슴 차크라의 사고방식을 보여 준다. 타인을 양육하기 위해 이기심을, 어떤 경우에는 자신의 삶을 희생시켰던 많은 빛나는 사례들이 있다. 타인을 위해 봉사하는 삶을 살면서 그들은 이 의식양식에서만 발견되는 평화와 기쁨을 경험해 왔다. 캘커타의 마더 테레사는 주는 것의 완전함을 경험한 현대의 대표적인 사람이다.

작곡가인 밥 딜런은 지배, 힘 그리고 소유권과 자신을 매우 동일시한 이들조차 그들 인생의 어떤 측면은 봉사와 관련되어 있다고 기록했다. 그의 노래 중 하나는 이렇게 말한다.

> 당신은 자신의 총을 가지고 있을 수도 있어요
> 그리고 심지어 탱크를 가지고 있을지도 몰라요
> 당신은 누군가의 지주일지도 몰라요
> 심지어 자신만의 은행을 가지고 있을지도

그러나 당신은 누군가를 도와야만 할 거예요

그래요. 당신은 누군가를 도와야만 할 거예요.[18]

대부분의 사람은 하루 종일 타인을 위해 많은 봉사를 한다. 우편집
배원, 버스 기사, 쓰레기 수거원, 경찰, 회계사, 조립 라인의 노동자 등
모든 이는 근무시간에 많은 사람들을 돕는다. 그러나 이들 노동자 중
다수는 자신이 하고 있는 것이 봉사라고 생각하지 않는다. 그들은 보상
을 위해 일하거나 보상으로 구매하게 될 봉급과 물건, 경험을 위해 일
한다. 만약 업무가 반복적이라면 성취감이나 자부심을 거의 느끼지 못
할 것이다. 그래서 그들은 쾌락과 소유의 환상에 머물면서 태만하고 부
주의하게 자기 일을 수행한다. 그러나 만약 자신이 수행하고 있는 봉사
에 초점을 맞춘다면 가장 비천한 직업조차 의미 있고 큰 가치가 있다는
것을 경험할 것이다.

어떤 일이 다른 일보다 더 중요하고 훌륭하다는 관점은 평가하고 비
교하는 것이 중요한 세 번째 차크라의 사고방식이다. 네 번째 차크라에
서 개인은 그런 비교에 관심이 없는데, 왜냐하면 그의 에너지와 열정
이 더 위대한 봉사의 삶을 향해 있기 때문이다. 아나하타 차크라 관점
에서 움직이는 버스 기사나 우편집배원은 최선을 다해 자신의 고객에
게 봉사하려고 노력할 것이다. 그는 보상보다는 오히려 자신의 관심사
를 중요시할 것이다. 이런 마음가짐으로 일함으로써 전혀 보상을 바라
지 않았던 곳에서 두 배로 보상받는 자신을 발견하고 놀랄 것이다. 즉
봉사하면서 경험하는 기쁨을 보상으로 받게 될 것이고 또한 자신의 일
을 주의 깊게 잘 수행할 때 생길 수 있는, 기대하지 않았던 물질적 대가
를 보상으로 받게 될 것이다.

네 번째에서 발견되는 존재양식을 계발하는 다양한 요가수련이 있다. 행위의 요가인 카르마요가(karma yoga)[14]는 네 번째 원형의 의식양식을 경험하도록 이끈다. 카르마요가는 봉사를 실천하도록 가르쳤다.[19] 바가바드기타는 가르친다.

> 요가의 평화 속에서 그대의 일을 하라. 그리고 이기적인 욕망에서 해방되라. 성공이나 실패로 가지 않게… 이기심에 속박된 어리석은 일을 수행할 때조차 지혜로운 사람은 세상의 모든 선을 위해 이타적으로 일한다.[20]

요가 수련생에게 이런 존재방식을 강요하지는 않는데, 만약 개인이 이 의식양식으로 전환될 만큼 준비가 되어 있지 않다면 이기심을 없애라는 가르침을 주입식으로 교육하는 것은 효과가 없으며 심지어 해롭기 때문이다. 이제까지 좋은 의도를 가진 부모, 교육자 그리고 종교지도자들이 많은 아이들에게 이기심과 자기 주장은 나쁜 것이며 사심이 없어야 하고 베풀고 사랑해야 한다고 가르쳤다. 자아의 발달단계를 거쳐서 성장하도록 그들을 장려하기보다는 소화할 준비도 되기 전에 보다 성숙한 관점을 갖도록 강요했다. 따라서 성인기에 자신의 단계를 되돌아보면서 오랫동안 부정했던 자기 안의 이기적인 특성을 인식하고 인정하는 것이 필수적인 일이 되어 버렸다. 의식의 진화에서 더 큰 장으로 나아갈 수 있으려면 그 전에 경계와 영역을 설정하고 자신을 주장하는 것부터 배워야 한다. 타인을 도울 때는 자발적으로 베풀기에 앞서

---

14) 참자아의 발견과 깨달음에 이르기 위한 다양한 요가 종류 중 하나로서, 행위의 결과에 집착하거나 기대하지 않으면서 자신의 의무와 소명을 헌신적으로 실천하는 것을 강조한다.

서 먼저 자신의 경계를 정하고 자기에 대한 책임을 다해야 한다. 만약 그렇게 하지 않는다면 다정하고 관대한 존재라는 외적인 페르조나, 즉 가짜 얼굴을 발달시키게 될 뿐이다. 다시 말해, 성숙한 존재방식을 흉내내면서 반대로 내면에는 충분히 경험하도록 허용하지 않았던 보다 초기의 의식양식을 남겨두게 될 것이다. 요가치료는 이 진화의 여정에서 각각의 단계를 강조한다. 그것은 개인의 정서를 회복시키며 단호함과 자아의 역량을 발달시키고, 더 나아가서 이기적인 존재양식과 동일시하는 것을 넘어 발전하도록 돕는다.

네 번째 차크라 의식양식과 동일시함으로써 보다 빛나는 사랑의 삶이 가능해진다 하더라도 의식의 가장 진화단계까지는 여전히 멀다. 가슴 센터에서 작동하는 개인은 여전히 불완전함과 욕구불만을 경험할 것이다. 비록 그가 자신을 넘어서는 곳에 이르렀어도 여전히 이원적 기준 체계가 있는 세상을 경험한다. 아나하타 차크라에서 상연되는 시나리오는 조력자와 함께 도움, 위로 그리고 양육을 원하는 사람을 필요로 한다. 그런 드라마를 경험하고 상연하는 인간을 위해서는 불안과 고통이 세상에 존재해야만 하고, 그래야 그는 도움과 위로를 제공할 수 있고 부분적으로나마 고통을 덜어줄 수 있다. 보다 진화된 의식의 단계에서는 이런 한계 역시 초월된다.

인간은 자신이 나누는 사랑이 자신에게서 나오는 것이며, 그것이 자신의 사랑이라고 믿을 것이다. 그러나 이 존재양식이 보다 진화된 차크라의 도움으로 사용될 때 자신은 단순히 사랑의 도구이며, 존재의 보다 포괄적인 센터에서 자신을 통해 사랑이 흐르고 있다는 것을 이해하게 된다. 자아 중심적인 관심을 스스로 비워 냄으로써 그는 자신을 궁극의 사랑이 방해받지 않고 흐르게 될 깨끗한 통로로 만든다.

5
심리치료의
영적 측면

네 번째 차크라인 가슴 센터에서 우리는 자아중심의 의식보다 훨씬 더 포괄적인 유기체의 중심을 인지하고 그것에 의해 인도되는 새로운 존재양식으로 전환되기 시작한다. 처음 세 가지 의식양식에서 우리는 자신을 남들과 구별되는 별개의 존재로 규정하고 그렇게 스스로 정의한 제한된 존재로 기능하는 것을 배운다. 세 번째 차크라에서 발달된 자아는 처음 두 가지 의식양식에서 우리를 괴롭힐 수 있는 근본적인 두려움과 충동에서 빠져나오도록 돕는다. 자아가 발달하면 우리는 세상에 잘 대처할 수 있지만 그 자체는 더 나아가는 과정에 장애가 될 수 있다. 발달이라는 진화단계의 문턱에 장애물처럼 서 있는 것이다. 자아가 자신의 우월성을 주장할 때면 우리가 의식적으로 보다 포괄적인 센터 주변에 다시 조직되는 데 방해가 된다.

　기본적으로 현대 심리치료는 자아의 발달과 강화를 지향하고 있기 때문에 의식의 초기 수준의 집착에서 벗어나고자 애쓰는 사람에게는 적절하다. 요가치료 역시 그동안 우리가 보아 온 것처럼 그런 사람이 자아 역량을 발달시키는 데 도움이 되어 왔다. 최근 심리치료가 대체로 자아와의 동일시를 넘어서게 돕는 것을 등한시한 반면, 요가치료는 발달의 후반부에 특히 유용하다.

사람들은 일반적으로 자아를 자신이 스스로 선택한 제한된 속성들과 동일시하는 경향이 있다. 예를 들면 자신을 잘 생겼다, 수줍다, 게으르다, 유능하다 아니면 멍하다고 생각한다. 심리치료는 자아에 대한 정의를 바꾸는 데 도움이 된다. 즉 심한 고통을 야기하는 특성은 보다 긍정적으로 받아들여지거나 사회 환경 또는 자연 환경 요구에 보다 잘 맞는 속성으로 대체된다. 심리치료를 통해 자신을 유능하고 사랑스럽거나 긍정적으로 받아들일 수 있는 다른 속성으로 규정하기 시작할 것이다. 그러나 긍정적인 속성과 동일시하는 자아라 할지라도 기본적으로 불안정하게 남게 되고 외부 환경을 조작하여 자신을 강화하려 한다. 부와 힘을 획득하더라도 요구와 기대, 좌절과 실망, 기타 다양한 감정 상태의 결과로 계속 고통받는다. 자아와 연관된 속성이 변하면 일시적으로 불행하다는 인식이 약간 줄어들지 모르지만, 그런 표면적인 변화는 불행의 근저에 있는 원인에 영향을 주지 않는다. 인간의 고통은 이런 과정으로 제거되는 것이 아니다.

이원론과 일원론의 패러다임에 따르면 인간의 모든 고통은 초월적 존재를 자각하지 못하는 영적 피폐의 결과다. 이런 자각을 장려하지 않는 심리치료는 기껏해야 일시적으로 고통의 궁지에서 버티게 하는 수단일 뿐으로 자아의 강화를 돕는 치료 수준에서는 괜찮다. 그러나 치료는 한 사람이 자아와의 동일시에서 벗어나고 아울러 의식의 보다 통합된 센터를 자각하도록 돕는 것도 필요하다. 치료사가 내담자로 하여금 삶의 이러한 차원을 깨닫도록 돕지 못한다면 그는 내담자의 성장을 돕는 데 제한적일 수밖에 없다.

내담자가 직면하기 어려워하는 삶의 많은 측면이 상담실에서 수용적인 분위기로 다뤄진다. 예를 들어, 많은 내담자들은 자신의 성이나 공격성을 받아들이는 법을 배운다. 하지만 이상하게도 영적 관심에 대한 열린 탐구는 대부분 심리치료사에게 여전히 금기로 남아 있다. 예전에 심리치료를 받은 적이 있는 몇몇 내담자들이 필자에게 말하기를, 치료 당시 영적 관심사를 다루려고 하면 치료사가 삶의 영적인 면을 존중하고 긍정하는 방식으로 작업하지 못했다고 했다. 심리치료를 필요로 하는 사람들이 상당히 많음에도 불구하고 일반적인 치료사들이 영성에 거의 관심을 기울이지 않다고 여기기 때문에 치료사를 찾지 않는다. 이들 중 많은 이는 특정 종교의 도그마로 안내되는 것을 원치 않기 때문에 목회 상담도 피한다. 이들은 환원주의 심리학과 종교적 제도 사이의 어두운 중간 상태에서 삶의 영적 측면을 무시하는 심리치료와 종교적 도그마를 포함하는 상담이라는 두 가지로 선택의 제한을 받는다. 따라서 한 개인이 초월적 존재와의 관계를 스스로 탐구하고 발견하도록 격려하는 심리치료적 접근법의 개발이 중요하다.

심리치료사들 사이에서는 심리치료와 종교를 명백하게 구분해야 한다는 그들 나름대로 타당한 우려가 있다. 그러나 불행히도 대부분의 심리치료사는 영적 이슈를 종교적 제도의 맥락 밖에서 다루는 것이 가능하다는 것을 배우지 못했다. 특정 형태의 신이나 숭배 수단이나 종교적 도그마에 대한 강요 없이 초월적 존재에 대한 내담자 나름의 깨달음을 존중하는 영성을 기반으로 한 심리치료를 발전시키는 것은 가능하다.

요가치료에서 삶의 영적 측면에 대한 고려는 치료 과정의 토대로서 모든 치료 작업이 그 기반 위에서 이루어진다. 여기에서 몸과 호흡, 습관, 무의식, 대인관계에 관한 모든 작업은 장애물과 집착 그리고 분열을 일으키는 것들을 말끔히 없애는 데 집중한다. 이는 우리를 자유롭게 하여 겉으로 드러난 내면과 외면의 모든 갈등의 근저에 있는 단일성을 경험하도록 하기 위해서다. 내담자는 의식 있는 존재로 자신의 통일성을 유지하면서 동시에 불협화음을 극복하고 자신의 한계를 넘어서 훨씬 더 포괄적인 단일성을 경험하는 것을 배우게 된다. 이러한 단일의식을 올바로 이해하는 치료사라면 내담자가 자신의 삶에서 양극단에 몰두하는 것들을 하나씩 내려놓고 그로 인해 단일성의 경험에 더 가까이 가도록 점진적으로 도울 것이다. 치료 과정에서 자아와의 동일시는 초월되고 통합의 가장 포괄적인 센터인 참자아 의식은 분명해진다.

요가치료 자체는 어떤 종교와도 상관이 없다. 또한 특정 신을 숭배하거나 종교 지도자나 카리스마 넘치는 지도자에게 헌신하는 것도 아니다. 이는 실험적이고 경험적인 탐구로서 개인은 이를 통해 어느 한쪽에 치우치지 않는 관찰자가 되도록 자신의 역량을 서서히 키워 나갈 수 있다. 그 실험은 기계론적인 과학적 패러다임의 독단주의나 종교적 믿음의 독단주의로 제한받지 않는다. 그는 내면의 항해자가 된다. 지도와 안내가 있을 뿐 무엇이 진실이고 무엇이 한낱 공상이나 환상인지 스스로 경험하고 찾아야 한다.

사람의 영적 진화는 세 단계로 일어난다. 즉 세 개의 상위 차크라는 점차적으로 영적 전개의 더욱 포괄적인 경험으로 이끈다. 이 중 첫 번째인 다섯 번째 차크라인 비슛다에서 자아는 그 권위를 사랑과 지혜라는 보편적인 양육의 센터에 내맡긴다. 이때 개인은 보다 국한된 자아와 동일시한 채 남아 있지만 보편 의식의 어떤 면에 관심을 두고 이를 헌신의 대상으로 삼는다. 여섯 번째 차크라인 아즈나에서는 자아의 제한된 관점에서 더 분리된다. 삶이라는 멜로드라마의 중립적인 관찰자가 되어 기저에 있는 존재의 단일성을 경험하는 것이다. 마지막으로 일곱 번째 차크라 사하스라라에서는 형상과의 모든 연관을 넘어서고 비이원 의식이라는 가장 높은 깨달음 상태를 실현한다.

내맡김

우리는 처음 세 개 차크라가 어떻게 한 사람을 의식 전개의 원치 않는 단계로 끌어들이는지 봤다. 자신이 욕망하는 대상에 중독되고 자아와 그것이 창조한 시나리오와 동일시하면서 이름과 형상의 세계에 말려든다. 가슴 차크라는 과도기적이고, 다섯 번째 차크라인 비슛다에서는 여정의 진화단계가 두드러진다.

과도기인 가슴 센터에 있는 사람은 낮은 세 차크라의 불신과 욕망과 자만을 넘어서 다른 사람들과 보다 큰 일체성을 경험하기 시작한다. 자아 중심적인 의식양식에서 개인은 자신에게 집중해 있다. 경계를 세우고 자기 영역을 방어하고 개인적 자아로서 자신의 능력을 믿게 되고 개별적 인간으로서 자신의 한계를 자각하게 된다. 이제 아나하타 차크라에서는 다른 사람을 향해 뿜어 나가는 풍부한 사랑을 경험한다. 그런데 그런 풍성한 사랑을 받은 적이 없는 사람이 진정으로 그리고 완전하게 사랑하는 것이 가능할지 궁금할 것이다. 이 질문에 대답하려면 영적 진화의 더 높은 단계인 비슛다 차크라로 올라가야 한다. 여기에서는 아나하타에서 일어나는 것의 보완적인 경험을 발견한다. 가슴이 중심일 때는 다른 사람을 보살핀다. 목 센터인 비슛다가 중심일 때는 보살핌을 받는다.

아나하타 차크라에서는 자아적 편견을 내려놓고 존재의 수평면 건너 외부를 바라보고 다른 이의 욕구를 고려하게 된다. 비슛다에서 견해는 변하고 스스로와 인간성을 초월하는 더 높은 곳을 바라보며 위에 있는 천국을 향하는 것이다. 가슴 센터가 휴머니즘 경험을 이끌듯이, 목 센터는 유신론으로 깨어나게 한다. 비슷다에서 우리는 중심으로서의 자아를 포기한다. 보다 초월적인 센터를 향하고 그 센터에서 흘러나오는 보살핌과 안내를 경험한다. 하나 또는 그 이상의 장엄한 신의 형상에 매혹된다.

현대 사회에서 교육받은 사람들은 대개 이러한 관점에 이르지 못한다. 그들은 자아나 인본주의 센터를 지향하며 기능한다. 약간의 예외는 있겠지만 현대 심리학은 비슷다 관점의 타당성을 인정하지 않고 이러한 의식양식에 있는 사람의 표현을 더욱 초기 존재양식으로 퇴보하는 징조로 받아들인다. 오늘날 사회적 현실에서 비슷다의 관점은 비합리적이고 신비적이며 딴 세상 같고 비현실적이고 순진하고 천진하며 무책임해 보인다. 융은 "집단적으로 우리는 아나하타와 비슷다 사이의 거리를 가로지르지 않았다. 그래서 누군가 비슷다에 대해 말을 하면 망설이지 않을 수 없다. 그 의미를 이해하려 할 때 우리는 미끌미끌 손에 잡히지 않는 미래 속으로 발을 내딛는 것이다. 마치 에테르 영역에 도달하는 것처럼 비슷다에서는 세계에 대한 실제의 이해를 넘어서기 때문이다."[1]라고 특별히 언급하였다.

비슷다 의식양식에서 우리는 거대한 것부터 겉보기에 하찮아 보이는 것에 이르기까지 드러난 모든 형상 안에서 위엄과 웅장함을 자각한다. 일상적으로 경험하는 이름과 형상의 세계 배후에 있는 원형을 보면서 모든 실재에 머무르고 지탱하는 신성을 자각하게 된다. 모든 것이 나타나는 성스러운 원천에 의해 사랑받고 지지받는다는 것을 발견함으로써 우리는 믿고 내맡기는 아이처럼 안내되고 보호받고 있다고 느낀다. 무엇을 했든 무엇을 할 것이든 상관없이 완전히 수용되고 용서되는 경험을 한다.

헌신적인 기도와 챈팅[1], 신상 숭배와 여타의 헌신적 행위는 개인이 자신의 인성과 욕망과 자아적 관심에 대한 집착을 내맡기는 수단이자 사랑하는 신성을 향하는 수단이다. 자신의 열망이나 자아의 걱정거리와 관심사 대신 사랑하는 것에 몰두할 때 우리는 이 우주의 어머니나 아버지에게서 흘러나오는 사랑과 자비와 이해라는 무한한 흐름을 경험하기 시작한다. 무조건적으로 사랑받고 있음을 깨닫고 자기 자신을 무조건적으로 받아들이기 시작한다. 따라서 신성한 사랑의 체험을 통해 진정한 사랑을 할 수 있게 되는 것이다. 목 차크라에서 나오는 신성한 우유가 가슴을 통해 흘러 다른 이의 자양분이 된다. 인류의 위대한 연인들은 자신을 통해 표현된 사랑이 결코 자신의 것이라 느끼지 않는다. 그들은 자신을 그저 신성한 사랑의 표현을 위한 통로로 느낀다. 그들은 인간의 과업 중 가장 어려운 것에 성공했다. 자신의 사소한 관심을 버리고 자신을 우주적인 것으로 돌려서 삶의 근원으로부터 뿜어 나오는 사랑의 무한한 통로가 된 것이다.

창조성

육체적으로 목은 자양분을 취하고 자신을 표현한다는 두 가지 목적

---

[1] 의미 있는 음절이나 소리, 단어를 반복적으로 마음속으로 또는 소리를 내면서 반복하는 것으로 강력하게 집중 상태로 들어갈 수 있게 도와준다.

에 이바지한다. 이들이 서로 무관한 기능처럼 보일지 모르지만, 실제로는 비슷다 차크라의 경험을 형성하면서 서로 보완한다.

목소리를 통해 우리는 우리가 경험한 것을 형상화한다. 경멸하거나 의심하는 투로 말함으로써 자신과 다른 사람에게 부정적인 경험을 하게 하는 반면, 사랑스러운 말이나 헌신의 챈팅으로 천국을 창조할 수도 있다. 사실 목 차크라는 개인이 자신의 환경을 만들어 내고 그 환경과의 관계를 만들어 내는 센터다. 곧 비슷다는 모든 형상 안에 있는 창조적 표현의 중심이다.

이 창조적 능력은 우리를 천국으로 올려 보낼 정도의 힘을 가지고 있다. 그러나 대부분의 사람은 자신의 언어 능력과 창조적 힘을 자아나 낮은 차크라에 이바지하는 데 쓴다. 현대 예술의 작업은 대부분 창작자와 경험자가 세속적인 열망과 더욱 동일시하게 한다. 예술적인 능력을 이처럼 사용하는 것은 우리를 끌어올리기는커녕 보다 원시적인 의식양식으로 빠뜨리고 만다. 현대 세계에서 우리는 영적 영역과의 연결을 아주 많이 잃어버렸다. 융은 오늘날 "신에 대한 우리의 의식적 생각은 관념적이고 동떨어져 있어 사람들이 신에 대해 감히 말하는 경우가 드물다. 신에 대해 말하는 것은 금기가 되어 버렸거나 더 이상 통용되지 않는 낡은 동전과도 같다."[2]고 말했다.

자각을 하든 못하든 간에 인간은 자신의 자아만으로 창조하지 않는다. 자아의 관심 분야는 매우 제한적이다. 대부분의 창작 예술가는 자신이 받은 영감을 보다 초월적 자원에서 온 것으로 묘사한다. 새로운 통찰이나 형상을 쏟아내려면 더 높고 포괄적인 영감의 샘에 자신을 내맡겨야만 하기 때문이다. 예술가를 안내하고 영감을 주는 원천은 역사적으로 뮤즈라 불렸고, 현대 사회에서는 흔히 무의식이라 부른다. 영감을 받은 예술품을 경험할 때도 자신의 자아적 초점을 초월한 무엇과 연결되는 것을 느낀다. 비슷다의 경험양식은 '내맡김'이라는 단어로 요약될 것이다. 이는 다른 사람이나 욕망 또는 어떤 원인(cause)이나 주의(ism)에 내맡기는 것이 아니라 신성에게 내맡기는 것이다. 우리는 더 높은 힘에 자신을 내맡긴 다음에야 창조적 표현으로 넘쳐흐를 수 있다.

인간이 신성한 형상과 관계 맺는 것은 자신의 목소리와 창조적 힘을 위로 향하게 함으로써 일어난다. 챈팅과 기도와 헌신적 예술은 인간이 자아적 관점과 집착을 내맡기게 하고 온 우주를 지탱하는 것과 자신이 연결되어 있음을 깨닫게 한다. 헌신의 훈련으로 자아적 관점을 내맡기는 것을 통해 인간은 자신의 의식을 신성과 결합한다. 자신이 바로 그 초월의식의 자식 또는 사랑받는 존재라로 느끼게 된다. 이런 과정을 통해 우리는 스스로를 열어 항상 자신을 향해 흐르고 자신을 통해 흐르고 있는 신의 넥타, 즉 암브로시아(ambrosia)를 자각한다. 아무리 말썽을 부리고 그 사랑을 무시하고 등 돌려 부정했을지라도 항상 최고의식에 의해 보호받고 안내되며 사랑받고 있음을 자각하게 된다.

자신을 보살피고 지탱하기 위해 천국 영역에 있는 신을 이 센터로부터 아래로 불러 내린다. 이러한 존재양식은 역사를 통틀어 신비주의자에 의해 재현되었으며 구약 성서의 시편은 이러한 경험을 전했다. 그들은 노래한다.

> 주님은 나의 목자시니,
> 내게 아쉬움 없어라.
> 나를 푸른 풀밭에 누이시며
> 쉴 만한 물가로 인도하신다.

내 영혼을 소생시키고,

당신의 이름을 위하여

의의 길로 나를 인도하신다.

내가 비록

죽음의 그늘 골짜기로 다닐지라도,

주께서 나와 함께 계시고,

주의 지팡이와 막대기로

나를 위로해 주시니,

내게는 두려움이 없습니다.

주께서는,

내 원수들이 보는 앞에서

내게 상을 차려주시고,

내 머리에 기름 부으시어

나를 귀한 손님으로 맞아 주시니,

내 잔이 넘칩니다.

진실로,

주님의 선하심과 인자하심이

내가 사는 날 동안 나를 따르리니,

나는 주의 집에서 영연토록 살겠습니다.[3]

−시편 23편을 1993년에 발행된 성경전서 표준새번역(대한성서공회

간)에 있는 내용으로 대체하였다.

비슷다 차크라는 개인의 중심이자 창조의 근원일 뿐 아니라 우리가 대우주 안에서 창조 과정을 경험하는 센터이기도 하다. 의식이 이곳에 중심을 두고 있을 때 우리는 우주가 나타나는 근원적 또는 원형적 형상과 힘을 자각하게 된다. 역사를 통틀어 진정으로 위대한 예술가와 영적 지도자는 이러한 초월적 형상의 경험에 스스로를 열어 두고 자신의 말이나 예술적 표현을 통해 다른 사람에게 그런 경험이 가능하도록 한 이들이다.

조건 없는 사랑의 추구

차크라는 인간이 가질 수 있는 다양한 동기를 묘사한다. 사람은 생존 본능과 감각적 즐거움의 욕구, 지배와 힘에 의해 동기가 부여되고, 인간은 다른 사람을 사랑하고 양육하는 것에 의해 동기가 부여된다. 그러나 인간은 초기의 네 가지 의식양식에서 추구한 모든 것을 성취했을지라도 여전히 불완전하고 충족되지 않은 상태에 있다. 가장 중요한 동기는 조건 없이 사랑받고 수용받고 싶은 욕구다. 만약 우리가 조건 없는 사랑과 수용을 경험하게 되면 그 앞 단계의 모든 동기는 그 강력한 특성을 잃게 된다.

치료를 위해 찾아오는 모든 내담자는 그동안 조건 없는 사랑과 수용을 박탈당했다고 느낀다. 갈등과 문제를 해소하겠다는 구실로 내담자는 치료적 관계 안에서 조건 없는 사랑과 수용을 찾으려고 치료를 시작한다. 심리치료의 독특하고 인위적인 구조 안에서 치료사는 내담자의 삶 어디서도 찾을 수 없었던 커다란 조건 없는 수용을 제공할 것이다. 그러나 모든 치료사는 인간적 한계를 가지고 있다. 비슛다 차크라를 의식하고 있는 치료사는 자신이 제공할 수 있는 것보다 더 큰 보살핌과 사랑의 보다 깊은 근원을 내담자가 자각하도록 도울 것이다. 불안과 공황의 순간을 경험한 적이 있는 젊은 여성과의 다음의 대화는 요가치료사가 내담자를 이런 방향으로 이끈 사례다.

> 치료사: 당신이 말하는 동안에 나는 당신이 원하는 모든 것이 갖춰진 곳에 있다는 상상을 했어요. "겁내지 말아요. 겁낼 것이 하나도 없어요. 당신이 필요로 하는 모든 게 여기에 있어요. 두려워할 것이 하나도 없어요."라고 말하고 싶었어요. 그런 다음 당신이 필요로 하는 모든 것을 받는다고 상상했어요. 보살핌이나 편안함, 좋은 느낌 등 당신이 필요로 하는 건 무엇이든 다 주어졌어요.

> 내담자: 그거 정말 기분이 좋네요. 며칠 전 명상하다 느낀 게 그거였어요. 내가 정말 사랑받고 보호받는 거요. 그걸 생각할 때마다 정말 따뜻해져요. 악착스럽게 찾을 필요가 없어요. 내맡기기만 하면 거기에 있게 돼요.

유사 이래 인간은 신에게 헌신했다. 신을 아버지와 어머니로 여기며 숭배했고 초월의식의 형상에 의해 양육되고 인도되고 수용되었다고 느꼈다. 오늘날 교육받은 이에게 신성에 대한 믿음은 찾아볼 수 없다. 그들은 현대 삶의 쉼 없는 소란 속에서 피난처를 찾는 집 없는 고아처럼 헤맨다.

오늘날의 삶은 대인관계와 관련된 정치와 경쟁으로 가득 차 있다. 많은 사람들은 다른 사람과 단체 그리고 종교적이고 세속적인 지도자를 의심하도록 배웠다. 그런 사람들은 "스스로 내 모든 것을 돌볼 수 있다."고 주장하며 자아적 태도를 발달시킨다. 스스로 이완하고 지지와 보살핌을 경험하는 것을 허용하지 않는다. 내면의 약함이나 불확신 또는 취약성을 인정하는 것을 배우지 못했고 자아적 동일시를 내맡기는 편안함을 아직 경험하지 못했다.

몸에서 매우 취약한 부분인 목은 경부 정맥이 위치한 곳이다. 어떤 동물 종은 놀이나 싸움에서 내맡김의 의미로 목을 내민다. 잘 믿지 못하고 내맡기는 경험이 없는 사람은 목과 목구멍의 긴장과 수축을 호소할 것이다. 우리가 매일하는 말투에서 '뻣뻣한 목'을 한 사람은 완고하고 집요하고 단호한 사람이다. 이런 사람은 자신을 보호하고 약점을 감추려고 할 것이다. 목을 노출하기보다 딱딱하고 꼭 맞는 칼라나 넥타이 아니면 터틀넥 셔츠를 입을 것이다.

요가치료사는 내담자가 신뢰와 취약성을 경험하고 초월적이거나 이상적인 형상과 관계를 맺도록 도울 수 있다. 내담자가 특정 종교를 믿게 하지 않고도 내담자를 이런 방향으로 이끌 것이다. 다음의 집단치료 회기는 치료 과정의 이러한 측면을 설명한다.

내담자 1: 나는 바깥에서 오는 어떤 지원이나 도움도 물리치고 다른 사람 도움을 받는 걸 싫어해요.

치료사: 다른 사람이나 집단을 믿는 게 어려워서 신뢰하기보다는 홀로

선다고 말하는 건가요?

내담자 1: 일부 그렇다고 생각해요. (울면서) 지난주에 잠시 보살핌을
받는 경험을 했어요. 회기 중에 당신이 신의 보살핌에 대해 어떤 이
야기를 했고 나는 그게 뭔지 물었어요. 당신은 신성한 어머니의 보
살핌을 이야기했지만 나는 제대로 이해하지 못했어요. 그것은 내면
화하거나 스스로 믿을 수 있는 게 아니었어요. 믿고 싶은 것이긴 했
지만 그때는 그럴 수가 없었어요.

나는 신이 무엇인지 명확한 개념을 가져 본 적이 없어요. 그러나 지
난주 집단회기 후에 집에서 자려고 누워서 남편과의 관계와 어쩌다
더 이상 어찌 해야 할지 모르는 상황에 오게 됐는지 생각하고 있었
죠. 그때 나 자신을 신성한 어머니에게 내맡겼어요. 그렇게 하면서
도 그러고 있다는 걸 정말 믿을 수 없었어요. 그건 혁명적인 일이었
어요. 스스로에게조차 부끄러울 정도였죠. 그건 그동안 해 오고 믿
었던 방식과 맞지 않는 거였으니까요. 그렇게 내맡기는 느낌이 참
좋았어요. 마치 내가 아들을 안고 있는 것처럼 보이지 않는 어떤 사
람이 나를 안고 있는 것 같은 느낌이었어요. 그건 정말 강력한 경험
이었어요.

일주일에 한 번 집단 모임을 하고 난 후에는 늘 잠들기 어려웠어요.
집단 안에서 너무나 많은 것이 나오기 때문이죠. 그런데 그날 밤은
잠도 잘 들고 내내 잘 잤어요. 그 이후로 거의 밤마다 비슷한 경험을
했어요. 이런 이야기를 당신에게 말하는 게 쑥스럽네요. 만약 남편
에게 말한다면 남편은 비웃으며 정말 멍청하다고 생각할 거예요.

내담자 2: 이번 주에 마음속으로 내가 아이를 돌보는 것처럼 그렇게 보살핌을 받고 있다는 상상을 의식적으로 했어요. 마음속으로 내가 온전하고 완전하고 신의 보살핌과 사랑을 받고 있다는 생각을 계속했어요. 그건 나에게 필요한 일이었어요.

내담자 3: 당신 둘이 무슨 말을 하는지 잘 알아요. 몇 주 전 집에서 혼자 누워 울고 있었어요. 접촉한 적이 있는 두려움과 신뢰할 수 없다는 느낌이 있었어요. 나는 상황을 통제하고 긴장하며 조심하고 신중해야 했어요. 그러다 생각했죠, "나는 내가 누구라고 생각하는 거야? 내가 모든 것을 통제할 수는 없지." 그냥 믿고 놓아 버릴 수 있다면 그건 그냥 삶을 믿는 것이지 모든 책임을 포기한다는 것이 아니죠. 내가 해야만 하는 건 하고 동시에 그게 괜찮다는 것을 알아요. 그러다 예전 경험이 기억났어요. 항상 보살핌을 받을 거라는 걸 온 존재로 알았던 기억이지요. '어쩌다 내가 신뢰하지 않게 된 거지?'라고 생각했어요. 그것은 매우 느린 과정이에요. 그 모든 것이 믿음을 수반한다는 것을 이제 알아요.

사람들은 대개 자신의 부모가 인간적이기보다는 이상적이기를 바란다. 자신이 투영한 이상대로 부모가 살지 못하고 조건 없는 사랑과 보살핌 그리고 삶의 고통으로부터 위안처를 제공하지 못할 때 냉소적이고 의심 많은 사람이 될 수 있다. 자신이 추구하는 사랑을 받지 못하면 스스로를 비난하며 자신이 가치 없고 무능하다는 느낌을 성인기까지 가져갈 것이다.

심리치료를 받는 내담자들은 자주 부모에게 받아들여지기 위해 내

내 노력해 왔지만 성공하지 못했다고 보고한다. 어떤 내담자는 결코 부모의 인정을 얻을 수 없다는 것을 깨달았을지 모른다. 그렇게 깨달았다고 하더라도 꼭 자신이 가치 없다는 느낌에서 벗어난 것은 아니다. 부모에게 원형적 의미를 부여하고 그들을 사랑과 수용의 기본 원천으로 여기는 한 계속 무가치하고 부적격하다는 느낌을 가질 것이다. 그러나 만약 부모로부터 원형을 분리하고 그 원형의 보다 적합한 표현을 찾는다면 거절당했던 경험은 조건 없이 사랑받고 있다는 자각으로 바뀔 수 있을 것이다.

다음 대화에 예시된 것처럼, 몇 사례에서 내담자는 직접적인 직면을 통한 집단치료를 통해 이상적인 전이를 알게 되었다.

내담자: 나는 엄마에게 늘 거절당했어요. 수용된 적도 없었고요. 어렸을 때 엄마에게 안기거나 '사랑한다.'는 말을 들어 본 기억이 없어요. 그건 아빠로부터도 마찬가지예요.

치료사: 정말 터무니없게 들리는 말을 한다면 어떨까요?

내담자: 그게 뭔데요?

치료사: 그건 당신의 아빠 엄마가 진짜 아빠 엄마가 아니란 거예요. 그래서 부모가 가지고 있을 거라고 여기는 권위가 그들에게 없는 거예요.

내담자: 그렇다면 내게는 아무도 없어요. 고아 같네요. 버려졌고 철저

히 혼자예요.

치료사: 당신에게 다른 아빠와 엄마가 있다면요? (멈춤) 이제부터 내가
부모님과 어떻게 관계했는지 그 경험을 나눌게요.

내담자: 어떻게요?

치료사: 나는 그분들을 진짜 아빠 엄마로 여기지 않아요. 그분들은 자
신이 할 수 있는 것을 나와 나눴죠. 자신들이 아는 최고의 방법으로
돌보고 인도하고 사랑하신 거죠. 하지만 그분들의 이해와 능력에는
한계가 있어요. 나는 그분들에게서 나오기 바랐던 조건 없는 사랑
과 수용을 그분들께 기대하지 않고 다른 근원에 기대해요.

다른 내담자는 유사한 직면에 대해서 자신의 반응을 서술했다.

우리가 함께한 초기 회기에 나는 부모님과 친척에 대한 불평으
로 많은 시간을 보내고 있었어요. 당신은 결코 줄 수 없는 사람들에
게 기대하고 또 좌절하는 것이라면서 '진짜 부모님'을 바라보는 것
이 더 낫다고 말했어요. 나는 당신이 보살핌과 지지의 더욱 완전하
고 확실한 근원인 최고의식을 말한다고 생각했어요. 초점의 변화는
그동안 불평했던 사랑하는 사람들과의 관계를 궁극적으로 향상시
킬 수 있다는 것을 깨달았어요. 그들에게 덜 요구하게 되었어요. 있
는 그대로의 그들을 더욱 허용할 수 있게 된 거죠.

그것은 참 멋진 생각처럼 보이지만 당시에는 직접적으로 다루기

에 너무 큰 것이어서 뒤로 미뤄두었어요. 이제는 일부러 노력을 하거나 생각하지 않아도 내 삶에 그것이 들어온 것 같아요. 예를 들어, 화나고 걱정하고 불안하거나 심지어 지루할 때조차도 그 기분을 오래 두지 않아요. 불러낼 수 있는 어떤 힘이 있어서 내 마음, 자아 그리고 감정만을 사용할 때보다 세상일을 보다 부드럽게 할 수 있다는 것을 경험해요. 아직 그 힘이 무엇인지 또 어디에 있는지 확실히 이해하지는 못하지만 그것을 사용할 수 있다는 것은 분명히 알아요.

친부모가 아닌 부모 원형의 표현을 인식하는 것은 종교나 특별한 형상의 신에 대한 믿음에 의해 좌우되지 않는다. 그러나 내담자와 치료사 사이에는 어떤 초월적이고 성스럽게 돌보는 힘이 존재한다는 가설이 공유되어 있다. 그리고 만약 그러한 근원에 스스로를 열어 둔다면 인간관계 안에서는 제대로 만날 수 없었던 욕구가 실로 실현될 수 있다.

보살핌의 근원은 사람만 아니라 물건에도 잘못 투사될 수 있다. 사랑받는 경험을 수반하는 물건 자체가 사랑과 수용을 줄 수 있는 것처럼 여겨져서 그것들을 찾게 된다. 예를 들어, 유년기의 무조건적 사랑과 수용의 경험은 먹는 것과 밀접한 관련이 있다 보니 어른이 되서도 먹는 것과 무의식적으로 연관된다. 그래서 불안하고 두렵거나 불충분하거나 사랑받지 못한다고 느낄 때 원하는 사랑과 수용 대신 육체적 보살핌으로 그것을 대체하려 할 것이다. 우리 사회의 많은 사람들이 사랑과 수용을 느끼지 못할 때 경험하는 공허함이나 공복감, 불안정 그리고 불안을 없애고자 과식한다. 그러나 음식은 그들이 구하는 편안함과 안전함을 제공하지 않을 것이다. 십대 때 남미에서 미국으로 온 한 비만 여성의 다음 진술은 보살핌의 결핍을 보여 준다. 그녀는 이곳에 와서 결핍을 달콤한 것으로 대체한 경험을 하였다.

> 나는 교외에 위치한 집에 있었어요. 그곳은 공동묘지처럼 늘 조용했죠. 내가 살던 집은 모든 창문이 열려 있고 사람들이 말하는 소리를 들을 수 있었어요. 상인들이 큰 소리를 내면서 여기저기 다니고 집안에는 늘 사람들이 요리를 했어요. 그런데 이곳에서는 항상 고립되어 있었어요. 그것은 죽은 것 같은 느낌이에요. 나무도 없고 집안은 늘 똑같아 보였어요. 집은 춥고 부엌은 깔끔하고 깨끗했어요. 하얀 빵 사이에 얇은 소시지 한 장 들어간 것이 점심이라는 걸 정말 믿을 수 없었어요. 우리 집에서는 그득한 밥과 콩 그리고 맛있는 감자, 통밀가루를 먹었어요. 정말이지 조금도 먹고 싶지 않았어요. 음식만이 아니라 사랑과 따뜻함에 굶주려 있었어요. 어쨌든 애착은 음식과 단단히 연결되었어요. 집에서는 초코바나 케이크 같은 것을 먹어 본 적이 없었어요. 미국에 왔는데 학교에 나에게는 생소한 자판기가 있었어요. 그 기계는 낮이고 밤이고 그곳에 있었고 돈만 넣으면 초코바나 아이스크림이 나왔어요. 그렇게 달콤한 것을 좇았어요.

치료 과정에서 이 여성은 달콤한 맛에 대한 자신의 동경이 다른 사람으로부터 받지 못한 보살핌에 대한 보상이라는 것을 알아차렸다. 이후의 치료회기에서 그녀는 부모뿐 아니라 음식도 자신이 구하는 정도의 보살핌과 보호를 주지 못한다는 것을 깨닫게 되었고, 그 경험을 지속하기 위해서는 초월적 자원으로 방향을 돌려야 한다는 것을 알게 되었다.

내담자: 집에 혼자 있었고 내 문제를 잊고 먹는 것을 즐기고 싶었어요. 그토록 애착하고 있는 것이 무엇인지 보려고 느낌을 행동으로 표현했어요. 첫 번째 반응은 음식이 안전이라는 것이었어요. 오렌지가 나를 잡아주기를 원했어요. 그것이 얼마나 바보 같은 것이었는지 알 수 있었어요.

치료사: 음식 말고는 그런 식의 보살핌을 찾지 못했나요?

내담자: 엄마에게 안겼던 기억이 없어요. 지금도 간혹 부모님에게 찾아갈 때면 그분들에게 입맞춤하고 안아드리고 싶어요. 그런데 그 대신 우리는 앉아서 엄마의 음식을 즐기죠. 나는 음식보다 더 나은 것을 찾으며 입맞춤과 포옹을 해요. 입맞춤은 두어 번 기쁨을 주는데 그다음에는 지겨워져요.

치료사: 어떻게 그 느낌을 지속할 수 있나요?

내담자: 잘 모르겠어요. 음식이 그것을 줄 것이라고 생각해요. 그리고 그것은 처음 잠시뿐이고 그다음엔 우울해져요.

치료사: 어떤 영적 대상을 향하는 것으로 욕구를 충족시킬 수 있을까요?

내담자: 네, 한번은 먹는 것 대신 신의 도움을 구했어요. 나는 울기 시작했고 울음이 나오도록 내버려뒀어요. 왜 울었는지 모르겠어요.

치료사: 당신을 돌보고 사랑하는 신을 떠올리는 것이 더 도움이 되지 않을까 싶은데요.

내담자: 여신이 있나요?

치료사: 기독교 전통에 마리아가 있어요. 예수의 어머니죠. 어떤 동양 전통에서는 신성한 어머니로 불려요.

내담자: 당신도 알다시피 고통스러워서 '어머니'를 부를 때 사람인 엄마를 부르는 것이 아니에요. 나는 항상 안심이 되고 울어요.

비슷다 의식양식에서 우리는 유신론의 방식을 경험한다. 이상적으로 여기는 형상과의 관계를 경험하는 것이다. 자신의 이상에 적합한 매개체를 찾지 못하면 사람이나 단체나 물건에 그 이상을 투사하고 결국 실망을 경험한다. 여기에서 치료사의 역할은 내담자가 이상적인 형상과 관계를 맺을 수 있는 적절한 상징을 찾도록 돕는 것이다. 영적 전통 안에서 발견되는 상징적 표현과 관계하도록 내담자를 이끄는 것이 쓸모 있기도 하다.

많은 심리학자들은 내담자가 겪는 '삶의 어려운 현실'을 부드러운 공상으로 대체하도록 치료사가 부추긴다고 주장하면서 이러한 관점에 부정적으로 반응한다. 환원주의 치료는 간절히 기다리던 관계가 실현되는 가능성을 제공하지 않는다. 대부분의 사람이 원하는 사랑과 수용은 초기 수준의 소망으로 가득 찬 것으로 간주되며, 사실 이는 성인 세상의 현실과 맞지 않는다. 이 관점에 따르면 조건 없는 수용과 이해에 대한 소망을 포기할 때 비로서 성숙함이 찾아온다는 것이다.

그에 비해 요가치료는 인간 경험의 원형단계를 인정하는 다른 치료들과 마찬가지로 이상적으로 돌보는 부모 그리고 다른 이상들과의 관계를 확립할 가능성을 제공한다. 여기에서 내담자는 조건 없는 사랑과 수용에 대한 자신의 욕구를 존중하게 되고, 의식적인 관계를 돌보는 부모의 원형을 상징하는 이러한 부호와 형상들로 발달시킨다. 물건이나 사람, 단체로 향하던 투사를 거두고 실망스럽지 않으면서도 원형을 적절히 표현할 수 있는 부호와 형상으로 자신의 갈망이 향하도록 격려된다.

요가치료 과정에서 바깥에 존재하는 신성으로 경험할 수 있는 이상적인 형상조차도 내부 존재의 진정한 투영이라는 것을 배우게 된다. 궁극적으로 자신 안의 초월적 핵심의 경험으로 이끈다. 인간은 영적 자각 안에서 진보하기 때문에 보살핌과 수용의 근원이 밖이 아닌 존재의 중심에 있다는 것을 깨닫도록 격려된다. 이것은 아마도 명상과 동양 영적 전통의 가장 큰 공헌일 것이다. 다음 내담자가 보여 주는 것처럼 이러한 깨달음은 영원히 자신 밖의 신을 믿도록 배운 사람들에게는 어려울 것이다.

내담자: 내 안의 신성을 믿는 것은 좀 겁나는 일이에요. 그것은 그동안 해 왔던 것과 상당히 다른 것이거든요.

치료사: 그동안 해 왔던 것은 뭔데요?

내담자: 신은 저 바깥에 있고 우리는 이곳 비극에 있다는 관념이에요.

신은 우리가 도움을 필요로 할 때 돕기 위해서 그곳에 있어요. 그러나 우리가 가지고 있는 것은 여기에 있는 것뿐이에요. 이것들이 우리 영역 안에 있고 신은 바깥 어딘가에 있어요. 그런데 이런 새로운 관점은 나를 더욱 삶으로 데려가는 것 같아요. 보살펴 달라거나 천국을 달라고 바깥의 신에게 의지하지 않아요. 그리고 영성에 대한 책임도 내가 지고 있어요. 낡은 방식에서 보면 우리는 육체적 측면을 관리하고 감정도 우리 것이지만, 영성 부분에 가면 그것은 항상 신의 몫이 되어 버리고 말죠.

다른 내담자는 내면에 있는 초월의식 센터를 점점 더 자각하게 되었다고 표현했다.

당신은 심리적이거나 감정적인 문제만으로 접근하지 않고 영성적 관점으로도 접근한 첫 치료사예요. 그동안 나는 바깥 존재인 신과의 오래된 경험을 종교와 연결했어요. 신을 배우려면 다른 사람에게 배워야 했죠. 그리고 그들은 신이 바깥 저 위에 있다고 가르쳤어요. 그리고 그곳에 가는 유일한 방법은 그들을 통하는 것이라고 했어요. 지난 몇 년 동안 내 경험은 신은 내면에 있다는 것이에요. 즉 신을 이해하는 방법은 나 자신을 이해하고 내면으로 가는 것이에요. 그런 태도를 가지고 명상해야 효과가 있었어요.

심리치료에서 내담자는 신의 보살핌이라는 원형을 치료사에게 투사함으로써 긍정적 전이를 발달시킬 것이다. 어떤 치료사는 내담자를 영적 상징이나 형상을 통해 원형과 연결시키거나 그 안의 원형을 경험하게 독려하지 않고 치료사의 가치감과 자존감을 올리거나 내담자를 잘 다루기 위해서 이러한 전이반응을 독려할 수 있다. 이런 식의 독려는 내담자가 치료사에게 의존하게 하고 결과적으로는 실망하게 만들 것 이다. 이전 치료사와의 관계에 대한 내담자의 다음 기술은 보살핌과 전 적인 수용이라는 부모의 원형이 치료사의 독려를 통해 그에게 투사된 예를 보여 준다. 이 내담자는 치료사와의 관계를 치료회기 바깥인 사적 인 삶으로까지 확장할 것을 기대하였다. 필연적으로 실망과 좌절과 분 노가 따랐다.

K 박사에게서 보호와 보살핌을 넘어선 그 이상을 느꼈어요. 그 가 나를 부양하고 사랑할 뿐 아니라 모든 일을 보살피고 돌보고 있 다고 느꼈죠. 의기소침 때문에 복용했던 암페타민[2]과 항우울제는 더 이상 필요치 않고 행복감과 활기를 다시 느꼈어요. 그 의사를 통 해 그동안 차단해 왔던 삶의 근원과 다시 연결되는 것을 느낀 거죠.

그의 친절과 관심을 개인적 반응으로 오해하기 시작했어요. 결 혼하고 싶은 열망은 매우 강렬해졌어요. 우리가 함께하기를 갈구했 고, 그렇게 될 것이라고 열렬하게 믿었어요. 내 어린 시절의 모든 꿈을 그와 결부시켰죠. 그 꿈은 내가 소녀 적에 꿨고 어른이 되어서도 가지고 있는 거였어요. 모든 희망을 그에게 투사했고 비교적 단순 한 삶을 꿈꿨고 그를 사랑하고 존경했어요.

그 꿈이 비현실적이라는 것을 깨달았을 때 견딜 수 없는 상실감

---

2) 교감신경계를 자극해 뇌와 신경의 활동을 활성화시키는 효과를 가진 약물로, 각성제 중 하나다. 암페타민은 사고력, 기억력, 집중력을 증가시키는 것으로 알려졌으며, 우울증과 주의력결핍 과잉행동장애(ADHD) 치료 등에 사용된다.

으로 고통받았어요. 엄청난 비탄과 고통을 겪은 거죠. 완전히 버려지고 혼자라고 느꼈어요. 특정한 방식의 사랑과 보살핌이 결코 존재하지 않는다는 게 아니에요. 그런 것이 존재하죠. 그동안 내가 원하고 살고 싶었던 모든 것이 사라지는 것을 느꼈을 뿐이에요. 그 고통과 더불어 그 의사를 향한 분노도 있었어요. 나를 그토록 오랫동안 철저히 적절하지 못하게 이용한 거죠. 내가 그런 실수를 하지 않을 수 있었고 그러면 그것을 예방할 수 있었다고 느꼈어요.

그녀는 치료를 끝냈고 이후에 좀 더 영성 지향적인 치료 과정으로 진입했다. 이 과정에서 첫 번째 치료사에게 투사했던 것을 철회하고 자신 내면에 있는 더욱 충만한 보살핌의 센터를 경험하기에 이르렀다.

의지하던 사람으로부터 보호받는다는 느낌이 사라질 때, 그것이 천천히 내면 근원으로부터 모습을 드러냈어요. 나를 이끌고 유도하고 안내한다고 느껴지는 내면 깊은 곳에서 확고하고도 명료한 경험을 했어요. 보호와 안내받는 느낌이 이어지고 점차 애정 어린 보살핌에 완전히 감싸인 것처럼 느껴졌어요. 이 사랑과 보살핌을 더 느낄수록 나 자신을 더욱 사랑하고 보살폈어요. 내 모든 삶이 변한 거죠.

치료회기를 설명한 다음 발췌 내용처럼, 이상적으로 돌보는 부모의 원형을 배우자에게 투사할 수도 있다. 이 회기에서 치료사는 내담자가 바깥에서 찾는 것을 실제로는 자신 안에서 찾아야 함을 자각하도록 도왔다.

내담자: 십대 이후 줄곧 신데렐라 이야기 같은 공상에 빠져있었어요. 멋진 왕자님이 와서 나를 돌봐주는 거죠. 그는 강하고 나를 돌봐주면서 내가 가치 있다는 느낌을 줘요. 또 완벽하고요. 남편은 내가 바라는 자질을 조금 가지고 있는데 내가 그걸 크게 만들어서 마음 속에서 완벽한 사람으로 만들었어요. 남편을 일종의 구세주로 본 거죠. 우리가 결혼하면 영원히 행복할 거라는 환상을 가졌어요. 그런데 딸을 가진 후 그가 심리적 어려움을 겪기 시작했어요. 정말 충격이었죠. 완벽한 왕자님이 어떤 심리적 어려움을 겪을 수 있다는 걸 받아들일 준비가 되어 있지 않았어요.

치료사: 공상 속의 가치가 당신에게 속해 있지 않고 바깥에 있다고 보는 것 같군요. 그 왕자님은 완전한 자존감을 가지고 있고 그것을 베풀어 줄 수 있네요. 그 완벽한 남자는 어디에서 그런 힘을 가져올까요?

내담자: 그가 가지고 있죠. 그는 전능하거든요.

치료사: 당신은 그 안에 있는 것을 그저 알아본 건가요? 그러니까 원래 거기에 있는 것을 당신이 알아본 건가요?

내담자: 네.

치료사: 그리고 그는 그 힘을 잃었나요?

내담자: (잠시 멈추며) 그는 그것을 가진 적이 없었던 것 같군요. 내 공
상으로 그렇게 한 거 같아요.

치료사: 그러니까 그 힘과 자존감은 원래 당신 것인데 공상 속의 완벽한
남자에게 주었다가 이제 그가 당신에게 되돌려 주었단 말인가요?

사십대 초반의 한 경영간부는 자신의 치료에 대해 다음과 같이 설명
했다.

> 작년에 한 6개월 정도 통상적인 치료사를 만났어요. 그 과정은
> 중요하게 여길 만한 어떤 통찰도 주지 못한 채 계속 맴돌기만 하고
> 모호하기만 했어요. 내 치료 동기는 부모님과의 갈등이었죠. 갈등
> 에 내가 어떤 몫을 했는지 그 본질을 이해하지 못한 채 치료를 중단
> 했죠. 심리학과 영적 수련, 지식, 통찰을 결합한 새로운 심리치료사
> 를 찾기로 마음먹었어요.
>
> 나는 오로지 바깥세상에 받아들여지는 것만 추구해 왔어요. 필
> 사적으로 아내 비위를 맞춰 화를 내지 않게 했고, 부모님이 나를 사
> 랑하고 수용한다고 느끼기를 바랐어요. 그러다 보니 그들의 조건에
> 부합하는 방법을 찾도록 애쓰면서 스스로를 몰아갔죠.
>
> 지난주 아내와의 갈등에 대해 말했을 때 당신은 그녀가 아무런
> 조건 없이 나를 수용한다고 느끼는지를 물었죠. 분명 아니고, 거기
> 에는 조건이 있어요. 그다음 당신은 극적으로 개인적인 통찰을 촉
> 발하는 질문을 했지요. "당신을 무조건적으로 수용하는 누군가가
> 있나요?" 나는 생각했어요. 분명 아내는 나를 깊이 사랑해요. 하지

만 때로는 그 사랑에 조건을 달아요. 가족이요? 부모님 각각은 확실히 저에게 기대를 걸고 있고 그 기대에 맞지 않으면 완전히 수용하지 않아요. 친구요? 마찬가지죠. 나 자신? 내가 나 자신을 무조건적으로 수용하느냐고요? 절대 아니죠. 그 누구보다 내가 제일 수용하지 않아요. 스스로를 받아들이는 데 끊임없이 조건을 달아요. 하나의 조건을 채우기 위해 열심히 해요. 하지만 그걸 마치기도 전에 또 다른 조건 다섯 개가 내 의식으로 튀어 올라오죠.

당신은 다시 한 번 "당신을 무조건적으로 수용하는 누군가가 있나요?"라고 물었죠. 그때 감정의 물결이 휩쓸고 지나는 걸 느꼈어요. 지고의 신은 나를 무조건적으로 수용해요. 무조건적인 수용이 가슴을 관통해 흐르는 것을 느꼈어요. 그 깨달음은 직접적인 감정으로 흘렀고 더 이상 정신적인 생각이 아니었어요. 오랜 시간 동안 바깥세상 그러니까 친구, 가족, 직장 그리고 내 마음으로부터 무조건적 수용을 찾았어요. 조건이 생길 때마다 그걸 이루려고 애써 노력했어요. 그러나 단 한 번도 무조건적 수용을 경험하지 못했죠.

비로소 나는 무조건적인 사랑과 수용을 받고자 끝없이 탐색하는 것이 내 삶을 이끄는 힘이라는 것을 깨달았어요. 나는 무조건적 사랑을 구하는 사람이고 그것은 내면세계, 즉 신을 통해서만 받을 수 있어요. 나는 그저 자신을 열어 그 느낌이 의식에 흐르도록 하기만 하면 돼요. 그것이 이미 거기에 있기 때문이죠. 그렇게 혼란스러운 바깥세상이나 내 마음 안에서 무조건적 수용을 얻을 길은 없어요. 오로지 신만이 진정한 사랑을 줄 수 있죠. 신이 아닌 아내나 부모님에게 그걸 찾는 것은 그들이 감당할 수 없는 짐을 지우는 것과 같아요. 그건 부당해요. 그런데 그게 내가 평생 해 온 일이지요. 이제는 삶의 중심이 완전히 잡힌 것 같아요. 그리고 다른 사람과 내 마음으로부터 무조건적인 수용을 찾는 욕구는 훨씬 적어졌죠.

아내와의 관계에서도 예전 갈등이 반복되지 않았어요. 아내가 나를 수용하지 않아도 받아들일 수 있어요. 신이 무조건적으로 사랑하고 있고 그건 아내에게 기대할 수 없는 것이라는 걸 그때 스스로 인정했어요. 그것으로 충분해요.

초월성과 그런 관계를 경험하고 나면 우리는 더 이상 사랑과 수용을 요구하는 식으로 다른 사람과 관계하지 않는다. 그런 기본적인 욕구가 이미 이루어졌기 때문이다. 이제 우리는 자신의 욕구로 인한 경험의 왜곡 없이 다른 사람과 보다 온전하고 자발적으로 관계할 수 있다. 그로 인해 우리는 다른 사람들에게 더 잘 호응할 수 있다.

전이는 가족이나 친구 그리고 치료사를 넘어 더 확장될 수 있다. 누군가는 영화배우나 음악가, 영웅, 정치와 종교적 또는 컬트3) 리더 또는 이상적으로 형상된 인물을 이상화하고 그들에게 헌신적인 감정을 바칠 것이다. 아니면 유사한 열정으로 정치, 종교적 또는 컬트 운동에 내맡길 것이다. 세속적 영역에 투영된 이상에 도취되었다면 그 이상을 위해서는 아무리 오랜 시간이 걸릴지라도 그 길을 갈 것이다. 주변에서 상영되는 웅장한 원형적인 주제를 관찰할 수 있는 객관성을 유지하기보다는 스스로를 명분에 희생시키며 강력한 멜로드라마 경험에 사로잡힐 수 있다. 그러나 그 우상이나 명분이 전부가 아니라는 것을 너무 늦게 발견하게 될 것이다.

---

3) 전쟁이나 기아 혹은 급격한 근대화 같은 사회 급변기에 기존 종교나 사회의 이데올로기가 더 이상 그 역할을 하지 못할 때, 새로운 구심점을 찾고자 일어나는 현상을 말한다.

만약 어떤 사람의 헌신이 명분을 향한다면, 그는 안내와 보살핌이 그 움직임으로부터 안내받고 있으며 자신의 책임과 세력권, 심지어 소유물까지도 그 명분의 인도자에게 내맡길 것이다. 이상이라고 주장하는 형상에 내맡기는 것과 순수하게 이상을 상징하는 것에 내맡기는 것을 구분하는 것은 중요하다. 많은 사람들이 자신의 불행을 치료해 줄 것이라고 믿는 리더나 제도에 자신을 내맡기고 그것을 지지하고 그 안에서 부모상을 찾는 데 열중한다. 카리스마적인 인물이라면 그 누구라도 따를 준비가 되어 있다. 그런 사람들은 다른 이의 자아에 자신을 단순하게 내맡기고 그 리더나 제도가 제시하는 말도 안 되는 일을 믿을 준비가 되어 있다.

요가치료를 통해 개발해야 하는 가장 중요한 자질 중 하나는 분별력으로 이것은 실재하지 않고 공허하고 환상에 불과한 것과 실재하고 튼튼하고 변치 않는 것을 구분하는 능력을 말한다. 세상에는 많은 유혹과 매력이 있다. 그것은 실현을 약속하지만 그것에 내맡기면 결과적으로 실망으로 이어진다. 그런 유혹물과 그 배경에서 도취시키는 매혹적인 형상을 드러내는 것을 구분하는 방법을 배워야만 한다.

인간이 진화하듯 내맡기는 경험도 진화한다. 내맡김은 처음에는 보다 초기 차크라 경험과 관련된다. 예를 들어, 어떤 사람은 생존을 위한 전쟁에 내맡기고 죽을 것이다. 어떤 이는 자신에게 감각적인 만족감을 주는 인물이나 대상에게 내맡긴다. 어떤 이는 자신보다 강한 힘과 권한을 가진 누군가에게 자신을 바친다. 아마도 헌신하는 사람이나 제도와 자신을 동일시하고 그렇게 함으로써 자신보다 더 큰 힘을 느낄 것이다. 이런 모든 내맡김의 형태는 어떤 전조다. 그들은 자아의 주체-객체 존재 상태를 초월하는 의식 상태에 대한 내맡김을 미리 나타내고 있는 것이다. 궁극적으로 우리는 자아적 의식을 보다 포괄적인 의식양식에 내맡기는 것을 배워야 한다. 그것이 비슷다 차크라 경험이다. 우리는 명분이나 다른 사람의 자아에 자신을 내맡기는 데 멈추지 않도록 조심해야 한다.

로맨스를 경험하는 것은 목 차크라로, 고대나 현대 로맨스는 이 의식양식의 표현이다. 세르반테스의 돈키호테가 되풀이해서 보여 주듯, 누구든 또 무엇이든 한 사람의 낭만적 성향의 대상이 될 수 있다. 그러나 만약 그 대상이 가치를 상실하면 그는 환멸을 느끼고 만다. 하지만 낭만을 향한 갈구는 멈추지 않을 것이다. 그의 끊임없는 요구는 단지 투영된 이상을 담는 그릇이 아니라 진짜 대상을 찾기 위한 것이기 때문이다. 공상을 통해 낭만을 만들어 낼 필요가 없다. 자신이 상상하는 낭만을 비우기만 해도 우리는 그곳에 공상 속에서 그린 것보다도 더욱 매력적이고 장엄하고 찬란한 모든 낭만의 근거이자 실현인 삶의 기저 영역이 있음을 발견하게 될 것이다. 인간의 상상에 의해 나타난 모든 낭만은 단지 전조와 불완전한 모방일 뿐이고 그것은 우리의 이상이 실현된 영역으로 향하는 길을 가리킨다.

얀트라[4]

자신의 원형적 단계에 대한 자각이 없을 때 우리는 무의식적으로 원

---

4) 신의 몸이나 영성을 나타내는 기하학적 도안을 말하며 예배와 명상을 위해 사용된다. 만달라(mandala)라고도 한다.

형적 주제를 행동으로 옮긴다. 이때는 자신의 태도와 행동을 선택하는데 자유롭지 못하다. 비슛다 차크라에서는 다양한 원형을 자각하게 된다. 지극히 평범한 일이라도 그 기저에 깔려 있는 장엄함에 감사하는 것을 배운다. 우리가 원형적 역할수행에서 중립적인 관찰자로 남을 수 있는 한 우리는 원형의 힘과 지배로부터 자유로워질 수 있다.

요가는 우리 삶 안에서 기능하고 있는 원형을 자각하게 하고 우리를 지배하는 것으로부터 자유로워질 수 있게 돕는다. 하타요가 자세부터 명상 중의 만트라5) 사용까지 각 요가수련은 일상적 삶의 드라마에서 재연되는 원형적 주제를 자각하도록 돕는다. 요가치료에서 우리는 영웅, 현자, 신성한 어머니, 바보, 사기꾼 또는 그 밖의 다양한 이상적 형상을 알게 될 것이다. 다른 사람뿐 아니라 자기 내면의 원형 및 그로부터 전개된 드라마들을 자각하게 된다. 특정한 원형적 표현과의 동일시가 자신의 자각과 자유를 어떻게 제한하는지 배운다. 그리고 자신이 가진 모든 가능성을 경험하기 위해 서서히 각 원형과 그것의 한계와의 동일시를 초월한다. 요가치료사는 내담자가 이상적인 형상을 자각하는 것을 돕기 위해 꿈 또는 예술적 표현을 이용할 수도 있다. 내담자에게 존재의 성스러운 상태를 상징하는 특정한 형상에 집중하도록 요구할 수 있을 것이다. 그것은 내담자가 자신의 의식을 그 초월적인 의식 상태에 맞추기 위해서다.

요가치료가 근거하고 있는 샹키야와 탄트라 심리학은 현상 세계가 나타나는 것에서부터 원형적 원칙의 저변에 있는 것을 자각하도록 안

---

5) 힌두교와 불교에서 신비하고 심오한 의미를 가지고 있다고 여기는 말이나 구절을 뜻하며, 집중 상태와 의식의 초월 상태를 위해 소리를 내거나 마음속으로 반복해서 염송한다.

내한다. 샹키야는 숫자 과학에 그 근원을 두고 있다. 그리고 이 과학에 따르면 각 숫자는 경험양식을 상징한다. 예를 들어, 2라는 숫자는 양극성과 이원성의 모든 경험을 나타낸다. 반면 3이라는 숫자는 양극성을 포함한 새로운 관점을 도입한다. 샹키야는 수많은 심리학과 철학 그리고 실용적 의미와 각 숫자의 함축적 의미를 설명한다. 얀트라 과학은 현상계의 기본 구성요소인 점, 선, 원, 삼각형, 네모 등과 같은 기하학적 원형이 형상과 연관된 탄트라의 한 분야다. 탄트라 수련으로 원형과 현상세계를 지배하게 된다.

요가명상을 하는 대부분의 수행자는 만트라라고 불리는 소리방식에 집중한다. 집중하는 능력이 강해지면 명상 중에 주의를 집중할 얀트라나 시각적 대상이 추가로 주어진다. 만트라는 소리 영역의 이상적인 표현이고 얀트라는 시각 영역의 표현이다.

얀트라는 요가전통에서 이용되는 특정한 유형의 만달라다. 미리 정해진 방식으로 배열된 기본적인 기하학적 형상으로 구성되어 있다. 얀트라에는 보통 중심점이 있고 그 주변에 삼각형, 원, 사각형 및 다른 형상들이 배열된다. 규정된 배열은 의식의 특정한 원형양식의 경험을 끌어내는 상징적 묘사다. 그 배열은 정신 안에 깔린 질서와 그 근저에 놓인 우주의 어떤 구조적 측면을 반영한다. 얀트라는 $E=mc^2$ 같은 공식처럼 우주 기본 법칙을 표현하는 수학적 형식과 같지만 숫자나 글자보다는 기하학적 모양을 표현의 수단으로 이용한다. 얀트라는 통일과 통합의 고차원적인 질서를 표현하고 의식의 진화된 상태의 표현이나 체화이기도 하다. 요가수행자는 그것의 본성과 의미를 경험하기 위해 매일 몇 분 동안 특정 얀트라에 주의를 집중할 수 있다. 그 형상을 바라보거나 내면에서 형상을 떠올리면서 눈을 감고 앉아 있을 수 있다.

융은 심리치료에서 시각적 이미지를 사용하는 것에 매우 관심이 많았고 자주 환자에게 그들의 감정이나 심리적 상태를 그림으로 그리도록 하였다. 일반적으로 그림들은 환자의 내면의 혼란과 불협화음을 보여 준다. 그러나 환자가 그린 어떤 그림은 만달라나 동양 명상전통의 얀트라와 매우 비슷하다. 융은 그 유사성에 주목하였고, 환자의 무의식에 있던 보다 통합적 측면이 전면으로 나옴으로써 환자가 더 조화로운 형상을 만들게 되었다고 결론지었다. 환자가 내면에 있는 통합의 깊은 층과 어느 정도 접촉하느냐에 따라 동양의 만달라나 얀트라와 비슷한 형상이 저절로 예술표현에 나타난 것이다.

동양의 명상전통과 서양의 심리치료에서 만달라가 사용되는 방식을 더 비교해보면 대부분의 서양치료 방법론과 요가의 자아초월 과정 사이의 현저한 차이를 볼 수 있다. 분석적 치료에서는 형상을 내면 상태의 표현으로 여긴다. 만달라는 무의식에서 올라와 인격과 새로운 중심이 재배열되는 전조를 알리는 표현으로 여긴다. 질서와 균형과 온전함을 표현하는 이런 형상들을 제시할 수 있는 내담자는 드물다. 반대로 동양방법론들에서는 "자연스러운 발달 과정을 예상하고 상징이 자발적으로 나타나는 대신 전통에서 이미 정해놓은 일련의 상징들을 의도적으로 선택한다."[4] 요가전통에서 얀트라나 만트라는 수행자에게 집중대상으로 주어진다. 수행자는 날마다 많은 시간을 만트라나 얀트라의 통합적 형상에 집중하도록 요청된다. 마음이 만들어 내고 그 마음을 어지럽히는 많은 것들에 동요되지 않고 만트라나 얀트라의 통합하는 형상에 의식을 집중하도록 배운다. 자신의 생각과 환상, 백일몽, 기억으로 방황하기보다는 그저 자신을 고요하게 해야 한다. 이상적인 형상에 마음을 집중하려면 주의를 삶의 갈등과 불화, 멜로드라마로부터 거

[그림 5-1] 아나하타 차크라의 얀트라

두어야 한다. 수련자는 의식을 집중하는 동안 만트라나 얀트라의 원형
적 형상과 동일시한다. 매일 이 과정을 반복하는 동안 마음의 오래된
집착은 점차 집중대상의 성스러운 형상으로 대체된다. 이렇듯 집중대
상을 통해 수련자는 자신의 정신 밑바탕에 깔린 질서를 더욱 완전하게
자각하게 되고 보다 보편적인 의식양식에 이끌리게 된다.

현대 치료에는 의식을 더욱 진화된 상태로 이끄는 이 같은 방법이
없다.[6] 현대 치료에서 개인은 구불구불한 길을 따라 더듬더듬 자기 이

---

6) **저자 주** - 예외는 요가철학에서 나온 정신통합(psychosynthesis: 정신분석이론과 명상법
을 결합한 치료법)과 내담자가 원형적 표현을 경험하도록 돕기 위해 유도 심상법을 사용
하는 심리치료 학파들이다. 이런 치료에서는 내담자가 현자나 환한 광원(光源) 또는 다
른 어떤 이상적인 형상을 떠올리고 그런 원형적 형상으로부터 안내나 보살핌을 받아들
이도록 한다. 그러나 이 같은 기법은 원형을 희미하게 인식하도록 할 뿐이다.

해로 나아간다. 하지만 요가전통에서는 진화된 형상의 도움을 받아 목표를 향해 이끌린다. 자신의 개성과 세속의 멜로드라마와 동일시하던 것을 점차 버리게 된다. 그리고 자신의 마음이 만들고 있는 것에 부합되게 보편적인 형상과 통합하는 질서를 체화하고 표현한다. 주어진 형상에 반복적으로 집중하는 것을 통해 오랜 불협화음은 점차 떠나고 만트라와 얀트라의 조화로운 형상이 그 자리를 차지한다.

융은 그런 형상을 이렇게 이용하는 것의 가치를 이해했다. 융는 자신이 "동양 관점에 완전히 동의하며, 만달라는 표현의 수단일 뿐 아니라 영향을 미친다… 의례 행위를 통해 주의와 관심이 내면의 성스러운 영역으로 이끌리는데, 그곳은 정신의 근원이자 목표이고 삶과 의식의 단일성을 담고 있다."[5]고 적었다.

분석심리학에도 최종 통합에 결코 이를 수는 없을지언정 통합과 단일을 향한 움직임이 있다. 환자가 그린 만달라는 결코 동양 만달라에서 이룬 통합수준에 이르지는 못한다. 융의 가까운 제자였던 욜란디 야코비(Jolande Jacobe)[7]는 융의 관점을 이렇게 요약하였다.

수리적 구조를 가진 만달라는 말하자면 '완전한 정신의 원초적 질서'의 그림으로 그 목적은 카오스를 코스모스로 변형하는 것이다. 이러한 형상은 단지 질서를 표현하는 것이 아니라 질서를 불러일으킨다.

얀트라 이미지에 대한 명상은… 명상자 정신 안에 질서를 창조하

---

7) 융 제자이면서 동료로서 스위스의 분석심리학연구소를 설립하는 데 영향을 미쳤으며, 〈융심리학에서 콤플렉스, 원형 그리고 상징〉을 비롯한 다수의 융심리학 저서와 논문을 발표했다.

는 것을 목표로 한다. 당연히 분석대상자의 만달라는 '전통적으로 확립된 조화'라는 동양의 만달라가 지니는 예술적 완벽성을 결코 달성하지 못하고 또 완성하지 못한다. 동양의 만달라는 정신의 자발적인 결과물이 아니라 의식적인 예술 작품이다. 여기서 우리가 이들을 유사한 것으로 인용하는 것은 이들이 같은 정신적 기초 위에 있고 따라서 놀랄 만한 유사성이 있음을 드러내기 위해서일 뿐이다.[6]

요가치료에서 치료회기 외에 만트라나 얀트라에 집중하는 것을 회기 중의 무의식 탐구와 통합할 수 있다. 이들은 배타적인 과정이 아니며 진행 과정에서 서로를 보완할 수 있다. 만트라나 얀트라에 집중하는 것은 의식을 특정한 방향으로 이끄는 데 도움을 주고, 치료 중 정신의 내용을 탐색하면서 내담자가 세상 속 드라마에 매몰되어 이상적 형상에 온전한 집중에 방해받는 것을 정리하는 데 도움을 준다.

특정 차크라와 관련한 해결되지 않은 이슈를 다루는 데도 만트라와 얀트라가 도움을 줄 수도 있다. 각 차크라는 각각에 해당하는 시각적 상징인 얀트라와 소리의 상징인 만트라가 있다. 우리는 특정 차크라의 상징이나 각각에 상응하는 신체 부위에 집중할 수 있을 것이다. 그렇게 집중하다 보면 우리의 의식이 그 표현의 장으로 가는 데 도움을 준다. 결과적으로 우리는 특정한 원형에 더 깊이 몰입하게 될 수 있다. 요가교사나 치료사와 정기적으로 만나다 보면 이러한 경험의 결과로 표면으로 떠오른 무의식적 내용을 효과적으로 다루는 데 도움이 될 때가 많다.

원형을 넘어

만약 우리가 운 좋게도 물질성의 장막을 관통해 형상의 세계가 만들어진 정묘하고 웅장한 이상을 알게 된 이후에는 다른 위험과 맞닥뜨리게 된다. 이상적인 형상일지라도 그것에 도취되지 않도록 조심해야 한다. 원형에 집착하게 되면 훨씬 더 크게 볼 수 있는 곳으로 가는 데 방해가 될 수 있고, 하나의 원형과 동일시하게 되면 안정감을 잃을 수 있다. 사로잡히지 않고 원형을 경험하기 위해서는 중립적인 의식 센터를 유지하는 것이 중요하다. 이때 훨씬 더 진화된 의식양식의 지원이 필요하다.

융과 그의 추종자들은 비슷다 경험양식에 기반을 둔 심리학을 발전시켰다. 융의 심리학에서는 정신 안에 이상이 존재하는 것으로 간주한다. 융은 일생동안 비슷다 영역을 깊이 탐구했으며, 자아 의식에서는 너무나 낯선 이 영역을 묘사하는 귀중한 지도와 차트를 남겼다. 이같이 정신을 고도로 이해한 현대 심리학자는 거의 없다. 그럼에도 불구하고 융의 심리학이 비슷다를 넘어선 영역에 들어가지 않았기 때문에 제한적이다. 융은 반복해서 프로이트의 환원주의를 비판했는데, 그 까닭은 프로이트가 초기 차크라 관점으로 상위 차크라 영역을 이해했기 때문이다. 정신분석학만큼은 아니지만 융 심리학 역시 환원주의적이라 할 수 있다. 융은 비슷다에 형성된 경험양식의 개념으로 낮은 영역을 해석함으로써 심리적 현상을 승격시켰다. 융은 훨씬 더 진화된 의식양식을 이해하기는 했지만, 보다 포괄적인 영역을 그 자체로 인정하기보다 이 다섯 번째 차크라 개념으로 해석하였다. 이 의식양식은 진화 사다리의 한 단계로 여전히 이원 의식이기 때문에 이것이 마지막 단계는 아니다. 예를 들어, 헌신자와 추종의 대상처럼 그곳에는 주체와 경험되는 대상이 있다. 그 대상이 거칠거나 정묘하거나, 자신의 외부나 내부에 있는 것으로 경험되든 간에 말이다.

원형적 형상은 우리가 감각의 세상을 만들어 내는 장엄하고 초월적인 이상을 경험하도록 이끈다. 그러나 궁극적으로 우리는 모든 형상에 연루되는 것을 넘어서 그들이 드러난 근원을 자각하게 된다. 단일의식을 완전히 경험하려면 우리는 비슷다를 넘어 두 단계 더 나가야 한다. 요가심리학은 원형 영역 너머에서 발견되는 이러한 경험양식을 계속해서 탐색한다.

자기 관찰

의식의 여섯 번째 양식으로 눈썹 사이에 위치한 아즈나 차크라에서 우리는 원형과 그 외 다른 차크라에서 만들어진 드라마를 거리를 두고 보게 된다. 이름과 형상의 세계와 동일시하지 않고 목격하는 객관적인 관찰자가 되는 것이다. 이 의식 영역에 완전히 몰입한 이는 보는 자, 현자, 예언가로 불릴 것이다. 우주의 숨겨진 법과 원리의 정묘함을 들여다보기 때문에 그 사람의 이해는 평범한 지적 지식을 넘어선다. 비슷다에서 미묘한 원리는 상징적 형상으로 경험된다. 하지만 아즈나 차크라에서는 이러한 형상을 뛰어넘어 훨씬 더 크게 이해하게 된다. 산스크리트어인 아즈나는 '지휘의 연꽃'을 뜻한다. 여기에서는 현상적 우주에 대한 지휘권을 갖게 된다. 요가전통에 따르면 모든 지식은 아즈나 차크라에 몰두함으로써 내면에서 찾을 수 있다.

이 의식양식에 깨어난 사람은 심령적인 힘을 경험할 수 있다. 자아적 의식양식이 인격에서 지배적일 때 이런 일이 일어나면 자신의 권력 강화를 위해 이 통찰을 이용할 것이다. 어떤 사람은 부분적이고 왜곡된 방법으로 이 의식양식을 경험할 것이다. 그것은 이들이 명료하게 알지 못한 채 지적으로 해석하고 낮은 차크라로 만들어진 문제들로부터 정서적으로 유리되었기 때문이다. 지식인은 여전히 세계의 환상에 불과한 문제와 갈등에 몰두하고 있다. 융은 현대인에 대해 이렇게 말했다. "우리의 아즈나는 이 세상에 붙잡혀 있다. 그것은 세상 안에 갇힌 빛의 불꽃이어서 우리가 생각할 때는 세상의 관점으로 생각한다."[7]

대부분 사람의 아즈나 의식양식은 덜 진화가 된 영역에 이바지하는 데 사용된다. 예를 들어, 재앙을 피하고 열망하는 것을 취하고 자신의 가치를 입증해 보이거나 비판하거나 다른 사람과 경쟁하거나 조종하려고 지능을 이용하곤 한다. 세 번째 차크라에 잡혀 있는 많은 사람은 지적인 업적이나 많은 양의 정보 축적을 통해 자신이 적합함을 보여 주려고 애를 쓴다. 취약하다고 느끼고 자존감이 낮은 사람은 부족하다고 느꼈던 경험을 지적으로 가리려 할 것이다. 자신의 지적인 집착을 넘어서 볼 수 있는 사람은 아주 드물다. 세상사에 얽매여 지혜와 이해의 근원까지 꿰뚫지 못한다. 그 근원에 도달하기 위해서는 마음과 마음이 만들어 내는 생각과 자신을 동일시하는 것을 멈추고 마음을 지켜보는 능력을 개발해야 한다. 지적으로 합리화하는 데 정신없이 빠져들기보다 조용하고 고요한 관찰자가 되어야 한다.

요가심리학 관점에서 보면 의식이 마음의 속성이라기보다는 마음이 의식의 도구다. 우리가 자신의 마음과 동일시하는 한 우리의 의식은 도구의 한계를 갖는 것처럼 보인다. 마음을 통해 흐르는 생각과 동일시가 강할수록 의식은 훨씬 더 제약받게 될 것이다. 실현되지 않은 의식의 잠재력이 분명해지려면 의식은 도구와 분리되고 도구가 가진 내용으로부터 분리되어야 한다.

우리는 정보를 저장하고 계산하는 놀라운 능력 때문에 컴퓨터를 이용한다. 그러나 컴퓨터는 특정 종류의 정보만 받아들일 수 있기 때문에 분명한 한계를 가지고 있다. 컴퓨터의 구조와 명령 프로그램은 특정한 방식으로만 계산하게 되어 있다. 마음은 현상계를 경험하고 다루는 데 유용하지만, 받아들이는 정보와 받아들이는 정보의 범위 그리고 받아들인 정보를 처리하는 방식에 의해 제한되기 때문에 한계를 가지고 있다. 마음의 '프로그램'이나 추리 습관 그리고 도구 자체의 한계에 의해 부과되는 한계가 있다. 예를 들어, 마음은 현대 컴퓨터의 속도로 계산할 수 없다.

마치 컴퓨터를 끄고 플러그를 빼는 것처럼 마음 또한 고요해질 수 있다. 대부분의 사람은 마음이 고요해질 때 아무 것도 일어나지 않는다고 상상한다. 정신적 고요 상태가 무의식, 깊은 잠 또는 죽음의 상태 중 하나라고 상상한다. 그러나 마음을 꺼 버리는 법을 배운 고급 단계의 요가수련자는 아주 다른 상황을 보고한다. 이들은 무의식 상태로 가는 대신 마음이라 불리는 도구와 그 도구의 내용에 방해받지 않는 매우 확장된 의식을 경험한다.

명상은 마음과 마음의 각본에서 벗어나는 수단이고 명상을 함으로써 다른 의식양식을 경험하도록 한다. 명상을 통해 생각과 감정이나 열망과 동일시하는 것을 멈출 수 있다. 명상은 과거와 낮은 차크라에서 일어난 삶의 멜로드라마와 동일시하는 것을 멈추는 수단이기도 하다.

명상은 무의식에 있는 프로그램과 기억에 의해 완전히 방해받지 않고 좀 더 온전히 자발적으로 현재에 사는 법을 배울 수 있게 돕는다. 명상과 삶의 행동에 명상의 원칙을 적용하는 것이 요가치료의 핵심이다.

요가명상에는 마음을 집중할 만트라가 주어진다. 오랜시간 동안 마음에 같은 생각을 붙잡고 있으면 사고 과정과 경험의 주체-객체 양식 그리고 순차적이거나 원인/결과의 사고로부터 마음을 분리하는 데 도움이 된다. 기억, 열망, 백일몽, 불편, 두려움, 기대 등과 같이 마음에서 해결되지 못한 일들 때문에 집중이 방해를 받는다면, 정신적 동요의 결과인 멜로드라마에 빠지기 쉽다. 그러나 명상자는 마음 안에 자리 잡은 움직임을 중립적으로 바라보는 목격자로 머무르는 것을 배운다. 그 노력이 성공하는 만큼 우리는 갈등과 불만 그리고 정신적 혼란의 일반적인 결과인 불안으로부터 자유로워진다.

명상은 집착과 콤플렉스를 버리고 현재에 더욱 온전히 사는 수단이다. 명상자가 의도한 대상에 주의를 집중하는 능력이 커지면 이는 외부 세계 삶으로까지 이어진다. 주의가 산만해지거나 감정 분출과 백일몽 없이 눈앞의 일에 더욱 집중할 수 있다. 정기적으로 명상수행을 한 결과 일상사를 더 효과적으로 수행할 수 있게 된다.

정신분석 및 이와 관련된 심리치료에서 한 사람의 개인적 이야기는 중대하고 의미 있는 것으로 여겨진다. 많은 시간 힘들게 콤플렉스와 갈등, 복잡한 관계를 파헤치며 자신의 현재 삶의 상황에 덧칠해 놓은 왜곡으로부터 해방되려 한다. 과거의 경험을 떠올리며 그 경험을 보다 객관적으로 이해하기 위해 세심하게 살펴본다. 자신의 이야기를 정말로 진지하게 받아들인다. 한 내담자는 다음과 같이 말했다.

이전에 치료를 받으면서 목표가 제한되어 있어서 불만스러웠어요. 무의식과 억압하고 있던 무언가를 찾아내는 것은 지나치게 부풀려져 있었던 것 같았고 그게 저는 늘 불만스러웠죠. 무의식 내용을 꺼내 놓는 게 너무도 매혹적이어서 길을 잃게 돼요. 마치 그게 작업할 대상이고 개인의 의식과 무의식 너머에는 아무 것도 없는 것처럼요.

요가심리학에서 한 사람의 개인사는 진정한 정체의 껍질과도 같이 비교적 피상적인 것으로 간주된다. 처음부터 우리는 자신의 과거와 동일시하지 않도록 배운다. 왜냐하면 개인사가 현재에 미치는 효과를 줄이기 위해 면밀히 조사하는 것이 필요하다고 생각되지 않기 때문이다. 과거 경험에서 생겨난 콤플렉스에 대해 그 원인이 무엇인지 그렇게 광범위하게 집중하지 않고 그 사람 현재의 상호작용 안에서 다룬다. 과거가 현재의 문제로 이어진 방식을 탐구할 수는 있겠지만 인과적인 연결을 찾는 것은 현재의 갈등을 다루는 데 부차적이다. 내담자 문제 중 일부는 내담자가 이미 개인사를 너무 진지하게 받아들여 자신의 이야기와 동일시하고 자신의 참자아는 무시함으로써 나오는 것이다. 요가치료 과정에서 치료사는 내담자가 과거에 대해 보다 초연하고 객관적이며 중립적인 관점을 얻고 자기의 개인사를 초월하는 면을 인정하도록 돕는다. 치료사는 내담자가 현재 존재방식에 대해 인과적으로 설명하거나 개인사로 합리화하는 방향으로 이끄는 대신 현재 내담자의 존재방식을 바꾸는 데 주력할 것이다.

명상은 우리가 개인사와 동일시하는 것을 종결짓는 요가기법이다. 명상에서 우리는 생각과 기억, 감정 그리고 욕망을 중립적으로 관찰하는 것을 배운다. 보통 우리는 자신의 생각과 동일시하고 자신이 동일시한 그 생각은 욕망으로 이어져 마침내는 행동으로 실행된다. 생각이 행동으로 표현되고 시나리오가 전개된다. 하나의 생각에서 시작해 전체 드라마가 만들어지는 것이다. 그러나 명상을 할 때 우리는 자신의 마음과 인격 안에서 일어나는 상황을 거리 두고 지켜보는 목격자가 된다. 명상 중에 생각이 떠오를 때 명상자는 무심하게 그 생각을 바라보는 법을 배운다. 개인적으로 개입되지 않을 때 생각은 욕망과 행동 그로 인한 시나리오로 이어지지 않는다. 하나하나의 생각을 판단과 평가, 흥미나 혐오 없이 바라보는 법을 배우게 됨에 따라 우리는 자칫 사로잡혔을지 모르는 강렬한 특성으로부터 자유로워진다.

요가치료를 받는 내담자는 치료회기 외에도 매일 명상을 권유받는다. 하지만 매일 30분에서 1시간의 명상만으로는 문제 해결로 이어지지 않는다. 안팎에서 진행되는 혼란을 직면하는 데 어느 정도의 객관성과 중립성을 얻을 수는 있지만, 일상에서 늘 새롭게 일어나는 갈등과 곤경과 실망에 압도당하는 느낌은 여전할 것이다. 명상 중에 때로는 고요한 작은 섬에 이를 때가 있겠지만 그 후에는 현대 생활의 정신없는 활동 속에 휩쓸리면서 내면의 고요한 센터에 대한 자각을 잃을 것이다. 평화와 평정을 향해 더 나아가기 위해서는 일상의 행동 중에 일어나는 생각과 감각과 외부 요구를 다루는 것도 배워야 한다. 그러므로 우리는 행위 중에 명상하는 법을 배워야 한다. 이 수련에는 명상에서 사용한 것과 똑같은 원칙이 적용된다. 생각, 열망과 동일시하기보다는 그저 바라본다. 그리고 외부 자극과 요구에 대해 정신과 감정에서 일어나는 반응을 목격하는 것이다.

일련의 집단치료 회기에서 발췌한 다음 글은 생각과 감정을 중립적으로 관찰하는 태도를 개발할 것을 강조한다. 이 글은 주 1회 집단 미팅이 대략 8개월 진행된 후에 나온 것이다. 첫 번째 글에서 내담자는 생각을 분석하고 판단하는 성향이 자신에게 있음을 알아차리게 되었다.

누군가 말했던 작은 일에 대해 온갖 생각과 감정이 일어났어요. 이 과정을 바라보는 게 흥미로웠어요. 때로 경험한 것을 분석하고 싶어 하더라고요. '넌 왜 이런 방식으로 느끼니?'라고 스스로에게 묻거나, '여기 무슨 일이 일어나는지 안다.'고 생각했죠. 그러나 그건 그 경험을 복잡하게 만들 뿐이었어요. 밝혀내려 시도하면 할수록 생각이나 감정에 정서적으로 더 빠져들어요.

나는 대개 생각하거나 느낀 것에 대해 판단을 내리더라고요. 그 생각이나 느낌에 대해 분석하거나 정신적으로 반응하면서요. 이런 반응은 생각을 더 많이 만들어요. 완전히 새로운 시나리오를 만들어 내서는 그걸 재생하는 것 같았어요. 하지만 생각을 중립적으로 바라보는 건 새로운 생각을 만들어 내지 않고 진정시켰어요.

생각과 감정을 지켜보는 게 쉽지 않아요. 생각하거나 느끼는 것에 어떤 판단도 내리지 않는 게 거의 불가능하다는 것을 알았어요. 이게 옳은지 그른지 거의 끊임없이 판단해요. 판단을 내리자마자 다뤄야 하는 부차적인 일들이 있어요. 판단하는 건 완전히 새로운 생각의 홍수를 만들어 내는 것 같아요. 예를 들어, 뭔가 좋은 생각을 한다고 믿으면 대개는 자신감이 차오르는 생각들이 쏟아져요.

때로 침대에 누워 있고 생각이 떠오르기도 하겠죠. 내가 그 생각에 달라붙거나 연루되기 시작하는 것을 보게 될 거예요. 그럼 나는 스스로에게 상기시킬 거예요. 달라붙지 마. 그냥 바라 봐. 지켜만 보라고.

나중에 다른 회기에서 이 내담자는 자신이 생각에 어떻게 반응하는지 그리고 그런 반응에서 어떻게 정서적으로 격해지는지 더 자각하게 된 것을 기술하였다.

한밤중에 일어났어요. 새벽 두시였는데 '누가 아파트에 들어오면 어쩌지?'라는 생각이 들었어요. 그리곤 그 생각에 반응했죠. 긴장하기 시작했고 심장이 빠르게 펌프질하는 것을 느꼈어요. 그다음 다른 생각이 올라왔어요. 남의 집에 침입해 피해자 팔을 자른 강간범에 대해 읽은 게 기억나더라고요. 그런 다음 화가 나기 시작했고 위가 꽉 조여지는 느낌이 들었어요. 모든 감정이 몰려 왔죠. 이 과정을 보지 않았다면 보통 때처럼 감정에 사로잡혔을 거예요.

내 머릿속에는 생각이 끊임없이 흘러요. 대개는 악순환처럼 보였어요. 생각을 하고 거기에 반응해요. 이것이 더 많은 생각을 가져오고 나는 거기에 또 반응하는 거죠. 아파트 안에 누군가가 있다는 생각처럼 말이에요. 나는 그 생각에 두려움으로 반응하는 습관이 있고, 그러면 더 무서운 생각으로 이어지고 그다음 내 반응은 더 두려워하는 거예요. 이 모든 생각을 그냥 지나가도록 하고 대응하지 않으면 어떨지 궁금하네요.

치료가 진행됨에 따라 이 내담자는 자신의 감정과 주시하는 의식을 보다 명확하게 구별하기 시작했다. 그녀는 '부정적인' 생각, 감정과의 동일시를 그만두기 위해서는 자신이 긍정적이라 여기는 생각과의 동일시도 그만둬야 한다는 것을 알아차리게 되었다.

　이번 주에 나는 내 안의 감정과 동일시하기보다 관찰만 했어요. 화와 불안과 두려움 등 내가 부정적이라고 여기는 것들을 알아차렸어요. 그걸 알아차리긴 했지만 동일시하지는 않았어요. 스스로 이렇게 말하곤 했어요. 그건 수(Sue)야. 쟤가 얼마나 두려워하는지를 봐. 얼마나 쟤가 감정에 사로잡혀 있는지 그리고 걱정하는지를 봐. 하지만 난 그저 중립적인 관찰자야. 그렇게 관찰하면서 스스로에게 말하더라고요. 봐, 쟤가 얼마나 화내는 데 빠져 있는지, 그리고 쟤가… 하는 거 봤어? 물론 부정적인 감정으로 여기는 것에 여러 번 휘말리기도 했지만 그걸 알아차리자마자 그런 감정과 동일시하는 걸 멈췄어요. 그런 화나 불안 또는 좌절감을 관찰하고 말하곤 했죠. 나는 저 불안이 아냐, 나는 저 두려움이 아니야 라고요.
　며칠 그렇게 한 뒤에 아이들이 학교에 가는 걸 봤어요. 생각했죠. 참 멋진 아이들. 저 아이들을 정말로 사랑해. 그리곤 깨달았어요. 내가 부정적인 감정이 아니라면 긍정적인 감정 또한 아니라는 것을요. 그건 뭔가 충격적인 것이었어요. "그건 나는 화가 아니야, 나는 자랑스럽거나 우울하지 않아."라고 말하는 것처럼 쉽지는 않았어요. 나는 생각했어요. 내가 부정적인 것이 아니라면 긍정적인 것도 아니라고요. 또 생각하기 시작했어요. 내가 무엇이라면 반대되는 것이 없이는 안 된다고요. 대극적인 것들이 세트처럼 함께 왔어요. 그 둘 다가 되던가 아니면 아무것도 아니어야 해요. 만약 당신이 미워하는 사람이 아니라면 사랑하는 사람도 아니에요. 그리고 당신이 안달하는 사람이 아니라면 참을성 있는 사람도 아니에요. 당신은 반대되는 것 없이는 그 무엇도 될 수 없어요.

그건 야릇한 느낌이었어요. 늘 부정적이라고 여기는 모든 것은 없애고 싶었지만 항상 긍정적인 것들은 늘어나기를 원했으니까요. 나중에는 내가 다른 사람에게 매우 친절하고 친근하다고 느끼는 걸 지켜봤어요. 내 자신에게 말했죠. 나는 저 친근함이 아니야. 나는 저 친절함이 아니야. 마음으로 지나가는 모든 것을 두고 나는 그것이 아니라고 말했어요. 나는 그 모든 것으로부터 떨어진 어떤 것이어야 하지만 그게 뭔지는 아직 몰라요.

그 뒤 몇 주에 걸쳐 그녀는 다른 가족 구성원을 향한 자신의 감정적 반응 또한 지켜보기 시작했다. 자신의 감정과 생각을 지켜보면서 개발한 기술은 그녀가 중심에 머무르고 예전이라면 감정적 갈등을 불러일으킬 상황에서 보다 효과적으로 대처하는 데 도움이 되었다. 다음 발췌문은 이 점을 보여 준다.

내담자 2(집단의 다른 구성): 나는 화나 질투같이 부정적으로 생각하는 감정들을 많이 거부하곤 했어요. 이제는 그것들을 더 알아차려요. 그러나 화를 막 표현하면서 다니는 것은 그걸 부정하는 것만큼이나 함정 같아요.

치료사: 행동으로 분출하거나 동일시하지 않으면서 그런 감정을 수용하고 경험할 수 있나요?

내담자 1(수): 아이들에게 화가 날 때 때로는 화가 났다는 걸 보여요. 소리를 지르죠. 아이들이 싸우는 걸 보면서 화가 나는 것을 느끼며 날카롭게 소릴 지르죠. "얘들아, 왜 그렇게 항상 서로 소리를 지르니! 여기서 싸우는 모두에게 신물이 나!" 그러면 주변 모든 사람에게 이어져요. 갑자기 남편이 미친 듯이 화를 내고, 애들도 화를 내고, 모두가 소리를 지르니 개가 놀라서 숨어요. 그리고 전 생각하죠. 맙소사, 참 형편없는 날이네. 이런 날은 정말 싫어. 그 날을 탓하는 거죠. 그런데 오늘 대단한 경험을 했어요. 우리가 여기서 배운 걸 적용했거든요. 아이들이 점심 먹으러 들어왔을 때 큰 애가 들어오다가 넘어졌어요. 작은 애가 밀었나 봐요. 점심 먹는 내내 둘이 식탁 밑에서 발로 차고 "네가 미워." "멍청이 같아." "돼지 얼굴이야."라면서 서로 싸웠어요. 아이고, 명상하면서 하루가 평화로웠는데, 여기 또 이런다고 생각하면서 애들이 하루 종일 싸울 거라고 여겼어요. 그러다가 내가 개입할 필요가 없다고 생각했죠. 화가 나기 시작할 때 아이들을 지켜보기 시작했어요. 그리곤 생각했죠. 다른 모든 것처럼 이 또한 지나갈 거고 화도 없어질 거야. 처음에 화가 났을 때 그걸 표현하지도 않았지만 동시에 화를 내면 안 된다고 생각하지도 않았어요. 또 막 열 받아서 화내고 싶은 기분도 아니었죠. 그래서 속으로 생각했어요. 오, 그래 너 화났구나. 수. 괜찮아. 그러자 화가 그냥 사라졌어요.

다음 모임에서 수는 집단을 향해 이야기했다.

이번 주에 내 생각과 감정들을 지켜보려고 했어요. 생각이나 미세한 감정을 알아차렸고 그걸 내 자신에게 묘사하고 그게 무엇인지 명확하게 하려고 했어요. 나는 말하곤 했죠. 이제 그곳에서 네가 어떻게 화가 나는지 봐. 어떻게 화가 쌓이고 그게 어떻게 사라지는지 알아차렸어?

하루는 우리가 저녁 테이블에 앉아 있었는데 남편과 아들은 야구를 하러갈 계획을 세우고 있었어요. 내가 "어쩌면 나도 같이 따라갈지 몰라." 했더니 아들이 "난 아빠하고만 가고 싶어요."라고 대답하는 거예요. 아들에게 처음 하고 싶었던 말은 "글쎄, 그거 별로 좋은 말이 아니네."였어요. 그 말이 막 입 밖으로 나오려 하다가 생각했죠. 나는 그게 왜 별로 좋은 말이 아니라고 생각하는 걸까? 그런 말은 아이에게 자기 기분을 말하지 않는 게 좋은 것이라는 것을 넌지시 내비치는 거잖아요. 아이는 그런 감정이 들 때 그게 좋지 않은 거라는 생각을 하며 자라게 되겠죠. 내가 얼마나 많이 프로그래밍되어 있고 그 판단이 내가 모든 것을 보는 방식에 어떻게 영향을 미치는지에 대해 생각했어요. 생각을 판단하는 것 때문에 내 안에서 많은 갈등이 만들어져요. 생각 자체가 문제라기보다는 생각하는 거의 모든 것과 함께하는 판단이 문제인 거였어요. 그건 멋지지 않아. 그건 좋지 않아. 아니면 그건 건강한 게 아냐, 뭐 그런 생각들이요.

내 안에서 그런 감정들이 올라오는 것을 보는 것은 흥미로웠어요. 저 둘은 가서 재미있는 시간을 보낼 건데 난 집에서 지루할 거라고 생각했던 것도 기억해요. 그 생각에 온통 몰입해서는 스스로가 정말 불쌍하단 생각이 들기 시작했어요. 어떻게 하나의 일이 이토록 많은 생각과 느낌을 촉발시키는지를 보는 게 이상했어요.

그리고 그 날이 왔을 때 과연 어떨지 지켜봤어요. 남편과 아들은 정말로 야구 게임을 하러 갔어요. 혼자서 정말 슬플 거라고 투사했던 걸 기억하고 있었는데 실제로 그런 일은 일어나지 않았어요. 그건 생각 속에서만 존재하는 거였어요. 그렇지만 내가 그런 생각을 하는 동안 기분이 가라앉기 시작했어요. '나도 참 불쌍하지.' 그 모두가 스스로 한 생각 때문이었어요. 실제로는 전혀 그런 식으로 나타나지 않았는데도 말이죠. 나는 순간순간 삶에서 실제로 진행되는 것이 아니라 내 마음을 통해 나오는 생각과 판단이 어려움을 야기한다는 것을 보았어요.

이런 발췌문을 통해 중립적으로 관찰하는 태도를 개발하는 것이 매일매일 삶의 실제적 문제를 효과적으로 다루는 데 큰 영향을 미친다는 것을 알 수 있다. 관찰하는 의식은 스스로 만들어 낸 환상과 드라마와 갈등 그리고 나날이 일어나는 감정적인 반응들을 꿰뚫어 볼 수 있다. 관찰하는 의식은 우리가 수선스러운 마음과 바깥 세상에 의해 이리저리 내던져지고 흔들릴 때 안정감을 주는 중심으로 존재한다. 관찰하는 의식과 점점 더 완벽하게 동일시할수록 우리는 이름과 형상의 세계가 일으키는 혼란과 불화의 근간이 되는 질서와 합법성과 조화를 점점 더 인정하게 된다. 아즈나 차크라에서 양극 세계는 완전히 초월되었다. 주시하는 의식은 관찰되는 분별과 양극성의 세계와 동일시하지 않는다. 여전히 다양성을 자각하지만 그 저변에 깔린 단일성도 인식하고 있기에 거기에 반응하지 않는다. 이는 비슛다 차크라의 이원 의식과 일곱 번째 차크라인 사하스라라의 비이원 의식 사이의 과도기적인 상태다. 아즈나 차크라에서는 실체가 아닌 환영의 형상을 목격한다면 사하스라라에서는 형상에 실체가 없음이 완전히 명백해진다.

차크라 간의 상호작용

다른 사람을 관찰할 때 우리는 어느 원형이 우세하다고 쉽게 오해할 수 있다. 삶에서 특정 행동이나 측면이 특정 경험양식을 대표하는 것으로 보일 수 있다. 하지만 그런 행동을 하고 있는 사람은 뭔가 상당히 다른 것을 경험하는 중일 수 있다. 예를 들어, 어느 커플이 성적으로 포옹을 하고 있을 때 그들이 감각적인 쾌락에 몰두한 것으로 보일지 모른다. 하지만 실은 한쪽이 상대를 지배하고 통제하는 데 집착해 있을 수 있다. 예를 들어, 성적 행동을 이용해 자아를 확고히 하거나 자신이 적절하다는 것을 증명하려는 것일 수 있다. 아니면 감각적인 쾌락보다는 파트너를 위한 사랑이나 헌신의 경험에 몰두할 수 있다.

교회나 시너고그(synagogue)[8]와 같은 종교 기관은 가슴과 목 차크라 경험을 상징하거나 나타낸다. 그런 기관의 정해진 목표는 다른 사람을 섬기거나 신에게 내맡김으로써 자아를 초월하도록 돕는 것이다. 그러나 교회나 시너고그의 이름으로 수행하는 행동이 실제로는 다른 의식양식을 진작할 수 있다. 예를 들어, 자칭 성전이라는 것이 많은 사람을 물라다라 차크라에 몰두하도록 이끌 수 있다. 심리치료에서 가져온 다음의 글에서 종교가 어떻게 어린아이의 물라다라 의식을 촉진하는지 분명히 볼 수 있다.

나는 평생 동안 두려움으로 인해 제 기능을 못했어요. 두려움은

---

8) 유대교도들의 예배를 위한 교당

여전히 있고 그것이 내게 한 짓은 끔찍했어요. 초등학교에 다니는 동안 최악이었어요. 겁나고 불안했죠. 지옥에 갈까 봐 두려웠어요. 종교는 죄와 악마 그리고 그것의 결과에 집중했고, 우리 집은 그걸 정말 강조했어요. 나쁜 짓을 하고 지옥에 가는 게 너무 두려웠는데 지옥에 대한 묘사는 너무나 생생했어요. 큰 죄를 짓고 죽으면 바로 지옥행이라고 배웠어요. 어렸을 때 큰 죄를 지었다고 생각한 적이 두 번 정도 있었어요. 내가 말씀드릴 수 있는 건 그때 나는 죽지도 않고 지옥을 경험했다는 거예요. 너무 아파서 학교도 못 가고, 두려움 때문에 토하기만 했어요. 지금은 생각만 해도 너무 화가 나요… (울면서) 어린 아이에게 그런 짓을 하다니….

자신의 영적 수련을 왜곡하고 덜 진화된 의식양식을 유지하는 데 수련을 이용할 수 있다. 예를 들어, 다음 경우처럼 요가수련이 더 높은 의식양식을 확립하는 데 이용되기보다 자아적 지향을 강화하려는 자아에 의해 전복될 수 있다.

요가와 명상을 시작했을 때 나는 영적 탐색의 길에 들어선 것이라고 마음을 먹었어요. 다르게 먹고 절제하면서 일찍 일어나 하타요가와 명상을 시작했어요. 제가 영적으로 되어 간다고 생각했지만 실제로는 아니었어요. 나는 생각하곤 했죠. 나는 명상하는 사람이야. 저 여자는 명상하는 사람이 아니야. 나는 고기를 먹지 않아. 저 사람은 고기를 먹어. 그건 내가 조금 더 낫다고 말하는 거였죠. 평생 해 오던 거랑 똑같았죠. 그러니까 나는 대학에 갔고 당신은 가지 않았다, 나는 술을 마시지 않고 당신은 술을 마신다. 이제 나는 영성이란 그런 구분을 뛰어넘는 것임을 깨달았어요.

간단하게 하려고 이 책에서는 차크라를 따로따로 기술하였지만, 그렇다고 특정한 하나의 체험이 단 한 가지의 의식양식만을 의미한다는 것은 아니다. 대부분의 경험은 한 단계 이상에서 동시에 진행되거나 빠르게 연이어 작동하는 드라마들로 구성되어 있다. 예를 들어, 성적으로 누군가를 놀리는 것은 감각적인 쾌락과 더불어 지배와 복종과 연관된 경험을 모두 수반할 수 있다. 그리고 음식을 먹는 동안 보살핌과 함께 감각적인 만족감을 경험하기도 할 것이다.

세 번째와 네 번째 차크라가 함께 기능할 때 자아의 이상을 세우게 된다. 이런 기능양식에서 우리는 이상적이거나 원형적인 가치를 원하는 대로 자신의 자아에 투사한다. 이러한 투사로 그 사람은 기분 좋게 들뜨는 느낌을 가질 수 있다. 그러나 다음 내담자가 발견한 것처럼 정반대 효과가 있을 수도 있다.

나는 되고 싶은 어떤 이미지에 집착하곤 해요. 내가 어떤 이상에 집착하고 있다는 것을 볼 수 있어요. 깨닫게 되면 어떻게 보일지 스스로 묻곤 해요. 부드럽게 말하고 온화한 모습이 그려지는데, 눈에는 어떤 깊이가 있고 다른 사람의 분노에 영향을 받지 않고 부정적인 것을 흡수할 수 있고, 다른 사람들에게 도움이 되는 말을 할 수 있고 이해심이 있으면서 따뜻한 느낌이 뿜어져 나오는 그런 모습이죠. 그런 이미지에 매우 집착하고 있어요. '왜 난 그렇게 될 수 없을까?'라고 생각하죠. 그런 이상에 못 미치는 내가 보이고 그런 모습이 되지 못한 자신을 깎아내리면서 틀에 박힌 단조로운 삶을 살아요.

더 진화된 차크라가 덜 진화된 의식양식에 이바지하는 사례들은 이미 살펴봤다. 예를 들어, 아즈나 차크라를 통해 이룬 객관성과 이해와 심령적 경험은 우월성을 입증하려는 자아에게 빼앗길 수 있다는 점을 주목하였다. 진화가 덜 된 경험양식이 보다 깨달은 의식양식에 이바지할 수도 있다. 예를 들어, 아즈나 차크라를 통해 지혜와 이해를 습득한 이는 다른 이를 가르치고 안내하기 위해 조직을 만들고 싶어할 수 있다. 목표를 이루기 위해 그 사람은 자아적 의식양식을 이용하겠지만 그 조직을 자신의 소유로 여기지 않을 것이고, 조직의 업적과 자신을 동일시하거나 조직의 업적으로 자신의 가치를 판단하지 않을 것이다.

비이원 의식

정수리에 있는 일곱 번째 차크라인 사하스라라에서는 어떤 도구나 제한을 가하는 형상에 방해받지 않는 순수의식을 경험한다. 마음이 만들어낸 시간과 공간과 격자는 초월된다. 모든 양극성은 통합되고 모든 형상은 녹아 사라진다. 우리는 구분과 다양성이라는 환상의 세계로부터 깨어난다. "사하스라라는… 이원성을 넘어선 센터다." [8] 여기에서 우리는 "소리와 형상과 사색의 세계가 동시에 실현되고 소멸되는 결합" [9]을 경험한다. 사하스라라에서는 어떤 멜로드라마나 시나리오도 더 이상 존재하지 않는다. 심지어는 원형의 영역도 뒤에 남는다. 이 센터에 이르면 더 이루어야 할 것도 더 알아야 할 것도 없다. 자신이 모든 것 안에 있는 전부임을 아는 것이다. 자신이 아트만(참자아) 또는 단일 의식임을 깨닫는다.

환원주의 심리학에서는 참자아 또는 순수의식의 존재를 인정하지 않고 이원론적 심리학에서는 우리가 참자아 의식을 얻을 수 있다는 것을 인정하지 않기 때문에, 이러한 심리학들은 이런 의식양식에 도달할 어떤 방법도 제공하지 못한다. 이원론적 심리학은 기껏해야 상징적 표현을 통해 참자아의 희미한 빛을 얻을 수 있는 도구를 제공할 뿐이다. 원형 심리학에서는 꿈과 신화와 영적 전통 안에 있는 참자아의 상징을 연구해 왔다. 원형 심리학은 자아를 안내하고 더 큰 조화와 통합으로 이끄는 참자아로부터의 메시지라고 할 만한 것을 인식하도록 도울 수 있지만, 참자아를 직접 경험할 수 있는 가능성이 있다고는 생각하지 않는다. 이에 비해 요가의 모든 방법은 한 사람이 순수의식이라는 자신의 진정한 본성을 깨닫도록 한걸음 한걸음 이끌기 위한 것이다. 요가심리학에 따르면 낮은 차크라에서 경험하는 의식 영역은 모두 자아실현을 위한 준비단계다. 처음 여섯 차크라는 참자아 깨달음을 향하는 길의 중간 기착지이고, 요가의 다양한 수련은 그 여정을 촉진하도록 고안되어 있다.

요가수련은 전통적으로 분명한 분야로 나눠져 있고 각 분야는 특정한 의식양식을 개발하도록 되어 있다.[10] 우리는 내면에 함양하고자 하는 가치에 따라 이 길 중 하나 이상 따를 수 있다. 카르마 요가수련에서 우리는 보상을 바라지 않고 다른 사람에게 어떻게 봉사하는지 배운다. 카르마요가는 초기 의식양식에서 빠져나오도록 이끌어 아나하타 차크라의 특징을 경험하게 한다. 박티요가(Bakti-Yoga)[9]는 헌신의 요가다. 이 길에서 우리는 특정한 이상이나 성스러운 형상을 선택하고 헌신적 수련을 통해 그 이상과 친밀한 관계를 개발한다. 한 사람의 모든 감정은 신성한 형상을 향해 위쪽을 향하고 그의 전 생애는 그 이상에 내맡기는 표현이 된다. 그의 의식은 비슛다 차크라로 완전히 들어가서 성스런 넥타, 암브로시아(ambrosia)[10], 만나(manna)[11] 그리고 젊음의 샘으로 불리는 자유롭게 흐르는 자양분을 즐긴다. 라자요가는 인간 진화에 접근하는 더욱 포괄적이고 객관적이며 체계적인 방법이다. 여기에는 집중과 명상과 삼매로 귀결되는 체계적인 수련이 포함된다. 이런 수련을 통해 우리는 삶의 드라마에서 중립적인 관찰자가 된다. 결국 드라마와의 동일시를 멈추고 자신이 순수의식임을 자각하는 것을 배운다. 아즈나 차크라에 통합되는 것이다.

마지막으로 갸나요가(Jnana Yoga)[12]와 라야요가(Laya Yoga)[13] 수련은 사하스라라의 단일의식으로 이끈다. 라야요가는 소멸의 요가다. 이 길을 따라 가면서 수행자는 이름과 형상의 세계와의 모든 동일시를 없애 결국 참자아만 남는다. 갸나요가는 형상의 세계에 존재하는 모든 것이 실체가 없고 환상에 불과한 것이라는 것을 깨닫도록 돕는 데 사색을

---

9) 바가바드기타에서 분류한 요가 중 하나로 헌신의 요가, 사랑의 요가라고도 한다. 신성과 사랑을 공유하는 영적 감정을 중요히 여기며 개인의 자아를 신에게 바치는 요가를 말한다.

10) '불멸'이라는 의미를 가지고 있으며, 그리스 신화에 나오는 신들의 성스러운 음식을 의미한다.

11) 성서에 따르면 이스라엘 민족이 40일 동안 광야를 방랑할 때 여호와가 내려준 양식을 말한다.

12) 바가바드기타에서 분류한 요가 중 하나로 지성을 통해 근원에 대한 통찰을 함으로써 깨달음에 이르고자 하는 지혜의 요가다.

13) 명상과 초월적 자아가 드러나게 하는 수행을 통해 용해를 이루는 요가적 방법으로 마음을 평온하게 하고 무아지경 상태를 이끌어 낸다.

이용한다. 라야요가와 갸나요가 모두 부정의 방법을 쓰는데, 이 방법은 더 이상 버릴 것이 없을 때까지 그릇된 모든 것을 거부하거나 소멸시킨다. 모든 제한된 개념과 동일시를 내려놓고 단일의식으로의 진정한 본성을 깨닫기만 하면 된다.

부정의 길을 따르는 방법에는 여러 가지가 있다. 염원하는 어떤 사람이 조용히 앉아 반복적으로 '나는 누구인가?'라는 질문을 스스로에게 던진다. '나는 남자다.' 같은 답이 마음에서 일어날 때, 그는 그런 제한되고 양극화된 동일시를 받아들이지 않는다. 그는 그 생각을 내려놓고 다시 '나는 누구인가?'라고 묻는다. 질문에 대한 모든 대답에는 한계가 있기 때문에 이어지는 대답 하나하나를 버린다. 보통 자신에게 적용하는 모든 정의에 대해 그렇게 질문과 거부를 계속해간다. 이는 지적인 과정이 아니다. 그 순간 자신에게 떠오르는 생각을 그저 거부하는 것만이 아니다. 이 과정의 목표는 그가 여성과 분별되는 남성이 아니고 나쁜 사람과 분별되는 좋은 사람이 아닌 것처럼 다른 것을 거부하고 어떤 특정한 가치와 동일시할 필요가 없다는 것을 완전히 깨닫는 것이다. 흔히 그 전날 주어진 것과 유사한 대답을 살피고 거부하면서 이 방법을 매일 수련할 수 있다. 아주 서서히 우리는 스스로에게 부여했던 어떤 제한된 가치가 자신이 아니라는 것을 경험하게 된다. 스스로 부여한 속성들의 한계가 생각과 욕구와 행동으로부터 떨어져 나가기 시작한다. 다음 내담자는 이 수련을 무언극으로 적용한 자신의 경험을 설명하고 있다.

공연을 시작할 때 우리는 요가명상과 매우 유사한 과정을 거쳐요. 저는 천천히 무대로 걸어 오르면서 첫 번째 발걸음에서 '나는 누구인가?'라고 자문해요. 그리고 마음에서 올라오는 첫 번째 것, '쟈넷, 결혼한 여자'와 그것이 의미하는 모든 것을 생각해 봐요. 그걸 바라보고 난 다음 내가 정말 누구인지, 보편적인 참자아에 한걸음 더 가까이 다가가려 하죠. 결혼한 쟈넷을 뒤로 하고 다시 내가 누구인지 물어요. 그리고 다음에 올라오는 것을 다루고 난 후 다시 한 걸음을 떼요. 계속 발걸음을 내딛으며 보다 보편적 참자아에 이르려 해요. 그리고 그날 갈 수 있는 만큼 도달했다고 느껴질 때 잠시 멈추어 움직임이 내면에서 생겨나오도록 그냥 내버려둬요.

만약 요가전통의 이러한 방법을 따른다면 우리는 결국 제한하는 모든 속성과의 동일시를 완전히 멈출 것이고, 이름과 형상의 세계를 구성하는 어떠한 구분도 넘어선 존재라는 점을 진정으로 알아차리는 돌파구를 찾을 것이다. 요가에는 이런 목표를 얻는 다양한 방법들이 있지만 이 모두는 비슷한 부정과 소멸의 과정을 포함한다. 예를 들어, 명상수련에서 마음에 올라오는 생각과 동일시하는 것으로부터 자신을 구분하는 것을 배운다. 명상의 더욱 진화단계에서는 형상을 넘어선 의식을 경험하기 위해 만트라나 명상의 대상과의 동일시까지 포기하기도 한다.

침 묵

명상수련은 활동의 세상으로부터 일시적으로 물러서는 것이다. 이는 내면에 있는 중립적인 관찰 센터, 즉 외부의 사건과 자신의 감정이나 생각에 의해 영향을 받지 않는 센터를 찾기 위해서다. 그 경험은 허리케인 눈에 앉아 있는 것에 비견할 수 있을 것이다. 주변에는 온통 미친 듯한 활동의 회오리가 휘몰아친다. 그러나 중심의 모든 것은 차분하고 평화롭다. 여기에서 우리는 쉴 새 없이 들썩거리는 활동에 휩쓸리지 않고 그것을 관찰할 수 있다.

명상자는 고요한 장소에서 눈을 감은 채 움직임 없이 앉아 있다. 자신의 감각을 외부 세계로부터 거두고 생각과 감정과 욕구와의 동일시도 거두어 중립적으로 관찰하는 의식으로 향한다. 이 고독과 고요를 통해 우리는 몸과 감정과 마음과 외부 환경의 활동 뒤 그리고 그 너머에 있는 것으로 이끌려간다. 그 정적 안에서 우리는 큰 평화와 충족 상태를 경험한다.

환경에서 오는 자극을 제한하는 것은 시대를 막론하고 전통적인 치유의 수련에서 중요한 부분이었다. 그중에서도 고대 그리스인과 아메리칸 인디언 둘 다 정신적 장애가 있는 사회 구성원을 치유하기 위해 외부 자극이 없는 환경에 고립시켰다.

'영혼을 고요하게 하는 어둠'을 이용한 정신장애 치료는 1세기의 로마인 켈수스(Aulus Cornelius Celsus)[14]가 쓴 의학 논문에 나와 있다. 이는 사회적이고 감각적인 자극을 줄이는 방법과 함께 중세에도 실행되었다. 정신의학사를 검토해 볼 때 고독과 어둠, 고요, 부동 그리고 다른 환경적 자극을 제한하는 방법들이 르네상스

---

14) BC 25-AD 50. 로마제국의 가장 뛰어난 의학 저술가로 알려져 있다. 그는 농업, 철학, 의학, 법학에 이르는 광대한 백과사전을 집필했으나 현재는 의학에 관한 것만 남아 있으며, 식이요법, 약, 수술과 같은 영역에 기초를 제공하고 있다.

와 영국의 계몽시대, 산업혁명 그리고 오늘날까지 중단되지 않고 사용되었다.[11]

고독과 고요 수련 또한 요가치료의 중요한 측면이고 명상수련 너머로까지 확장된다. 어떤 내담자는 하루에서 열흘까지 집중수련에 초대받기도 한다. 그 시간 동안 외부 세계에서 이들의 임무와 활동은 중단되고 외부의 요구와 방해는 최소화된다. 심지어 음식 준비도 할 필요가 없이 다른 사람이 준비해 준다. 매일 있을 상담회기를 제외하고는 다른 사람과의 접촉도 자제하도록 하고 시간을 보내기 위해 책을 읽지 않게 한다. 대신 자신과 함께 머무르도록 격려된다.

외부 자극이 없을 때는 우리의 생각과 열망이 중심을 차지한다. 고독의 첫 며칠은 대개 마음이 얼마나 쉬지 못하는지 그리고 생각과 감정이 얼마나 강렬하고 요구가 많은지 알아차린다. 마음 한 구석에 있던 많은 생각과 열망이 이제 전면의 열린 공간으로 나와 의식의 빛을 받는다. 이 많은 생각과 열망이 우리를 방해하고 잠시도 가만히 있지 못하게 해 왔다. 그러나 하루하루 지나면서 생각과 환상과 감정과 열망에 근거에 행동하기보다 관찰하는 태도를 유지함에 따라 그 방해는 점차 약해지고 소멸된다. 우리는 기분이 상쾌해지고 새로워지는 것을 느낀다. 폭풍이 지난 후와 같은 내면의 평온을 경험한다. 걸음걸이는 더욱 이완되고, 얼굴에는 주름이 없어지고, 걱정스럽던 표정은 부드러운 낯빛으로 바뀌어 더 젊어 보인다. 이전에는 경험해 보지 못했던 주변 환경과 내면 상태의 미묘함을 자각하고 즐기게 된다. 자기 주변에서 일어나는 삶의 드라마 속의 유머를 알아차리게 됨에 따라 더 장난기가 넘치고 기쁨에 차서 저절로 웃고 있는 자신을 발견하게 된다.

이는 스스로 준비된 이들에게만 주어지는 강렬한 수련이다. 대부분의 사람은 집중을 방해하는 것 없이 자신과 함께 있을 준비가 되어 있지 않다. 요가치료를 받는 일부 내담자들은 이 수련을 불안해할 것이다. 이들은 집중수련 중의 짧은 세미나에 참석하는 것이 더욱 적절할 것이다. 요가치료사는 어떤 내담자에게 일상생활 중에 정기적으로 침묵수련할 것을 권유할 수 있다. 내담자는 다른 사람과 관계 맺는 것을 포함해서 자신의 평범한 일상생활 중에 하루 종일 침묵할 수 있다. 이 수련은 내담자가 내부와 외부의 자극에 반응하는 것을 자제하고 자기 자신과 다른 이를 바라보는 기술을 키우도록 돕는다. 말하고픈 욕구가 있지만 이것을 자제할 때 우리는 감정을 숨기거나 자아를 북돋고자 말하고 싶어 했음을 깨닫게 될 것이다. 얼마나 많은 에너지가 수다 떠는 데 소모되는지를 알게 되고, 불안과 방어 그리고 다른 사람을 통제하려고 말한다는 것을 깨닫게 된다. 침묵수련을 하는 이들은 말없이 다른 이들과 관계하면서 일어날 수 있는 즐거움과 자연스러움에 자주 놀란다.

때로는 치료회기 중에 침묵 시간이 일어나기도 한다. 그러나 많은 내담자들은 치료에서 가능한 한 많은 것을 얻기 위해 계속 말해야 한다고 느낀다. 그들은 침묵할 때 시간이 낭비된다고 믿는다. 그러나 일원론 패러다임에 따르면 침묵 속에 있는 것은 이야기로 빈 공간을 채우는 것보다 더욱 가치 있을 수 있다. 자신의 가장 깊은 곳에서 일어나는 미세한 충동을 들을 수 있게 되기 때문이다. 다음 토론은 집단치료 회기 도입부에서 10분 동안의 침묵 후 나온 것이다.

내담자 1: 참을 수 없어요! 말할 게 하나도 없어요. 여기 침묵 속에 앉아 있는 걸 받아들일 수가 없어요.

내담자 2: 앉아 있는 게 불편하지 않은 건 이번이 처음이에요. 조용하
게 있는 게 좋네요. 할 말이 몇 가지 생각났지만 어느 것도 그렇게 중
요한 것 같지 않았어요. 그래서 조용히 앉아 있는 게 더 나았어요.

내담자 1: 나는 못 참겠어요!

치료사: 여기서만 침묵이 불편한가요? 다른 때는 이렇게 느끼지 않았
나요?

내담자 1: 통화할 때 공백이 있으면 못 참는다는 것을 알았어요. 채워
야만 하죠. 의미가 없든 있든 항상 뭔가 말할 것을 생각해요. 그래
야만 할 것 같아요.

(2분간 멈춤)

내담자 1: 뭔가 중요한 걸 말하기 바라나요? 어디가 아픈지 말할게요. 나
는 등에 통증이 있어요. (내담자는 자신의 병에 대해 계속 이야기한
다. 치료사는 의자 두 개를 놓고 누워 버렸다. 깜빡 잠이 들 뻔했다.)

내담자 2: (치료사에게) 뭐하는 거예요? 당신이 누워 있는 걸 본 적이
없어요.

내담자 1: 너무 지루한가요?

치료사: 당신이 우리의 침묵을 빼앗았을 때 흥미가 사라졌어요. 당신이 병에 대해 이야기할 때보다 침묵 속에서 그리고 침묵에 대한 느낌을 이야기할 때 더 많은 것을 나눈다고 느꼈어요.

내담자 2: 우리 모두가 조용히 앉아 있을 때 당신은 정말 편안한가요?

치료사: 오늘은 그랬어요. 침묵 속에 있는 것이 늘 편치는 않아요. 아무런 기대가 없다고 느낄 때는 편안해요. 예를 들어, 침묵이 집단이 제대로 돌아가지 않는 걸 의미하거나 내가 집단을 이끌어야만 한다는 기대가 있으면 불안해져요. 하지만 만약 이곳에 그저 존재하면서 열린 상태로 있을 수 있으면 침묵은 좋은 느낌이에요. 그리고 많은 것을 나누고 있다는 걸 자각하게 돼요.

내담자 2: 다른 사람과 함께 하는 침묵의 진가를 알고 싶을 때가 있어요. 그러나 사전에 동의했거나 모두가 앉아 "우리 모두 조용히 하자."고 하지 않는 이상 그건 늘 어색해요. 남편이나 아이들과 함께 할 때 조차도요.

내담자 3: 침묵 속에서 닷새를 보내는 프로그램이 있는 걸 봤어요. 만약 그 프로그램을 거치고 감정적으로 덜 어수선해진다면 아마도 제 삶은 더 단순해질 거예요.

내담자 4 : 나는 그 수련을 거쳤어요. 그리고 내가 말하는 많은 것이 참 의미 없다는 것을 배웠죠. 자주 다른 사람들의 생각과 문장을 받아서 마무리한다는 것을 깨달았어요. 만약 누군가가 단어를 떠올리지 못한다면 전 바로 거기서 그 사람을 돕죠.

여기 침묵 속에 앉아 있는 것이 완전히 편치는 않아요. 제일 어려운 점은 어디를 바라볼지 모르겠다는 거예요. 누군가의 눈을 보는 것이 어려워요. 누군가를 바라보고 난 후에는 눈을 돌려야 해요.

치료사 : 무엇 때문에 그것이 어렵나요?

내담자 4 : 누군가의 눈을 바로 쳐다보는 건 너무나 친밀한 것이라서요. 나는 그런 종류의 친밀함에 익숙하지 않아요. 하지만 어느 날 좋은 친구와 함께 두어 시간 동안 공원에 갔어요. 내가 "침묵하자."고 말했는데 정말 좋았어요.

내담자 2 : 내 입은 혼자일 때만 빼고 항상 움직여야 해요. 좀 더 조용한 사람이 되는 것이 어떤 건지 궁금해요. 사람들과 조용히 있을 때 당신이 무엇을 보는지 궁금하네요. 나는 항상 채우고 지껄이면서 사람들의 말을 마무리하죠.

치료사 : 하루 동안 침묵해 볼 수 있지 않을까요?

내담자 2 : 집에서 하루 해 봤어요. 재미있었죠. 우리는 말 대신 행동으로 표현했어요.

내담자 4: 닷새 동안 침묵수련을 했을 때 말하고 있을 때보다 하고 있는 일에 더 많이 접촉하고 있었어요. 말할 때는 한 가지 생각만 하느라 사람들에게 또 사람들 얼굴에 나타난 표현이나 그들이 하거나 말하는 것에 침묵할 때만큼 자각하고 주의를 기울이지 못해요. 말하고 있을 때는 바쁘기만 해서 많은 것들이 가려져요.

내담자 3: 치료법에 따라 침묵에 대한 태도가 다르다는 걸 알았어요. 명상적 치료에서는 내면에 고요히 머무르며 무엇이든 일어나게 두고 놓아 버리라는 원칙이 있는 거 같아요. 서구 치료에서는 그저 앉아서 말로 다 풀어내죠. 나는 말로 다 풀어내는 과정을 거쳤어요. 그게 효과가 있는지는 잘 모르겠어요.

다른 내담자는 몇 달 동안 심리치료를 받았다. 그는 대개 쉬지 않고 말하면서 습관적인 생활패턴을 바꾸려는 자신의 몸부림을 설명하곤 했다. 그는 우리가 함께할 수 있는 제한된 시간에 최대한 많이 얻고자 했다. 그런데 어느 회기 도중에 그는 말하기를 멈췄다. 몇 분 동안 침묵 속에서 생각에 잠긴 후 그가 말했다.

내담자: 치료받으면서 그저 얼마 동안 말하지 않고 또 그게 전혀 위협적이지 않게 느껴지는 건 이번이 처음이네요. 여기 있을 때는 말을 해야만 한다고 느꼈어요. 말을 통해 깨달음을 얻을 수 있으니까요. 그러나 말로 다루기에는 너무 고통스러운 다른 식의 자각으로부터 나를 보호하려 한다는 것을 깨닫기 시작했어요.

(10분간 멈춤)

내담자: 얼마 동안 조용히 있으면 잠재적으로 위협적이라고 느끼는 어떤 생각이나 느낌이 올라올 거라고 생각해요.

(15분간 멈춤)

내담자: 지금 침묵하면서 느끼는 건 거기에 어느 정도의 편안함과 안전함과 사랑이 있다는 거예요.

치료사: 이전에 당신이 말하던 것과 정반대네요. 침묵 속에서 불안해했었죠.

내담자: 나는 침묵을 두려워했어요. 다루기 두려워하는 일들이 나올까 봐요. 하지만 지금은 평온함을 느껴요. 침묵하는 게 많이 불안하지 않아요. 자궁이 어떤 느낌일까 침묵에 둘러싸여 매우 안전하지 않을까 생각하던 중이었어요.

치료가 마음을 편안하게 해 준다고 생각해 본 적이 없어요. 치료는 고출력 엔진처럼 힘이 들어가고 긴장이 된다는 편견이 있었어요. 치료가 마음을 편안하게 해 주는 것이라곤 상상도 못 했어요. 이곳의 구조가 매우 느슨하고 융통성 있다는 걸 이제 깨달아요. 내가 이 구조로 가져오는 내용이 제한을 가하고 있네요. 내가 이완을 느끼고 스스로 판단하지 않고 당황스럽지 않다는 것을 아는 게 놀라워요. 내가 어떻게 변할 것이라는 선입견을 가지고 어떤 변화를 기대했어요. 미지의 것에 낡은 구조를 없애고 새로운 뭔가가 나오기를 바랐던 거죠.

오늘은 멈춰서 그저 조용하게 있을 수 있기 때문에 그토록 필사적으로 찾던 새로운 영역을 발견한 것을 느껴요. 어쩌면 그건 뻔한 것이지만 그렇게 뻔한 것을 내가 자주 간과하고 있었어요.

(5분간 멈춤)

내담자: 내가 아무 말도 하지 않을 때 당신은 어떤 느낌인가요?

치료사: 우리가 가졌던 어느 만남 때보다도 더 접촉하고 있는 걸 느껴요.

내담자: 회기 중에 내가 스스로를 죽어라 두드려 패고 있었다는 걸 깨달았어요. 이제는 그러지 않아도 된다는 것을 알아요. 정말 상쾌하고 기분 좋은 경험이었어요. 침묵에서 나올 때 뭔가 끔찍한 것이 나오지 않을까 했는데 기분이 좋네요. 환희를 느껴요.

침묵과 고독은 세상의 멜로드라마로부터 자신을 분리시키는 도구다. 그때 우리 내면의 혼란은 의식의 전면으로 드러난다. 우리는 고요히 머무르며 개인무의식과 집단무의식의 놀이를 바라보아야 한다. 형상과 음모의 매혹적이면서도 악마 같은 면 양쪽 모두에서 거리두기를 배워야 한다. 고요와 침묵을 유지한다면 그는 현상계의 끊임없이 움직이고 요동치는 변화무쌍한 형상을 넘어서 순수하고 형상 없는 존재의 고요한 피난처로 들어갈 것이다. 모든 형상이 여기에서 나오기 때문에 이 의식 상태는 모든 존재의 바탕이다.

첫 다섯 차크라를 하나씩 거쳐 가면서 우리는 숨바꼭질 게임이 새롭고 더욱 정묘하게 변화하는 것을 경험한다. 이들 차크라 각각에서 그것과 확연히 다른 대상이나 상태를 쫓는 주체가 있다. 우리는 안전과 즐거움, 지위, 헌신의 대상이나 아니면 셀 수 없이 많은 다른 목표들을 추구할 것이다. 여섯 번째 차크라인 아즈나 차크라에서 우리는 게임이 무엇을 위한 것인지 알게 되고, 일곱 번째인 사하스라라 차크라에서 그 게임은 끝난다. 스스로를 찾았기 때문에 더 이상 숨바꼭질하지 않는다. 우리는 자기 자신을 찾았다. 우리는 자신이 찾는 자이자 매혹적인 목표 둘 다였음을 깨닫는다. 분리와 어둠, 망상, 실망, 행복과 슬픔, 즐거움과 비탄 속에서 보낸 세월은 끝났다. 너무 자주 지쳐 있던 우리는 결국 상쾌하게 깨어나 셀 수 없는 형상과 계획, 성취, 승리, 패배, 발견, 상실, 사랑, 미움, 죽음과 탄생 그 모두를 가진 화려한 것들이 전부 하나의 꿈이었음을 발견한다. 우리의 운명은 우리의 본성이 광대하며 불멸 의식임을, 존재-의식-지복임을 깨닫는 것이다. 우파니샤드는 수세기에 걸쳐 '그대가 그것이다(tat tvam asi)'며, "이 꿈에서 깨어나 너의 참 자아를 깨달아라."고 외쳐 왔다.

참고문헌

CW=C. G. Jung 전집. Edited by Herbert Read, Michael Fordham, and Gerhard Adler. Translated by R. F. C. Hull. Bollingen Series, no. 20. 18 volumes. Princeton, N. J.: Princeton University Press; London: Routledge & Kegan Paul, 1953-1980. 모든 참고문헌은 권과 절에 있고, 출판사의 승인하에 게재함.

1 의식의 생태학

1 Richard H. Svihus, M.D., "The Dimensions of Wellness: The Holistic Viewpoint," *American Holistic Medicine* 1, no. 1(February 1979): 19.
2 앞의 책에서 인용. 사도바울의 데살로니가전서 5장 23절.

2 신체와 행동기법들

1 *Diet and Nutrition: A Holistic Approach* by Rudolph Ballentine, M.D. (Honesdale, Pa: Himalayan Institute Press, 1978), 이 책에서 이러한 요가 치료의 측면을 심층적으로 논의하고 있으며, 음식과 의식의 관계에 대해 추가적인 지식을 원하는 이들에게는 이 책을 권함. discusses this aspect of yoga therapy in depth and is recommended for all those who wish further knowledge of the relation between food and consciousness.
2 W. Edward Mann, *Orgone, Reich and Eros: Wilhelm Reich's Theory of Life Energy* (New York: Simon and Schuster, Touchstone Books, 1973), 62.

3 Swami Vivekanands, *Raja-Yoga*, rev. ed. (New York: Ramakrishna-Vivekananda Center, 1955), 29.

4 Alexander Lowen, *Pleasure: A Creative Approach to Life* (New York: Penguin Books, 1975), 39-40.

5 Magda Proskauer, "Breathing Therapy," in *Ways of Growth*, ed. H. Otto and J. Mann (New York: Viking Press, 1968), 26.

6 Lowen, *Pleasure*, 38.

7 앞의 책, 40.

8 L. C. Lum, "The Syndrome of Habitual Chronic Hyperventilation," *Modern Trends in Psychosomatic Medicine* 13(1976): 196-230 참조.

9 앞의 책, 226-227.

10 호흡기법의 치료적 적용에 대해서는 Swami Rama, Rudolph Ballentine, M.D., and Alan Hymes, M.D., *Science of Breath: A Practical Guide* (Honesdale, Pa.: Himalayan Institute Press, 1979) and in ch. 6 of Phil Nuernberger, *Freedom from Stress: A Holistic Approach* (Honesdale, Pa.: Himalayan Institute Press, 1981)에서 논하였음.

11 *The Bhagavad Gita*, trans. Juan Mascaró (Hammonds-worth, England: Penguin Book, 1962), 2:47, 2:49.

12 *CW* 11, 522.

13 열 가지 원리는 Swami Rama, *Lectures on Yoga* (Honesdale, Pa.: Himalayan Institute Press, 1979)의 2장에서 논하고 있음.

14 Hellmuth Kaiser, *Effective Psychotherapy* (New York: Free Prss, 1965), 36.

15 Virginia Satir, *Peoplemaking* (Palo Alto, Calif.: Science and Behavior Books, 1972), 60.

16 앞의 책, 73-74.

17 Palo Alto, Calif.: Science and Behavior Books, 1975.

3 내담자와 치료사와의 관계

1 예를 들어, Thomas S. Szasz, *The Myth of Mental Illness* (New York: Dell Publishing Co., Delta Books, 1961) 참조.

2 예를 들어, Swami Rama, *A Practical Guide to Holistic Health* (Honesdale, Pa.: Himalayan Institute Press, 1980)와 *Lectures on Yoga* (Honesdale, Pa.: Himalayan Institute Press, 1979).

3 Hellmuth Kaiser, *Effective Psychotherapy* (New York: Free Press, 1965), 3-4.

4 *CW* 16: 168, 170.

5 *The Bhagavad Gita,* trans. Juan Mascaró (Hammonds-worth, England: Penguin Books, 1962), 3:21-24.

6 Lawrence M. Brammer and Everett L. Shostrom, *Therapeutic Psychology: Fundamentals of Counseling and Psychotherapy* (Englewood Cliffs, N.J.: Prentice-Hall, 1960), 230.

7 Judah C. Safier, "Hasidism, Faith, and the Therapeutic Paradox," in *Mystics and Medics: A Comparison of Mystical and Psychotherapeutic Encounters,* ed. Reuven P. Bulka (New York: Human Science Press, 1979), 57.

8 Elie Wiesel, *Souls on Fire: Portraits and Legends of Hasidic Masters,* trans. Marion Wiesel (New York: Random House, Vintage Books, 1973), 51.

9 Safier, "Hasidism, Faith, and the Therapeutic Paradox," 58.

10 Paul Watzlawick, The Language of Change: Elements of Therapeutic Communication (New York: Basic Books, 1978), 96.

4 요가의 관점에서 본 집단무의식

1 차크라와 인간 기능의 관계에 대한 추가 자료는 Swami Rama, Rudolph Ballentine, M.D., and Swami Ajaya, *Yoga and Psychotherapy: The Evolution of Consciousness* (Honesdale, Pa.: Himalayan Institute Press, 1976) 7장에서 찾을 수 있다.

2 C. G. Jung, "Psychological Commentary on Kundalini Yoga, Lecture IV," *Spring: An Annual of Archetypal Psychology and Jungian Thought* 1976: 21, 27.

3 *CW* 9, part 1, 467 n. 12.

4 Jung, "Psychological Commentary on Kundalini Yoga, Lecture II," *Spring* 1975: 23.

5 Jung, "Psychological Commentary on Kundalini Yoga, Lecture I," *Spring* 1975: 8.

6 Jung, "Kundalini Yoga, Lecture II," 19–20.

7 Violet S. de Laszlow, C. G. Jung, *Psyche and Symbol* (Garden City, N.Y.: Doubleday and Co., Anchor Books, 1958)의 서문, xxxi.

8 C. G. Jung, *Memories, Dreams, Reflections* (New York: Random House, Vintage Books, 1963), 208–209.

9 de Laszlow, *Psyche and Symbol*의 서문, xxx–xxxi.

10 Jung, "Psychological Commentary on Kundalini Yoga, Lecture III," *Spring* 1976: 27–28.

11 Gerald R. Weeks and Luciano L'Abate, *Paradoxical Psychotherapy: Theory and Practice with Individuals, Couples, and Families* (New York: Brunner/Mazel, 1982), 19.

12 Jung, "Kundalini Yoga, Lecture II," 22.

13 Swami Rama, *Enlightenment Without God: Mandukya Upanishad* (honesdale, Pa.: Himalayan Institute Press, 1982), 55–65를 참조.

14 *The Bhagavad Gita,* trans. Juan Mascaró (Hammonds-worth, England: Penguin Books, 1962), 2: 62-66.

15 Jolande Jacobi, *The Psychology of C. G. Jung* (New Haven, Conn.: Yale University Press, 1973), 47n.

16 Alexander Lowen, *Pleasure: A Creative Approach to Life* (New York: Penguin Books, 1975), 15.

17 Erich Fromm, *To Have or to Be?* ed. Ruth Nanda Anshen (New York: Harper and Row, 1976), 170-171.

18 Bob Dylan, "Gotta Serve Somebody," *Slow Train Coming,* Columbia FCT 36120.

19 카르마요가에 관한 집중적인 논의에 관해서는 Swami Rama, *Choosing a Path* (Honesdale, Pa.: Himalayan Institute Press, 1982) 4장을 참조.

20 *Bhagaved Gita,* trans. Mascaró, 2:48; 3:25.

5 심리치료의 영적 측면

1 Jung, "Psychological Commentary on Kundalini Yoga, Lecture III," *Spring: An Annual of Archetypal Psychology and Jungian Thought* 1976: 6.

2 Jung, "Psychological Commentary on Kundalini Yoga, Lecture II," *Spring* 1975: 22.

3 시편, 23.

4 *CW* 11, 854.

5 *CW* 13, 36.

6 Jolande Jacobi, *The Psychology of C. G. Jung* (New Haven, Conn.: Yale University Press, 1973), 139.

7 Jung, "Psychological Commentary on Kundalini Yoga, Lecture IV," *Spring* 1976: 28.

8 Heinrich Zimmer, "The Chakras of Kundalini Yoga," *Spring* 1975: 34.

9 앞의 책.

10 요가수련의 주요 분야를 알기 위해서는 Sri Swami Rama의 *Choosing a Path* (Honesdale, Pa.: Himalayan Institute Press, 1982)를 참조.

11 Peter Suedfeld, *Restricted Environmental Stimulation: Research and Clinical Applications* (New York: John Wiley and Sons, 1980), 218.

찾아보기

인 명

내 용

스와미 아자야(Swami Ajaya)

스와미 아자야는 미국 웨슬리안 대학교와 캘리포니아 대학교 버클리캠퍼스에서 교육받았다. 위스콘신 주에 있는 위스콘신 의과대학 매디슨캠퍼스에서 가르쳤고 상담심리학자로 일했다. 스와미 아자야는 서양의 훈련뿐 아니라 인도의 다양한 요가수행자들과도 함께 연구하였다. 그는 『요가심리학: 명상지침서(*Yoga Psychology: A Practical Guide to Meditation*)』와 『요가와 심리치료(*Yoga and Psychotherapy*)』를 포함하여 많은 책의 저자 겸 공동저자다.

히말라야 연구소(Himalayan Institute) **소개**

1971년 스와미 라마(Swami Rama)가 설립한 히말라야 연구소는 동양과 서양의 최고 지식을 결합하여 사람들의 신체적·정신적·영적인 성장을 위해 헌신하고 있다. 펜실베이니아 북동쪽 포코노(Pocono) 산맥의 경사진 언덕에 400에이커에 달하는 아름다운 캠퍼스에 국제 본부가 있다. 성장을 돕고 내적 자각을 증진시키며 고요함을 장려하는 분위기에서 세미나와 장기 프로그램을 위해 매우 평화롭고 건강에 좋은 환경을 제공하고 있다. 전 세계에서 온 수련생들이 하타요가, 명상, 스트레스 감소, 아유르베다, 영양, 동양 철학, 심리학 등 다양한 분야의 프로그램에 참여하고 있다. 주말 명상수련이든, 일주일에 걸친 영성에 관한 세미나든, 한 달 동안 지속되는 거주 프로그램이든, 전일 건강 서비스든 간에 차분한 내적 성장을 위한 환경을 마련하고자 한다. 개인적 성장과 발달 과정을 우리와 함께할 수 있도록 당신을 초대한다.

히말라야 연구소는 비영리 단체이며, 연구소 회원으로 가입하는 것은 연구소의 프로그램을 돕는 것이다. 회원이 되기 위한 정보를 얻으려면 전화를 하거나 편지를 보내기 바란다.

프로그램과 서비스 소개

주말 또는 장기간의 세미나와 워크숍

명상수련과 심화명상 교육

하타요가 지도자 훈련

자기 발달을 위한 거주 프로그램

건강과 치유를 위한 연구센터(Institute's Center for Health and Healing)에서 진행
   하는 전일 건강 서비스와 다섯 가지 정화법

영적인 여행

바르초 베다 약초 상품(Varcho Veda Herbal products)

히말라야 연구소 출판물

잡지 『요가와 기쁜 삶(yoga+Joyful Living)』

산스크리트 통신교육 과정

미국 내에서는 프로그램과 기타 서비스에 관한 안내지를 무료로 제공하고 있습니
다. 안내지나 기타 정보가 필요하면 다음을 이용하기 바랍니다.

전화: 800-822-4547, 570-253-5551

주소: Himalayan Institute, 952 Bethany Turnpike, Honesdale, PA 18431, USA

웹사이트: www.HimalayanInstitute.org

역자소개

조옥경(Cho Okkyeong)
고려대학교 심리학박사
인도 푸나 대학교 요가심리학 수학
안도 아엥가센터와 미국 히말라야연구소에서 요가수련
현 서울불교대학원대학교 심신통합치유학과 교수
　한국요가학회 회장
　한국명상학회 이사
　명상지도전문가, 건강심리전문가

왕인순(Wang Insoon)
서울불교대학원대학교 심신통합치유학 박사(요가치료학 전공)
현 서울불교대학원대학교 요가통합치료학 전공 강사
　한국요가학회 이사
　요가이완연구소 소장

김아신(Kim Ahshin)
서울불교대학원대학교 상담학 박사수료(상담심리학 전공)
현 마음자리심리상담 센터 소장
　한국심리학회, 한국상담심리학회 상담심리전문가
　서울가정법원, 수원지방법원 가사상담위원

박미라(Park Mira)

서울불교대학원대학교 심신통합치유학 박사(요가치료학 전공)

현 치유하는 글쓰기 연구소 대표

　마음칼럼니스트, 심리상담사

　한국요가학회 이사

양희연(Yang Heeyeon)

서울불교대학원대학교 심신통합치유학 박사(요가치료학 전공)

현 서울불교대학원대학교 조교수

　서울불교대학원대학교 부설 통합심리상담센터 부센터장

　한국요가학회 총무이사

요가를 통한 심리치료
-몸, 마음, 영혼의 온전한 건강-
Healing the Whole Person: Applications of Yoga Psychotherapy

2015년 11월 10일 1판 1쇄 발행
2018년 6월 20일 1판 2쇄 발행

지은이 • Swami Ajaya
옮긴이 • 조옥경 · 왕인순 · 김아신 · 박미라 · 양희연
펴낸이 • 김진환
펴낸곳 • (주) **학지사**

　　　　04031 서울특별시 마포구 양화로 15길 20 마인드월드빌딩
대표전화 • 02-330-5114　　팩스 • 02-324-2345
등록번호 • 제313-2006-000265호

홈페이지 • http://www.hakjisa.co.kr
페이스북 • https://www.facebook.com/hakjisabook

ISBN 978-89-997-0829-9 93180

정가 14,000원

이 도서의 국립중앙도서관 출판시도서목록(CIP)은 서지정보유통지원
시스템 홈페이지(http://seoji.nl.go.kr)와 국가자료공동목록시스템
(http://www.nl.go.kr/kolisnet)에서 이용하실 수 있습니다.
(CIP 제어번호: CIP2015027655)

교육문화출판미디어그룹 **학지사**

심리검사연구소 **인싸이트** www.inpsyt.co.kr
원격교육연수원 **카운피아** www.counpia.com
학술논문서비스 **뉴논문** www.newnonmun.com
간호보건의학출판 **정담미디어** www.jdmpub.com